本书为河北省社科基金项目"大正自由教育运动及其当代价值研究(HB18JY058)"最终研究成果,并获河北省高等学校人文社会科学重点研究基地"河北大学高等教育与区域发展研究中心"资助出版。

|光明社科文库|

日本新教育运动发展研究
（1912年—1941年）

刘双喜◎著

光明日报出版社

图书在版编目（CIP）数据

日本新教育运动发展研究：1912年—1941年／刘双喜著． --北京：光明日报出版社，2019.12
 ISBN 978－7－5194－4799－1

Ⅰ.①日… Ⅱ.①刘… Ⅲ.①教育史—研究—日本—1912－1941 Ⅳ.①G531.395

中国版本图书馆CIP数据核字（2019）第298135号

日本新教育运动发展研究：1912年—1941年
RIBEN XINJIAOYU YUNDONG FAZHAN YANJIU：1912NIAN—1941NIAN

著　　者：刘双喜	
责任编辑：曹美娜　黄　莺	责任校对：姚　红
封面设计：中联学林	特约编辑：万　胜
责任印制：曹　净	

出版发行：光明日报出版社
地　　址：北京市西城区永安路106号，100050
电　　话：010－63139890（咨询），63131930（邮购）
传　　真：010－63131930
网　　址：http：//book.gmw.cn
E－mail：caomeina@gmw.cn
法律顾问：北京德恒律师事务所龚柳方律师
印　　刷：三河市华东印刷有限公司
装　　订：三河市华东印刷有限公司
本书如有破损、缺页、装订错误，请与本社联系调换，电话：010－63131930
开　　本：170mm×240mm
字　　数：287千字　　　　　　　印　　张：16.5
版　　次：2020年1月第1版　　　印　　次：2020年1月第1次印刷
书　　号：ISBN 978－7－5194－4799－1
定　　价：95.00元

版权所有　　翻印必究

摘 要

19世纪末20世纪初，受欧洲新教育运动、美国进步主义教育运动和国内自由民权运动、教育发展现状等多重因素的影响，日本发生了一场以"自由"和"民主"为核心的新教育运动。日本新教育运动萌芽于明治末期、衰落于昭和初期，新教育理论的提出和新学校的实践高潮则全部发生在介于两者之间的大正时期，所以又称为"大正新教育运动"或者"大正自由教育运动"。这场新教育运动主要反对赫尔巴特学派提出的以教师、课堂、教科书为中心的教育理论和教学方法，倡导自由主义教育思想，提倡坚持以儿童为中心进行教育理论和教学方法的改革。

明治末期至大正初期，日本社会的变革和转型对教育提出了新的要求，与此同时，明治维新后逐步形成的国家主义教育体制也暴露出了诸如管理体制高度集权、教育制度整齐划一、考试规则严厉苛刻等较为突出的问题，再加上当时日本教育领域与欧美国家交往的不断增多，以樋口勘次郎、谷本富、西山哲治、中村春二、今井恒郎为代表的教育学者较早接触欧美新教育思想和新教育理念，极力呼吁对日本现有的教育进行改革，并通过创办新式学校的形式加以实践，由此拉开了日本新教育运动的序幕。

在日本新教育运动发展早期阶段，日本国家权力也在寻求教育改革发展的新出路，给新教育思想的传播和新教育的实践提供了较为宽松的客观环境。这一时期，涌现出了棚桥源太郎、牧口常三郎、泽柳政太郎、木下竹次、及川平治等一大批新教育学者，他们致力于新教育思想的传播和推广，并提出了具有日本特色的手工科教育论、创价教育论、合科式学习法、分团式动态教育法等新教育理论。在这些新教育思想和新教育理论的指引下，一些新教育实践家通过在一般公立小学和师范学校附属小学进行新教育改革和创立新式私立小学的方式对新教育理念加以实践。从1912年到1920年，日本共有16所学校进行了全校性的新教育实践，分布在全国13个府县，日本新教育运动得到快速发展。

1921年，日本学术协会在东京举办"教育学术研究大会"，会上提出了著名的"八大教育主张"，日本新教育运动遂进入高潮阶段。这一时期，以"八大教育主张"为代表的日本新教育理论已经成型，原有的新式学校也在进一步深化新教育改革实践活动，同时也涌现出了池袋儿童村小学、明星学园等一批新创建的新式小学。从1921年到1924年初，日本全国共有230余所学校以不同的形式和规模投入新教育的改革中。但是随着新教育运动的日益发展和壮大，日本国家权力和军国主义势力感到新教育运动倡导的"自由"和"民主"带来的威胁，便开始对其进行疯狂的压制，日本新教育运动也开始由盛转衰，进入衰落期。面对日本国家权力和军国主义势力的疯狂压制，虽然以野口援太郎为首的新教育学者通过创建"日本新教育协会"，并开展一系列活动的方式，继续推动日本新教育运动的发展，也给日本新教育运动带来了短暂的"中兴"，但终究还是难以改变其历史命运。1941年日本新教育协会由于各种外部和内部原因而解散，日本新教育运动也宣告退出历史舞台。

日本新教育运动是日本近代教育史上一次重要的改革运动，新教育学者在借鉴欧美新教育经验的基础上，结合日本当时的实际情况，提出了日本化的新教育思想，并通过多种渠道和方式加以实践。这场教育改革运动虽然仅持续了三十余年，却产生了极大的历史贡献，丰富了日本近代教育理论宝库，推动了日本传统教育教学方法的变革，也培养了一批优秀的教师和学生，同时它所倡导的"自由"和"民主"观念也影响了当时日本社会的变革，甚至对当时中国教育的发展和战后日本教育改革都产生了辐射。但由于日本新教育运动处于特殊历史时期，它也难免因时代和阶级的局限而产生各种不足。本书正是意图通过对日本新教育运动历史贡献和历史局限性的分析，升华出日本近代发展"浑浊"时期的这股"教育清流"对日本乃至世界教育发展的影响。

Abstract

In the late 19th century and early 20th century, influenced by multiple factors such as the European New Education Movement, the American Progressive Education Movement, the domestic Movement for Civic Rights and Freedom, and the education situation at that time, Japan launched the New Education Movement cored by "freedom" and "democracy". With the movement sprouted in the late Meiji period and declined in the early Showa period, both the claims of the New Education Theory and most practices of new schools appeared in the Taisho period which is between the two periods above, so this movement is also called "the Taisho New Education Movement" or "the Taisho Free Education Movement". This New Education Movement, which mainly protests the educational theories and teaching methodologies cored by teacher, classroom, and textbooks which are claimed by the Herbartian School, advocates liberalism educational thought, as well as insists on the children-centered education theoretical reform and teaching methodological reform.

During the late MeiJi Period to the early Taisho Period, the social changes and transitions in Japan posed new requirements to its education. Meanwhile, many serious problems emerged along with the formation of the Nationalistic Education System after Meiji restoration, such as excessive centralizing powers in management system, over uniformity in educational system, and being too harsh in examination rules and regulations. Meanwhile, with the increasing communication between Japan and European countries on education, some educationalists, represented by Kanjiro Higuchi, Tomeri Tanimoto, Tetsuji Nishiyama, Haruji Nakamura and Tsunero Imai who were exposed to the European New Education ideas and thoughts, strongly called for reforms on the existing education in Japan with practices in the establishment of modern schools, which indicates the beginning of the Japanese New Education Movement.

In the early period of the Japanese New Education Movement, the spread of new educational thoughts and the practices of new education were provided with comparativelypermissive environment because the Japanese state power were simultaneously seeking a new way for education reform and development. During this period, a large number of new educationalists like Gentaro Tanahashi, Tsunesaburo Makiguchi, Masataro Sawayanagi, Takeji Kinoshita, Heji Oikawa appeared, who devoted themselves to the spread of new thoughts and proposed new theories such as the Theory of Manual Training, the Theory of Value-Creating, the Method of Gesamtunterricht, and the Theory of Dynamic Education, which are fully Japanese featured. Under the guidance of the new thoughts and theories, some new educational practitioners carried out the new educational reform in the public primary schools and the affiliated primary schools of normal schools and set up new private primary schools. From 1912 to 1920, 16 Japanese schools in 13 prefectures carried out school-wide new education reform and the Japanese New Education Movement was developing rapidly.

In 1921, the Eight Major Educational Ideas were proposed at the Research Conference of Educational Academia held by the Japanese Academic Association in Tokyo, and then the Japanese New Education Movement reached its climax. During this period, Japan's new education theory, represented by the the Eight Major Educational Ideas, was formed. The new-style schools continuously deepened their reforms and practices of new education. Meanwhile, there emerged newly-built primary schools, such as the Jidonomura Primary School in Ikebukuro and the Myojo Schools. From 1921 to the beginning of 1924, more than 230 schools throughout Japan devoted themselves to the new education reforms in different forms and scales. However, with the increasing development and expansion of the

New Education Movement, Japan's state power and the Militarism felt threatened by the "freedom" and "democracy" advocated by the New Education Movement, who began to suppress it with madness. The Japanese New Education Movement began to decline from prosperity. Although faced with the frenzied suppression from Japan's state power and militarist forces, new education advocates, headed by Entaro Noguchi, continued to promote the development of the Japanese New Education Movement by creating "the New Education Association of Japan" and conducting a series of activities, which did bring short-term "revival" to it. However, it's difficult to change its historical fate. In 1941, the New Education Association of Japan dissolved due to various external and internal reasons, and the Japanese New Education Movement announced its withdrawal from the stage of history.

The Japanese New Education Movement is an important reform inJapanese modern education history, which, on the basis of learning from the new education experience in Europe and America and the social situation of Japan at that time, put forwards Japanized new education ideas and practiced them in many ways. This movement has made great historical contributions although it only lasts for more than 30 years, including enriching Japanese modern education theories, promoting the reforms of traditional teaching methods in Japan, as well as cultivating a group of excellent teachers and students. Meanwhile, The ideas of "freedom" and "democarcy" advocated by the movement also influence the social reforms in Japan, education development in China at that time, and post-war Japanese education reform. However, because of the specific historical period, this movement also has many shortcomings due to the limitation of the times and the limitation of class. This dissertation, through the analysis of the historical contributions and limitations of the Japanese New Education Movement, intends to enlighten the deep influence of this movement on the education development in Japan as well as in the whole world.

序

呈现在读者面前的这部著作，是刘双喜同志在其博士学位论文基础上修改扩写而成的。

日本新教育运动是日本教育史上的重要改革运动，也是19世纪末20世纪初世界性新教育改革运动的重要组成部分，这次教育改革运动萌芽于明治末期、兴盛于大正时期、衰落于昭和初期，所以又被称为"大正新教育运动"或"大正自由教育运动"。日本新教育运动承继欧美新教育运动的教育理念和实践精神，反对以"课堂、教师、教科书"为中心的教学方式，倡导以学生为中心的培养模式。其持续时间虽然不长，影响却相当广泛和深刻，不仅对日本当时的教育改革产生了巨大的推动力，增强了欧美新教育运动的世界影响，而且波及了同时期的中国新教育改革运动，对战后日本教育改革和20世纪90年代以来的教育改革也具有一定的影响。然而，迄今为止，国内学界相继出版了《欧洲新教育运动历史研究》《社会转型与教育变革：美国进步主义教育运动研究》《新教育中国化运动》等针对不同国家新教育运动的研究专著，而针对日本新教育运动的研究专著还没有出现，这不能不说是一种缺憾。

该书以日本新教育运动为研究对象，以其历史发展脉络为主线，从其发生背景、代表主张、典型案例三个方面进行了系统论述，详细介绍了日本新教育运动从萌芽到高潮再到衰落的全过程。最后对日本新教育运动进行了客观的历史评价，在充分肯定其积极作用的同时，还对其消极影响和存在的不足进行了深入挖掘。如日本新教育运动后期由于部分新教育学者的妥协，新教育运动的成果被军国主义利用，其先进的教学方式被引入军国主义教育当中，助力培养了一批"战争狂人"，给包括中国在内的各国人民带来了深重的灾难，也使日本新教育运动的成果"明珠蒙尘"等。该书思路清晰，资料丰富，为读者详细展示了一幅日本新教育改革运动的画卷，对读者深入了解日本新教育运动，乃至进一步理解整个日本教育发展的历史特点，都具有重要的参考价值。

刘双喜同志是我在2015年招收的博士研究生，日语基础扎实，虚心好学，善于思考，虽为在职攻读博士学位，却是放下工作和家庭，全脱产在学校踏踏实实学习了三年，整个求学过程付出了非同寻常的代价和心血。功夫不负有心人，在论文答辩时受到了答辩委员们的一致好评。作为导师，我也感到由衷的高兴。

作者还很年轻，其学术生涯可谓刚刚起步，本书内容也存在一些瑕疵。我希望此书的出版发行，能为其后续研究奠定一个坚实的基础，也希望他能够戒骄戒躁，百尺竿头，更进一步，在日本教育史研究领域能有更多的建树。

是为序！

朱文富
2019年4月

目录
CONTENTS

绪 论 ··· 1
 一、选题缘由及研究意义 ·· 1
 二、核心概念界定 ·· 4
 三、国内外研究现状综述 ·· 7
 四、主要研究内容 ·· 11
 五、研究思路和研究方法 ·· 14
 六、创新点与不足之处 ·· 15

第一章 日本新教育运动的兴起（1912年—1920年） ··············· 17
 第一节 日本新教育运动兴起的背景 ··· 17
  一、社会发展对教育的驱动 ··· 18
  二、日本近代国家教育体制的缺陷 ·· 22
  三、以赫尔巴特教育理论为中心的传统教学模式的流入及其不足 ··· 28
  四、欧美新教育运动的影响 ··· 33
 第二节 日本新教育思想的初步提出 ··· 45
  一、教育领域的民主运动为日本新教育思想的发展提供了舆论支撑 ··· 45
  二、临时教育会议的召开为日本新教育思想的发展创造了客观环境 ··· 46
  三、日本新教育理论初步提出的代表人物及其教育主张 ············ 51
 第三节 日本新教育学校的实践推广 ··· 71
  一、一般公立小学的新教育改革 ··· 71
  二、（高等）师范学校附属小学的新教育改革 ························· 75
  三、新式私立小学的广泛建立 ·· 77

第二章　日本新教育运动的高涨（1921年—1923年） …… 81

第一节　日本新教育运动高涨的背景 …… 81
一、一战后日本经济的飞跃发展推动了教育的更快发展 …… 81
二、国内外民主革命浪潮的积极推动 …… 84
三、欧美新教育运动理论的不断传入及其影响 …… 85

第二节　日本新教育思想的确立 …… 89
一、道尔顿制的引进和帕克赫斯特的来访 …… 89
二、"八大教育主张讲演会"的召开 …… 95
三、日本新教育理论成型确立的代表人物及其教育主张 …… 104

第三节　日本新教育学校的空前繁荣 …… 120
一、一般公立小学新教育改革实践的深化 …… 121
二、（高等）师范学校附属小学新教育改革实践的深化 …… 124
三、新式私立小学的飞跃发展 …… 127

第三章　日本新教育运动的衰落（1924年—1941年） …… 131

第一节　日本新教育运动衰落的背景 …… 131
一、国家权力的膨胀和经济危机的爆发对教育的束缚愈加严重 …… 131
二、军国主义势力的扩张使日本学校教育发展"畸形化" …… 133
三、欧美新教育运动的影响力不断弱化 …… 140

第二节　日本新教育思想的发展日趋平淡 …… 143
一、日本新教育思想失去了继续发展的外部环境 …… 143
二、国家权力对日本新教育思想的直接干预 …… 146
三、日本新教育思想自身发展后劲不足 …… 148

第三节　日本新教育运动的余响 …… 153
一、日本新教育学校的延续和"中性学校"的建立 …… 153
二、日本新教育协会的短暂"中兴" …… 160
三、军国主义学校对日本新教育教学方法的利用 …… 166

第四章　日本新教育运动的历史评价 …… 175

第一节　日本新教育运动的历史贡献 …… 175
一、日本新教育运动对当时日本教育与社会发展的推动 …… 175

二、日本新教育运动对同期中国教育发展的促进 …………………… 184
　三、日本新教育运动增强了欧美新教育运动的世界影响力 ………… 187
　四、日本新教育运动对日本后世教育发展的影响 …………………… 189
第二节　日本新教育运动的局限性 ……………………………………… 193
　一、时代的局限性 ………………………………………………………… 193
　二、先天的妥协性 ………………………………………………………… 194
　三、"儿童中心主义"的困惑 …………………………………………… 195
　四、日本新教育运动的成果被军国主义利用 …………………………… 195

附录1　日本新教育运动大事记 …………………………………………… 197

附录2　日本新教育学校一览表 …………………………………………… 202

**附录3　1921年教育学术研究大会（八大教育主张讲演会）
　　　　会员名录** ……………………………………………………………… 207

参考文献 ……………………………………………………………………… 237

致　谢 ………………………………………………………………………… 247

绪 论

一、选题缘由及研究意义

（一）选题缘由

19世纪末至20世纪初期，一些欧美国家在经济、政治以及科学文化等方面变化的背景下，兴起了一场范围广泛的教育革新运动，对当时乃至当今的教育产生了深刻的影响。这场教育革新运动中，欧洲的"新教育运动"和美国的"进步主义教育运动"最具典型性和代表性，它们尖锐地批判了传统教育，反对传统教育理论和教育方法，强调教育与社会生活的联系，提倡尊重儿童的心理发展规律，注重儿童的整体发展，主张以儿童的兴趣、经验为重心革新课程和教学，重视从做中学，并通过创办实验学校等方式付诸实践。这就是席卷欧美、影响世界的"新教育运动"①。

与此同时，位于世界东方的日本已经开始"求知识于世界"。自1868年明治维新后，便开始师从欧美，广泛吸收欧美国家的教育思想和教育制度，建立了近代日本教育制度。② 到19世纪末20世纪初，日本教育整体水平已经达到一个很高的程度，但当时学校教育中推行的是以教师和教科书为中心的赫尔巴特主义教育理论和教授方法。③ 这种传统教育模式在教学实践中不断遭受质疑和批判，恰在此时，随着世界民主运动的兴起和日本国际交往的增多，欧美新自由主义思想经由谷本富、西山哲治、阿部重孝、小林澄兄等人的"西游取经"

---

① 吴式颖，李明德. 外国教育史教程（第3版）[M]. 北京：人民教育出版社，2015：226.
② 王桂. 日本教育史[M]. 长春：吉林教育出版社，1987：98.
③ 李伟. 日本新教育运动的一面旗帜——成城小学发展研究[M]. 石家庄：河北教育出版社，2016：2.

和帕克赫斯特、杜威等人的"东渡传教"来到了日本。在其影响下，泽柳政太郎、小原国芳、铃木达治、野口援太郎等人发起倡导了对传统的教师中心主义教育教学方式进行批判，提出以"儿童"为中心的教育主张，并通过创建新学校将其付诸实践的日本新教育运动。

就其发生的背景而言，日本新教育运动是欧美新自由主义教育思想和世界教育革新运动与明治末期、大正初期日本政治、经济、文化、教育等多方面因素共同作用的结果。就其本质而言，日本新教育运动的兴起是日本教育界对日本社会现代化进程中出现的一系列重大变革进行的一种回应，是对迫切修正明治时期国家主义制度下的整齐划一的近代教育体制与"赫尔巴特"为中心的教科书注入式的传统教育模式做出的一种选择，也是对世界教育革新运动的一种吸收与融入。

从学科研究纵向完整性的角度看，以往的日本教育史研究中，对幕府时期、明治时期与昭和时期的教育进行研究的论文、著作较多，而以大正时期为中心展开研究的著述则很少。在日本历史上，大正时期（1912年—1926年）是一个短暂而又相对稳定的时代，它夹在两个非常重要的时期——明治时期（1868年—1912年）与昭和时期（1926年—1989年）之间，很容易被忽略过去，但它是日本近代史上一个重要时期。相对于明治时期浓重的国家主义与昭和时期疯狂的军国主义而言，大正时期是和平、繁荣、自由和民主的时期。同时，大正时期也是吸收欧美教育革新运动，进一步推进国际教育革新运动的一个重要历史时期。日本新教育运动的"黄金时期"贯穿于整个大正时期，因此有必要对其进行全面系统的研究。

从学科专题研究完整性的角度看，日本新教育运动是19世纪末20世纪初世界教育改革运动的重要组成部分，研究它对于把握当时的以及后来的世界教育改革有典型的个案意义。这场世界性教育革新运动主要包括欧洲新教育运动、美国进步主义教育运动、日本新教育运动和新教育中国化运动等组成部分。当前，除了日本新教育运动外，其余三场新教育运动均已实现了由零散研究向系统研究的转变，张斌贤的《社会转型与教育变革：美国进步主义教育运动研究》、吴明海的《欧洲新教育运动的历史研究》、汪楚雄的《中国新教育运动研究（1912年—1930年）》、李海云的《新教育中国化运动研究》可谓是美国、欧洲和中国新教育运动研究由零散化向系统化转变的重要标志。因此，日本新教育运动的研究也应该实现这一转化，拙作的目的也就是想为这一转化做出贡献。

从学科专业特点的角度看，研究历史要站在当代社会现实的角度审视过去，审视过去的目的则是为当今的现实提供参照。我们不可能亲身回到历史现场，只能是思想的回归，也不可能把历史搬到眼前，只能是把历史上的经验教训用之于当代。日本新教育运动对我们今天的教育创新，尤其是基础教育课程改革有着巨大的借鉴意义。日本新教育运动兴起的历史背景和所要解决的问题与我们今天的基础教育课程改革运动有很多相似之处，所以研究日本新教育运动得与失的历史对我们如何搞好当前的教育改革具有重要的启示作用。

（二）研究意义

1. 理论学术价值

本书在厘清日本新教育运动的发展历程和各阶段的基本特征以及对各阶段典型改革案例进行深刻分析的基础上，揭示出日本社会的转型发展对各个阶段新教育改革的影响和新教育改革对日本社会转型的推动促进作用，并在日本战后教育改革和当今教育改革中寻找日本新教育运动的踪影，探寻其在日本教育发展中的历史定位。进而在总结日本新教育运动基本特征的基础上，将其与中国的新教育运动进行比较，探寻日本新教育思潮是如何对当时中国的教育改革产生辐射作用的。

2. 丰富日本教育史学科的研究

日本与中国同属于东亚儒教文化圈，日本许多成功的教育经验可为我国学习和借鉴。19世纪末20世纪初，欧美各国兴起了大规模的教育革新运动，运动中产生的"新教育"思想和"进步主义教育思想"逐渐渗透到日本教育界，并最终发展成为日本的新教育运动。日本新教育运动是国际教育运动改革的重要组成部分，间接地促进了20世纪前期世界教育改革的快速发展，也对当时中国的新教育运动的发展产生了辐射作用。中国学者对欧洲新教育运动和美国进步主义教育运动的研究成果已经非常丰富，但以日本新教育运动为研究对象的成果则少之又少。因此，对日本新教育运动的发展历程进行详细的梳理并深入分析其对日本基础教育结构、各学科的发展以及战后日本教育改革的影响，可以进一步丰富中国学者对日本教育史的研究史料，充实日本教育史乃至外国教育史学科的研究内容。

3. 对当前世界性教育改革的积极影响

20世纪末世界各国的教育改革高潮迭起，各国在本国独特的政治、经济与文化背景中探寻教育的发展与创新。其中一个引人瞩目的现象就是各国改革进程中都逐渐显露出与19世纪末20世纪初兴起的欧美新教育运动存在的某种千丝万缕的联系，教育史学家们也日益热衷于讨论新教育运动的现代意义。例如，在美国20世纪90年代后人们对杜威的关心高涨，出现杜威的"回归期"，认为进步教育理论是时至今日依然未完成的理论，因为进步教育理论的核心部分"教材的经验化"是难以否定的；自20世纪70年代后半期起法国众多的新教育运动团体开展多样的实践运动，1989年社会党政权下发的《教育基本法》中还阐明了"儿童是教育的中心"等思想，并在1995年的小学教育课程中具体化，这被认为是新教育团体的实践运动得到公认的标志。[①] 在日本更是如此，1989年制定的《学习指导要领》提出"在小学开始设置生活科"，民间教育团体早就提倡"综合学习"，1998年文部省在《新学习指导要领》中提出"2002年起在中小学包括幼儿园设置'综合学习时间'"，都明显吸收了日本大正时期新教育运动的思想营养。在今天中国方兴未艾的教育课程改革中，强调儿童的主体性，提倡活动课程、研究性学习也无不与20世纪二三十年代那段新教育时期的理念有着惊人的相似性和延续性。由此可以认为，研究各国新教育运动的思想与实践的历史遗产可以为各国目前的教育改革提供有益的借鉴与帮助，具有重要的现实意义。[②]

二、核心概念界定

（一）日本新教育运动

根据《近代教育史事典》的解释，"日本新教育运动"是指在19世纪末20世纪初欧美教育革新运动的影响下，20世纪初至20世纪30年代前期由泽柳政太郎、小原国芳、铃木达治、野口援太郎等人创建的新学校和以奈良女子师范附属小学为代表的公立学校发起倡导对传统注入式的教师中心主义教育教学模式进行批判，提出儿童中心主义的教育主张，并通过自身的教育实践，实施以儿童为中心和尊重其个性的教育改革运动，又称"教育改造运动"或"大正自

[①] 张斌贤. 进步主义教育运动与现代教育发展［J］. 教育科学，1996（2）：9.
[②] 徐征，王冬艳. 日本战前的新教育运动与新学校［J］. 黑龙江高教研究，2006（4）：24.

由教育运动""大正新教育运动"。① 中野光在《大正自由教育的研究》一书中将"大正自由教育"定义为"主要在大正时期，反对以往'臣民教育'为特征的、整齐划一的、教科书注入式的、权力性的和强迫式的教育，站在尊重儿童的自发性与个性的自由主义教育立场而展开的教育改造运动。后来，大正自由教育也被称作日本新教育运动"②。

《近代教育史事典》的解释较为详尽，中野光的解释较为宏观，但两者意思实为相同，均是本书中提到的"日本新教育运动"。特指萌芽于明治末期（1912年以前）、发展于大正前期（1912年—1921年）、高潮于大正后期和昭和初期（1922年—1926年）、衰落于昭和前期（1927年—1941年）的新教育改革运动，由于其办学实践形成了一整套新的教育理论与教学方法，积累了丰富的教学经验，对日本当时的教育产生了广泛而深刻的影响。自1921年随着8名教育学者的《八大教育主张》的发表，日本新教育运动达到高潮。据统计，包括39所师范附属小学、25所私立学校在内，当时全日本共有234所学校参加了这一运动。③

日本新教育运动的兴起与发展，是日本近现代教育发展的内在需要，同时也深受19世纪末20世纪初期的国际教育思潮与运动，尤其是欧洲的"新教育运动"和美国的"进步主义教育运动"的影响。因此，日本新教育运动是国际教育运动改革的重要组成部分，它对当时中国的新教育运动产生了非常直接的影响。

（二）八大教育主张

在新教育思潮的影响下，日本学术协会于1921年8月在东京高等师范学校举办"教育学术研究大会"。大会邀请了兵库县明石女子师范学校主事及川平治、创造社社刊《创造》主笔稻毛诅风、东京高等师范学校教授樋口长市、千叶师范学校主事手塚岸卫、早稻田大学教授片上伸、广岛县师范学校主事千叶命吉、女子大学校主事河野清丸和成城小学校主事小原国芳等8位当时教育学界的"人气"学者，他们在会上分别提出了"动的教育论""创造教育论""自学教育论""自由教育论""文艺教育论""一切冲动皆满足论""自动教育论"

---

① 久保義三. 近代教育史事典［M］. 東京：東京書籍，2001：327.
② 中野光. 大正自由教育の研究［M］. 名古屋：黎明書房：1998：9.
③ 吴德为. 关于日本大正时期新教育运动的研究［J］. 长春大学学报，2003（4）：27.

和"全人教育论"。① 会后，这8种新教育主张在教育学界引起了强烈反响，樋口长市等人根据会议纪要编辑出版《八大教育主张》一书，使8种新教育主张在社会广为流传。后来的学者也将这场教育学术研究大会称为"八大教育主张讲演会"，将会上提出的8种新教育主张称为"八大教育主张"②。

（三）传统教育

《教育大词典》对"传统教育"的解释有两种，一种为专指赫尔巴特及其学派的教育理论和教学模式。传统教育理论是由夸美纽斯首创，经赫尔巴特等人补充发展而成的教学理论，指的是以传授知识为目的、以学科课程为依托，在直观经验的基础上，通过归纳、演绎等方式进行的教学模式。赫尔巴特第一个提出应该把教育学简称一门科学，教育学在教育目的上必须以伦理学、道德哲学为基础，在教学过程、教学方法和教学手段上必须以心理学为基础。19世纪初，赫尔巴特出版《普通教育学》和《教育学讲授纲要》，标志着传统教育理论的形成。因此，赫尔巴特教育学被认为是传统教育理论的主要代表，赫尔巴特教育理论也被认为是传统教育模式的中心。

赫尔巴特教育理论最主要的核心的内容就是关于"教学四阶段"的理论。赫尔巴特把人的一切心理活动都归结为观念的运动，他认为教学过程可以分为两个基本环节：专心和审思。所谓"专心"，就是深入研究学习材料，力求清晰地认识个别的事物，学生专心致志地从事学习；所谓"审思"，就是深入理解和思考，把"专心"中认识的个别事物集中起来，使之相互联合形成统一的东西。由此就形成了"明了""联想""系统""方法"的四个教学阶段：①明了——给学生明确地讲授新知识；②联想——将新知识和旧知识联系起来；③系统——做出概括性结论；④方法——把所学知识用于实际（习题解答、书面作业等）。后来，他的学生齐勒尔和赖因将他的"教学四阶段"理论发展为"预备""提示""联想""总结""应用"，也就是著名的"五段教学法"。这个教学模式有助于教师传授系统知识和提高课堂教学效果，在19世纪后半叶流传甚广，对欧美各国有很大影响。美国教育家杜威在《学校与社会》一书中，首次把赫尔巴特的教育思想及其实践模式称为"传统教育"或"旧教育"。由此开

---

① 王桂．日本教育史［M］．长春：吉林教育出版社，1987：220.
② 橋本美保．大正新教育文献資料集成Ⅰ——八大教育主張［M］．東京：日本図書センター，2016：188.

始了现代教育派与传统教育派之间的长期论战。

另一种为"泛指在一定历史时期形成与流行的、具有影响的教育思想、制度和方法。中国封建社会有儒家的崇尚道德修养、尊师重道、因材施教、循序渐进的传统;五四运动以来有讲求民主、科学、进步、振兴中华的传统;西方古希腊有主知和注重和谐教育的传统;文艺复兴后有尊重儿童、遵循儿童身心发展、培养学生能力与学习主动性,重视课堂教学与系统知识传授的传统。上述均为一定历史时期形成的传统教育(亦可称为这一时期的教育传统)"。本选题中出现的"传统教育"是指《教育大词典》中的第一种解释,指以"教师、书本与课堂"为中心的赫尔巴特学派为代表的传统注入式教育教学模式①。

三、国内外研究现状综述

(一)国内研究现状综述

从文献的检索结果来看,国内至今尚未发现以日本新教育运动为题展开研究的著作,与之相关的研究仅散见于外国教育史著作和为数不多的期刊论文中。主要代表性研究有滕大春主编的《外国教育通史》(第五卷)、顾明远和梁忠义主编的《世界教育大系——日本教育》、王桂主编的《日本教育史》,三部著作均在"大正时期的教育思潮和教育学派"中提到过以"八大教育主张"为代表的新教育学派教育理念和教育实践。关松林在《交流与融合——杜威与日本教育》一书中提到了日本新教育代表人物小原国芳接受杜威的影响,发展成城学园,进行新教育改革,引入道尔顿制教学法和尊重个性化教育的观点。李伟在《日本新教育运动的一面旗帜——成城小学发展研究》对成城小学校的发展历程进行了详细的梳理,对其管理制度、课程设置和教学方法方面的改革进行了翔实的论述,并总结了成城小学的特色及其对日本教育的贡献,分析了成城小学发展中存在的问题,归纳了成城小学在发展过程中取得的历史经验,为我国教育改革快速持续健康发展提供了学习和借鉴。此外,还有吴德为的《关于日本大正时期新教育运动的研究》、徐征和王冬艳的《日本战前的新教育运动和新学校》两篇文章对日本大正时期的新教育运动进行了简单的介绍,但是并没有引用翔实的史料。

---

① 李伟. 日本新教育运动的一面旗帜——成城小学发展研究 [M]. 石家庄:河北教育出版社,2016:4.

纵观上述先行研究不难发现，学术界对日本新教育运动的研究多集中于某个个案的研究或者某一阶段性时期的研究或者是新教育运动外来思想根源的研究，还缺少沿着时间维度对日本新教育运动进行全面系统的研究。可以说，目前国内学术界对日本新教育运动研究的现状，缺乏具体论证且未成体系，仅就某一特定时期或某一特定案例是很难全面系统了解日本新教育运动的全貌的。

（二）国外研究现状综述

日本学者对日本新教育运动进行系统性和综合性的研究开始于20世纪七八十年代，更多的较为翔实的史料和研究的出版则是进入21世纪以后。对日本学者的相关文献进行梳理，可以分为三大类。

第一类是专门关于日本新教育运动的研究著作。吉良馍在《大正自由教育和道尔顿制》（1985.12）一书中，详细介绍了阿部重孝、小林澄兄等人访问欧美后对道尔顿制的引入、帕克赫斯特四次访日对道尔顿制的宣传以及泽柳政太郎对道尔顿制的推广情况，详细介绍了日本新教育运动高潮时期的成城学园、福井师范附属小学校、爱媛师范附属小学校、冈山县仓敷小学校、熊本县立第一高等女学校对道尔顿制的引入和实践情况。宇野美惠子在《教育的复权》（1990.4）一书中，从对传统教育的批判入手，详细阐述了野口援太郎提倡的自由教育思想和守屋东提倡的社会教育思想产生的根源、教育主张的推广情况以及长野县关于大正新教育运动的实践情况，重点介绍了"东西南北会"的产生和贡献、手塚缝藏的人格主义精神、信州白桦教育运动。在富田博之、中野光合著的《大正自由教育的光芒》（1993.5）一书中，首先对日本新教育运动的历史定位进行了简单陈述，然后重点论述了日本新教育运动的影响以及与艺术自由教育的关系，详细介绍了在日本新教育运动思潮的影响下，艺术学科开展的"艺术自由教育"，重点介绍了片上伸、北原白秋、山本鼎等人的艺术自由教育观点和教育实践，最后将日本新教育的影响在基础教育的基础上提升到了更高的层次，介绍了上田杏村在上田自由大学推广的艺术自由运动和山本鼎主导的农民美术运动的情况。森川辉纪在《大正自由教育和经济恐慌》（1997.4）一书中，详细交代了大正新教育运动发生的社会背景和经济背景。中野光在《大正自由教育研究》（1998.12）一书中，对日本新教育运动发生的社会背景、临时教育会议对日本新教育运动推进产生的作用进行了较为翔实的介绍；并对日本济美学校、成蹊实务学校、千叶师范附属小学校、奈良女子师范高等学校附属小学校、成城小学校开展新教育改革的整体状况进行了介绍，重点对上述新教育学校在课程设置、校舍改造、师资培养等方面进行了介绍和对比。中野光还在《作为教育空间的学校》(2000.1)一书中，从泽柳政太郎的学校论入手，重点论述了学校环境和教育方法改革之间的关系，强调了校园环境和校舍布置对于基础教育阶段儿童成长的重要性；然后又介绍了提倡从教师改造出发，推动教育改革的西山哲治、及川平治、岛津新治、木下竹次、石井信一等人的教育主张和教育实践。上田祥士和田畑文明在《大正自由教育的旗手》(2003.4)一书中，分别对日本新教育运动的思想家三浦修吾的生平以及其大力宣扬的宗教教育思想的形成、推广情况和新教育运动的实践家中村春二的生平以及日本女子大学附属丰明小学校、日本济美学校、帝国小学校等大正自由思想教育的实践情况。中野光还在《学校改革史的原像》(2008.9)一书中以案例的形式对日本新教育运动时期著名的思想家、实践家以及他们开创或者改革的学校进行了详细的论述，比如：西村伊作和文化学院、赤井米吉和明星学园、泽柳政太郎和成城学园、西山哲治和帝国小学校，在介绍案例的时候主要介绍了各位思想家和实践家的新教育思想的成长和新教育主张的推广，并对各个新教育学校的授课方式、教学内容等方面进行了介绍。桥本美保、田中智志在《大正新教育的思想》(2015.7)一书中，首先对欧美的新教育思想进行了介绍，重点阐述了杜威、德可乐利、蒙台梭利、弗雷内的教育思想和教育实践；然后阐述了将日本自由教育运动推向高潮的八大教育主张讲演会的召开情况和会上提出来的8种新教育主张，即及川平治的"动的教育论"、稻毛诅风的"创造教育论"、樋口长市的"自学教育论"、手塚岸卫的"自由教育论"、片上伸的"文艺教育论"、千叶命吉的"一切冲动皆满足论"、河野清丸的"自动教育论"和小原国芳的"全人教育论"，书中对上述8种新教育主张的思想来源、实践推广情况都做了较为翔实的论述。

  上述论著虽然都对日本大正自由教育运动进行了专门的论述，但是都是集中于某一方面，有的专注于新教育的思想，有的专注于新教育的实践，有的专注于新教育学校的校园环境改善，有的专注于教学方法和教学内容的改革，有的专注于日本新教育的影响，还没有对日本新教育运动发展的历史进程进行专门论述的著作。虽然中野光教授的《大正自由教育研究》阐述了日本自由教育产生的背景、临时教育会议的推动等代表日本自由教育运动发展重要节点的内容，但其论述仅到1921年"八大教育主张讲演会"召开为止，并没有对1921年以后的日本自由教育运动发展情况进行全面的论述。由此可见，在日本学术界尚未出现一本专著对日本自由教育运动的发展历程进行较为翔实的介绍。

第二类是关于日本自由教育运动的原始史料。近年来，以东京学艺大学桥本美保教授为主的研究团队对大正新教育运动的原始资料进行了翔实的搜集和整理工作，自2016年1月至2017年1月相继出版了《大正新教育文献资料集成》三辑共20卷。其中前两卷主要汇总了关于"八大教育主张"的相关史料，包括"八大教育主张讲演会"的筹备文件、报纸宣传报道，会场8位讲演者的资料、演讲内容，与参会人员的互动问题等非常详细的会议记录内容，还包括2499名参会人员的姓名和所属县厅[1]；第3、4卷除汇总了当时日本报刊对新学校的相关报道之外，还汇集了28所新学校主事（校长）在《教育问题研究（临时增刊）》[2] 上发表的关于本校新教育开展情况和经验特色的署名文章，最后以附表的形式列举了86所日本新教育学校，主要包括各所新教育学校的校名、所在地、校长、创办时间、学生数量、教育方针的特征等内容[3]；第5卷至第20卷汇总了4所公立小学校、9所师范附属小学校、7所私立小学校等共计20所新教育学校的相关资料。

这部分文献资料属于原始史料的罗列，为本书的写作提供了最为原始的资料。但是目前还缺乏对原始史料的具体分析，对整个日本自由教育运动发展演进的特征的分析尚未完备。

第三类是日本历史类著作和日本教育类著作。在太田雅夫所著的《大正自由民主运动研究》（1990.5）和中村隆英所著的《明治大正史》（2015.9）中，都有专门的章节提到了大正时期新教育改革的相关情况，论证了大正自由民主运动与大正自由教育发展演进的关系。尾形裕康在《日本教育通史》（1978.7）中对大正时期的社会发展形势和教育发展概况进行了简单介绍，对大正时代的自由主义教育思想、人格教育学说、儿童中心论的新教育方法都进行了较为详细的介绍。在梅根悟监修的《世界教育史大系——日本教育史Ⅱ》（1976.8）中用一个章节介绍了大正时期的教育改革，介绍了大正新教育运动发生的社会背

---

[1] 橋本美保.大正新教育文献資料集成Ⅰ——八大教育主張［M］.東京：日本図書センター，2016：266.
[2]《教育问题研究》是日本学术协会会刊，该协会1921年举办"八大教育主张讲演会"，将日本新教育运动推向高潮。
[3] 橋本美保.大正新教育文献資料集成Ⅰ——日本の新学校1［M］.東京：日本図書センター，2016：9.

景和改革措施、衰落背景等内容。山本正身所著的《日本教育史》(2014.4)，在近代教育部分，专门提到了关于大正新教育运动的内容，涉及大正新教育运动发生的背景、初期发展实践、8大教育主张和改革运动受到的挫折和镇压，重点介绍了成城小学校的新教育改革实践。在江岛显一所著的《日本道德教育的历史》(2016.4)中，详细介绍了大正新教育运动时期新教育学校修身教育的开展情况，包括相关修身课教材的修订和相关修身课程的开设与改革等内容。寺崎昌男和海后宗臣合著的《近现代日本教育》(1999.5)中，介绍了临时教育会议确定的教育改革构想和教育改革目标，并将其改革目标与新教育运动的改革实践的联系进行了论述。花井信所著的《近代日本的教育实践》(2001.8)一书中，介绍了日本大正新教育运动时期，新教育学校在师资培养和教科书修订等方面的内容。

这些著作与大正新教育运动的专门著作一起互为补充，为本书的研究提供了非常翔实的背景资料，对于准确把握日本新教育运动的发展变化具有非常重要的参考价值。

四、主要研究内容

本书以"日本新教育运动"为研究对象，以日本新教育运动的历史发展脉络为主线，从日本新教育运动的历史演进、代表主张、典型案例、历史评价这四个方面进行系统研究。虽然早在1905年初，日本就已经有了模仿欧美新教育学校模式进行的早期尝试，但是这些早期实践学校仅是在教学方法上对欧美新学校进行了模仿，还没有形成自己特有的教育主张，并不能称为真正意义上的日本新教育学校，也不能界定为日本新教育运动的开端，而日本新教育运动又称为"大正新教育运动"，所以本书将日本新教育运动开始的时间界定在1912年（大正元年）。随着日本新教育运动的发展，日本式新教育理论不断提出，1921年召开了"八大教育主张"讲演会，将日本新教育运动推向了高潮。但是当以"自由"和"民主"为核心的日本新教育运动在全国推广以后，日本国家权力深深感到了新教育运动对自己的统治带来的威胁，便开始对日本新教育运动进行疯狂的镇压，1924年"茨城县自由教育禁止"事件被认为是日本国家权力镇压新教育运动的开端，日本新教育运动也从此由盛转衰。虽然在衰落过程中，以野口援太郎为首的日本新教育运动后期引领人物也通过成立"日本新教育协会"，开展一系列活动等方式维系日本新教育运动的发展，但是终究也难以改变其历史命运，1941年野口援太郎去世，日本新教育协会解散，日本新教育运动也宣告退出历史舞台。因此，以日本新教育运动发生发展过程中重大事件的发生为节点，本书将其发展历程划分为兴起期（1912年—1920年）、高涨期（1921年—1923年）、衰落期（1924年—1941年）三个阶段。

本书研究内容主要包括以下四章。

1. 日本新教育运动的兴起（1912年—1920年）

这一章主要交代了日本新教育运动兴起的背景、日本新教育思想的初步提出和日本新教育学校的实践推广。

日本新教育运动兴起的背景主要包括社会发展对教育的驱动、日本近代教育体制与传统教育模式的不足、欧美新教育运动的影响三个方面。首先，对明治末期和大正初期由于日本资本主义的发展和社会转型对教育提出的新的要求进行了论述；其次，交代了日本近代教育体制的缺陷，即高度集中的教育管理体制、全国整齐划一的教育制度、严重的应试教育倾向，并介绍了以赫尔巴特学派为代表的传统教育模式在日本的传播以及产生的以教师、教科书、课堂为中心的"五段教学法"在当时产生的弊端；再次，详细介绍了以谷本富、西山哲治等为代表的日本学者对欧美早期新教育思想的引入；最后，论述了欧美新教育运动映射下日本学校教育的实践探索，选取了日本济美学校、成蹊实务学校、帝国小学校、成蹊小学校作为典型案例分析日本新教育运动的早期实践探索。

日本"本土化"新教育思想的初步提出部分首先交代了教育调查会的成立加强了国家权力对教育思想的重视、临时教育会议的召开客观上推动了新教育思想在日本的发展，然后重点介绍了泽柳政太郎、及川平治、手塚岸卫等教育学者接受欧美新教育思想并对其进行改良的状况，详细介绍了分团式教学法、合科式教学法、自由教育法等教育理论的实施情况。

日本新教育学校的实践推广部分主要介绍公立小学校和高等师范附属小学对原有小学进行新教育改革的开展情况以及新式私立小学广泛建立的情况。选取成城学园、文化学院、千叶师范学校附属小学、广岛高等师范学校附属小学等为典型案例进行剖析，总结这一时期日本新教育学校的实践推广情况。

2. 日本新教育运动的高涨（1921年—1923年）

这一章主要交代了日本新教育运动高涨的背景、日本新教育思想的确立和日本新教育学校的空前繁荣。

日本新教育运动高涨的背景主要以第一次世界大战后日本经济的发展对教育产生了更高的要求为基础，再加上世界社会主义民主革命浪潮的积极推动以及欧美新教育运动新理论的不断涌现和影响。

日本新教育思想的确立首先交代了"八大教育主张"讲演会的召开为新教育思想确立的标志性事件，道尔顿制的引入和帕克赫斯特的来访则为教育思想的确立起到了"稳基固本"的作用。然后将日本新教育思想确立成型的"八大教育主张"的提出者及其主要观点进行了逐一详细介绍。

这一时期日本新教育学校的实践也是空前繁荣，无论是原有公立学校的深化改革还是新式私立小学的飞跃发展都成了这一时期日本教育领域的"主角"。本章主要选取明星学园、儿童村、东江高等师范学校附属小学、东京女子高等师范学校附属小学、奈良女子高等师范学校附属小学等为典型案例进行深入剖析。

3. 日本新教育运动的衰落（1924年—1941年）

这一章主要交代了日本新教育运动衰落的背景、日本新教育思想的发展日趋平淡和日本新教育学校的余响。

日本新教育运动衰落的背景包括经济危机的爆发和国家权力的膨胀对教育束缚愈加严重、军国主义思想的发展和对外侵略战争的发动使教育的发展"畸形化"以及欧美新教育运动的影响力不断弱化。

日本新教育思想发展日趋平淡主要是因为其在日本国内失去了继续发展的外部环境、国家权力对其进行了镇压以及其自身发展也存在诸多问题导致了发展后劲不足。

日本新教育学校的余响主要包括原有新教育学校的延续和面对国家权力的疯狂镇压而创建的部分妥协的"中性学校"，以及以野口援太郎为首的新教育学者为了寻求日本新教育运动的延续而创建的日本新教育协会。日本新教育学校的余响还包括另外一个方面，就是当日本教育界失去了新教育运动继续进行的外部环境后，军国主义学校以其雄厚的人力、财力、物力窃取了新教育运动的成果，将新教育学校的实践经验和先进的教学方法引入到以海军兵学校和陆军军官学校为代表的军国主义学校当中，培养了一大批所谓的军界"优秀人才"，这些人大多成了日后日本发动战争的"急先锋"。

4. 日本新教育运动的历史评价

日本新教育运动的历史评价分为积极影响和消极作用两个方面。积极影响主要集中于当时对日本教育改革的推动、对同时期中国新教育运动的促进、对欧美新教育运动的世界影响力的增强以及对日本战后教育改革和第三次教育改革的辐射作用等。消极作用主要表现为日本新教育运动后期由于部分新教育学者的妥协，使新教育运动的成果被军国主义利用，其先进的教学方法被引入到军国主义教育当中，培养了一批"战争狂人"，给包括中国在内的亚洲各国人民带来了深重的灾难。

五、研究思路和研究方法

（一）研究思路

首先，对日本新教育运动的历史发展脉络进行梳理，并与当时的社会发展环境相结合，运用教育学原理的基本知识，探寻社会转型与教育改革的关系。

其次，结合相关史料，分析日本新教育运动对当时日本基础教育结构产生的影响以及新教育运动对各个学科发展的影响。

再次，站在历史发展的角度，结合日本战后教育改革的政策和当前教育改革的现实状况，探寻日本新教育运动的影响轨迹。

最后，运用比较的方法，将日本新教育运动与中国的新教育运动进行横向比较，探寻日本新教育运动的基本特征，并进一步分析日本新教育运动对中国新教育运动的辐射作用。

（二）研究方法

1. 历史文献法

本研究方法主要用于日本新教育运动历史演进过程的研究。通过大量搜集、整理日本新教育运动的相关资料，并对其进行有选择地分析研究，以这些可信的历史史料为基础，采取逻辑的"议"和历史的"叙"相结合，以历史的"叙"为主的研究策略，对日本新教育运动的发展过程进行解读。

2. 比较分析法

本书将比较分析法运用于整个研究过程当中，主要体现在两个方面：一是在比较分析的视野下，借助具体比较等手段对日本新教育运动发展各个时期的背景因素和教育事实进行跨学科、多视角的分析，从而对日本新教育运动做出较为全面系统的研究；二是将日本新教育运动与欧洲新教育运动、美国进步主义教育运动进行对比，总结日本新教育运动的一般特征，再与中国的新教育运动进行联系和比较,探寻其对中国新教育运动的辐射作用。

3. 案例分析法

本书的选题和基本研究思路决定了案例分析法在研究过程中的重要性。本研究将结合具体的案例展开分析,在当时全日本参与新教育运动的234所学校中选取具有代表性的学校进行典型案例分析。

六、创新点与不足之处

(一) 创新点

本书以日本新教育运动的发展为主线,对其萌芽、发展、高潮和衰落的历程进行了梳理,最后探寻其对日本基础教育结构、各个学科的发展以及对中国新教育运动产生的影响和辐射。在研究过程中,笔者在以下几个方面进行了探索和创新。

第一,研究选题上的创新。目前国内学者对日本新教育运动的研究仅限于在一些日本教育史的教材和外国教育史的研究著作中略有提及,尚未出现对日本新教育运动进行研究的专著。在学术论文方面,根据中国知网的相关数据显示,截至2018年12月,国内学者对日本新教育研究的期刊论文共2篇,博硕士论文共1篇。其中期刊论文只是对日本新教育运动进行了笼统的梳理和介绍,并没有对其进行深入的研究;博硕士论文为河北大学李伟博士的《日本新教育运动的一面旗帜——成城小学发展研究》,该论文以新教育运动时期的成城小学校为研究对象,并没有对日本的新教育运动进行宏观方面的研究。由此可见,国内学术界对日本新教育运动的研究基本上处于空白状态,所以本选题的研究能够进一步丰富国内学术界日本教育史方面的研究范围和研究素材。

第二,研究视角上的创新。日本学术界对日本新教育运动的研究始于20世纪六七十年代,以中野光教授的研究成果为主,其成果对日本新教育运动进行了梳理,但对日本新教育运动产生的社会背景方面论述较为简单,也没有涉及日本新教育运动与当时世界其他国家新教育运动的联系,而是把日本新教育运动作为一个孤立的个体进行研究。进入21世纪以来,日本学术界对日本新教育运动的研究开始重视起来,以东京学艺大学桥本美保教授为首的研究团队自2016年1月至2017年1月相继出版了三辑20卷丛书,分别介绍了"八大教育主张"以及日本公立小学校、私立小学校和师范附属小学共计30余所开展新教育改革的案例学校,但该丛书仅是对各新教育学校改革的原始材料的列举,尚缺少对新教育运动整体特征的分析、总结与概述。本研究的选题视角恰恰是对前人研究成果的创新，对日本新教育运动的发展历程进行详细梳理，将教育改革与当时的社会环境进行联系，探索彼此间的相互促进和相互影响，然后在选取经典案例的基础上，对日本新教育运动时期公立小学校、私立小学校和师范附属小学校的整体特征进行梳理和总结，将日本新教育运动的特色活灵活现地呈现出来，深化对日本新教育运动的认识。

（二）不足之处

日本新教育运动是一场从教育思想和教育理念的改革开始，进而发展为设立新学校、改革旧校舍、创立新课程等教育实践方面的教育革新运动。虽然其影响力主要集中于基础教育层面，但是在中等教育、高等教育乃至于社会教育领域也存在这种新教育思潮的影响。论文还应该在充分列举和分析基础教育领域代表性案例的基础上，再进一步列举分析其他教育领域的相关案例，可以使论文更加深入和饱满，但是由于论文整体结构和笔者本人现有能力水平所限，本文并没有涉及这部分内容。另外，日本新教育运动的思想理念源于欧美新教育运动，当它的新教育思想和新教育运动实践经验成熟后，也在反哺着国际社会，尤其是对当时中国的教育发展产生了极大的影响。但本研究只是简单涉及了这部分内容，并没有具体展开说明。

以上不足之处，可以作为笔者今后的努力方向，待博士毕业后，笔者将围绕日本新教育运动展开更进一步的研究。

第一章

日本新教育运动的兴起（1912年—1920年）

第一节　日本新教育运动兴起的背景

　　明治维新后，日本开始"求知识于世界"，大量吸收国外的思想和文化，并把目光主要集中于欧美等发达国家身上。到了明治末期，日本已经完全确立了资本主义政治制度，社会经济、思想文化、教育制度都取得了显著发展，尤其是在基础教育领域，仅用了不到半个世纪的时间，就普及了6年制义务教育，至1907年，男女生共计入学率达到98%。[①] 但随着经济社会的发展和国民对教育质量要求的提升，曾经在日本盛极一时的以教师、课堂、教科书为中心的赫尔巴特教育理论和教授方法在教学实践中不断遭到质疑和批判，日本教育界也急需一种新的教育理论和教授方法来代替它。恰在此时，以欧洲新教育运动和美国进步主义教育运动为代表的欧美新教育思潮席卷整个西方世界，产生强烈反响，很快便吸引了日本教育学者的注意，他们开始不断学习新教育理论并将其引入到日本，开启了日本新教育运动的序幕。可以说，是日本国内教育界的实际需求和外来的欧美新教育思潮共同孕育了这场日本新教育运动。

---

① 李文英. 模仿、自立与创新——近代日本学习欧美教育研究［M］. 石家庄：河北教育出版社，2001：187.

一、社会发展对教育的驱动

（一）明治末期的社会变革对教育的推动

明治末期是指1895年至1912年7月。① 到这一时期，日本已经确立了资本主义国家政治制度，建立了亚洲第一个君主立宪政体，实现了工业化和城市化，从一个落后的封建农业化国家变成以城市发展为中心的工业化国家。后进国日本跨入世界列强的行列，开始与欧美资本主义国家争夺殖民地。

1. 世界资本主义格局的变化

19世纪70年代至19世纪末，先进资本主义国家的大资本迅速侵吞小资本，进行了资本的集中，形成了垄断资本。在生产上进行垄断的同时，银行资本也逐渐集中到少数银行家的手中。银行资本和工业资本融合起来，发展为银行资本对工业资本的统治。这个阶段的资本主义称为垄断资本主义或帝国主义。国家完全变成垄断资本家利益服务的统治工具，置于"财政寡头"的控制下。

当资本主义进入这个阶段，世界领土已经被作为列强的势力范围狙狂瓜分。由于帝国主义发展的不平衡，后进的帝国主义要求重新分割殖民地和势力范围，因而各帝国主义国家间必然发生激烈的竞争。这种竞争最终爆发了帝国主义之间的战争，以美国夺取西班牙殖民地古巴和菲律宾而挑起的美西战争（1898年—1899年）和英国为争夺南非的脱兰斯瓦尔（Transvaal）而向布尔人（荷兰殖民者后裔）挑起的布尔战争（1899年—1902年）为分界线，全世界进入帝国主义阶段。②

2. 日本国内资本主义经济的发展

当先进资本主义国家相互间争夺殖民地和势力范围的时候，日本作为一个后进的资本主义国家正在飞速地发展资本主义，并在19世纪90年代完成了以轻工业为中心的产业革命，并在中日甲午战争后，从以发展轻工业为中心转向以发展重工业为中心，开始向垄断资本主义阶段过渡。

日本资本主义的飞跃发展，首先表现在工厂、公司总数与资本额的增长上。1894年至1902年，新建的公司和工厂数比1893年以前建立的公司、工厂数分

---

① 王桂. 日本教育史 [M]. 长春：吉林教育出版社, 1987: 180.
② 王桂. 日本教育史 [M]. 长春：吉林教育出版社, 1987: 181.

别增加了5.2倍和1.3倍，公司的实收资本1903年比1894年增加了3.3倍；民营工业中纺织业发展尤为迅速，1903年纺织业的资本额、纱锭产量等都比1893年增加了3.6倍以上；交通事业也发展迅速，铁路从1893年的2039里增加到1898年的1500千米，1901年突破了2000千米；航运方面，从1893年货运吞吐11万余吨增加到1903年的65万余吨；钢铁工业及动力工业也有很大发展，国营八幡制铁所于1901年正式投产，第一年出产的生铁占全国生铁总产量的53%、钢材占83%，迈出了钢铁自给自足的第一步，① 同时也奠定了日本军需工业的发展基础。

在日本资本主义经济发展的同时，也出现了产业的集中和垄断。棉纺公司从1900年的79家减少到1903年的51家，而纱锭却由113万只增加到138万只，仅钟渊棉纺公司（三井）、富士瓦斯棉纺公司（三菱）等7家公司就集中了日本全部棉纺织业资本额的57.7%和纱锭数量的58.7%。② 重工业、化学工业、电力工业一开始就被国家资本或与政府有特别关系的财阀资本垄断。造船方面有三菱、川崎，钢铁和机械工业方面有三井、川崎，化学工业方面有住友，电力事业方面有东京电灯和猪苗代水力发电厂等财阀。财阀垄断资本在其他工业、矿业、银行等部门也都确立和发展了起来，确立了以财阀为首的日本垄断资本主义。

3. 日本对外侵略扩展的加剧

自由资本主义向垄断资本主义阶段过渡是和疯狂的争夺殖民地的斗争联系在一起的。中日甲午战争（1894年—1895年）后，中国的失败助长了列强瓜分中国的野心。而此时日本则是积极地向中国大陆扩张侵略，与俄国产生了尖锐矛盾，最终导致两个帝国主义国家间爆发战争。自1904年2月8日日本舰队突然袭击仁川港和旅顺港的俄国舰队，到1905年9月日俄两国签订《朴次茅斯条约》，日本以战胜国的身份正式进入帝国主义列强行列。从中日甲午战争到日俄战争，日本用武力抢去了辽东半岛、朝鲜等地方，取得了超过本国总面积76%以上的殖民地，并将超过本国数倍的中国东北南部、内蒙古东四盟和河北省长城以北地区置于半殖民地势力范围。③

---

① 王桂. 日本教育史[M]. 长春：吉林教育出版社，1987：181-182.
② 王桂. 日本教育史[M]. 长春：吉林教育出版社，1987：182.
③ 王桂. 日本教育史[M]. 长春：吉林教育出版社，1987：183.

日本在中日战争和日俄战争中的两次胜利，极大地提升了国际地位，在国内也提高了明治政府的威望。于是，政府更加肯定它所奉行的"富国强兵"政策和国家主义思想，这对日本的思想领域和文化教育领域产生了极大的影响。在教育上进一步加强了国家对教育的控制，不仅教育制度甚至教科书也由国家统一编写，实施固定的教科书制度。国家把义务教育看作是国家的责任，实施免费义务教育制度和延长义务教育年限，而且为了日本的产业近代化和军事近代化，还大力发展职业教育，保证对人力资源的需求。

（二）大正初期的社会转型对教育提出的新要求

1. 国际、国内社会形势的发展

20世纪初，日本已经跨入垄断资本主义阶段，成为军事封建性帝国主义国家，具有强烈的侵略性。当时，日本与世界主要帝国主义国家的矛盾日益激化，国内各种社会矛盾也愈加尖锐。这些都给日本社会带来了极为深刻的影响。1912年7月，日本明治天皇（睦仁）去世，皇太子嘉仁即位，定年号为大正，日本进入了大正时期。这一时期，日本的资本主义经济不断发展，彻底摆脱欧美列强强加的不平等条约，成为瓜分世界领土的帝国主义列强之一。同时，这一时期日本国内环境相对稳定，明治时期的"国家主义"思想控制有所减弱，使得民主主义思想和自由主义文化得以传播和发展，客观上也促进了欧美各国的先进思想陆续传入日本，间接促进了日本国内教育思想和教育体制的变革。

2. 民主主义思想的传播

在日本帝国主义参与瓜分世界和侵略中国之际，日本国内的形势也在悄然发生着改变，明治时期形成的"国家主义"统治思想的影响力逐渐弱化，日本国内各种思想空前活跃，各不同阶层也开始寻求自己的发言权，主张自己的权利。在这一时期，日本的小资产阶级民主主义者和进步知识分子登上了民主运动的舞台，他们极力宣扬民主主义思想和维护自己阶层的权益。其中，美浓部达吉[①]和吉野

[①] 美浓部达吉（1873—1948），日本宪法学、行政法学家。兵库县高砂市人，1897年东京帝国大学毕业，在内务省工作。1900年就任东京帝国大学比较法制史助教。1902年升格为教授。1911年受文部省委托编写《宪法讲话》，翌年出版。提出"天皇机关说"，主张天皇仅作为国家最高机关而行使统治权，而主权应属国民全体。

作造①等宪法学者和政治学者成了这一时期民主主义思想传播的代表人物。美浓部达吉提出"天皇机关说",他认为天皇是国家最高权力机关,国家宪法赋予天皇至高无上的权力,但并不是属于天皇个人的私权,而是天皇作为国家元首代表国家行使的统治权。这一说法使国家宪法具有了民主性的解释,主张将"天皇制"转变为完全的"国会内阁制",以便抑制军阀的专制统治。吉野作造1916年在《中央公论》上发表署名文章《论宪政本意及其贯彻之途径》,主张在日本推行民本主义,提倡建立以言论自由和普选为基础的政党政治,批评帝国主义侵略政策,主张改革枢密院、贵族院、军部等特权机构。吉野作造提出的民主主义并没有与国家宪法提出的"主权在天皇"相抵触,因为它只涉及主权的应用,而没有涉及主权的所属,主要是提倡在行使和运用国家权力的时候必须要重视民众的利益。无论是美浓部达吉的"天皇机关说"还是吉野作造的民主主义,都代表了当时日本新兴资产阶级的政治主张,即建立英国式的君主立宪政体,既保证了国家宪法和天皇的权威,又可以主张资产阶级的权利,这也在一定程度上调和了资产阶级民主与天皇制之间的矛盾,同时也为大正后期《公民普选法》和资产阶级政党内阁制的最终确立奠定了基础。②

3. 大正文化主义思潮的出现

相对于明治时期的"国家主义"专制统治而言,大正时期显得更加民主、繁荣和自由。明治时期使用最多的词汇是"文明",而大正时期使用最多的词汇则是"文化"。大正时期的文化主要体现的是从"民主主义"运动中得到的精神慰藉和从一战中获取的经济利益,这使日本社会产生了相对的松弛和稳定感,

---

① 吉野作造,大正年间活跃的政治学者、思想家、明治文化研究家。在东京帝国大学任教,日本大正民主运动的发起人。1906年(明治三十九年)应袁世凯聘请任教于北洋政法学堂,1909年任东京大学副教授,欧美留学后任教授,大正初期登上论坛,他的许多论文,包括1916年(大正五年)发表在《中央公论》上的《论宪政本意及其贯彻之途径》,为大正民主运动提供了理论的依据。吉野主张民本主义,提倡建立在言论自由和普选上的政党政治。对外方面,批评帝国主义侵略政策,为此,主张改革枢密院、贵族院、军部等特权机构。1924年进《朝日新闻社》积极发表政策评论,因笔祸而退社。后创立明治文化研究院,研究明治时期的政治、经济和文化,编辑出版《明治文化全集》,在这期间,还致力于成立东京大学新人会、社会民社党。
② 李伟. 日本新教育运动的一面旗帜——成城小学发展研究[M]. 石家庄:河北教育出版社,2016:22.

这些东西形成了"保证人独立自由的物质根据与实现自己文化要求的客观基础"①。大正时期的文化中最具代表性的就是思想领域知识分子主张的"文化主义、教养主义、理性主义、英雄主义"等一系列人本主义文化,并以此为基础提出的文化主义思潮。文化主义学者强调要自由充分地发挥作为一个有人格的人的所有能力,他们认为人是个性的、非合理的,不是由唯物论的自然法则可以规矩和界定的,而人的最高价值是真、善、美,追求真、善、美是文化的重要内容。②文化主义思潮的出现划清了"大正文化"与"明治文明"之间的界限。在宽松自由的大正时期,知识分子追求的是超越政治功利的人类精神文化本身,文学、哲学、艺术这些被看作"文化"范畴而受到尊重,科学与技术等被看作"文明"而受到轻视。

民主主义思想的传播和文化主义思潮的出现,客观上也为欧美各国先进思想陆续传入日本提供了广阔的空间和优越的条件。

二、日本近代国家教育体制的缺陷

明治维新后,随着日本政治和经济改革的不断推进,教育领域的变革也在不断进行,政府出台了一系列政策法规,而且多以敕令的形式颁布,具有绝对的权威性,从中央到地方,各级政府都认真落实国家的各项教育政策,日本的教育取得了快速发展,用了不到30年的时间,便确立了近代教育体制。因为这一时期确立教育制度、学校体系和教育内容等的指导思想都是国家至上主义,所以又把日本近代教育体制称为国家主义教育体制。但是随着日本经济社会的不断发展和国民教育意识的不断增强,国家主义教育体制的一系列弊端也充分地暴露了出来。

(一)教育管理体制的高度集权

明治维新后,日本政府一方面为了适应政治和经济发展的需要,不断巩固天皇制而加强精神统治,另一方面则谋求建立日本近代教育体制。1872年,明治政府颁布《学制令》,虽然由于各种原因未能真正施行,但对于创建日本近代教育制度起到了重要作用。此后,从1879年至1885年,日本又进行了三次教育

---

① 夏敏. 日本大正时代的文化氛围与郭沫若的文学选择 [J]. 郭沫若学刊, 2011 (4): 39.
② 童晓薇. 创造社的诞生与日本大正时期的文化界 [J]. 郭沫若学刊, 2005 (1): 40.

改革尝试，即"教育令""修改教育令"和"第二次修改教育令"时期的教育改革。在这一时期，全国各地进行过各种改革，谋求消化西方教育的影响和吸收江户后期的教育遗产，以国学派、儒学派和洋学派为代表的各种学派还曾为各自的教育主张展开过激烈的论争，表面上看似乎是一个混乱时期，但却为日本近代教育体制的建立做了思想准备。

直到1885年，日本开始施行内阁制，伊藤博文就任日本第一任首相，森有礼成为日本第一任文部大臣，开始主张以国家主义思想改革教育。1886年，日本政府再次进行教育改革，在森有礼的主持下，废弃过去的自由化《教育令》，以敕令①的形式颁布《学校令》，主要包括《帝国大学令》《师范学校令》《中学校令》和《小学校令》。森有礼制定的《学校令》把"学术研究"和"教育"进行了严格的区分，把帝国大学定义为"学术研究"的场所，中小学定义为"教育"的场所，高等中学校则定义为半学术半教育的部门。依据这种规定，日本建立了以小学为基础的双轨制学校教育体系：一条是高等小学校毕业升入寻常中学校，寻常中学校毕业升入高等中学校，高等中学校毕业升入帝国大学；另一条是高等小学校毕业升入寻常师范学校，寻常师范学校毕业升入高等师范学校。尤其重要的是，小学校和寻常中学校特别强调道德教育，把中小学看作是培养忠于国家命令的"善良臣民"的教育机关。把帝国大学奉为最高学府，位于学校系统"金字塔"的顶端，垄断科学，采用西方现代文明，培养政治、经济、文化各领域的科技人才和管理人员。这样，从小学教育到大学教育都充满了国家主义思想。同时，为了加强国家对学校的控制，还严格限制易于输入自由思想的私立学校的发展。②《学校令》的颁布，标志着充满浓厚国家主义色彩的日本近代教育体制（也称为国家主义教育体制）正式确立。③

随着日本近代教育的发展和西方教育思想在日本的传播壮大，明治政府的"文明开化"政策不断受到以元田永孚为代表的保守势力的批判，并企图利用天皇的权威限制文部省实施"文明开化"政策。为此，政府中的开明派与之展开

---

① 从前的《学制》《教育令》都是以太政官布告的形式公布的，而《学校令》是用敕令的形式颁布的。敕令是经过内阁决定、由内阁总理大臣上奏给天皇，经过天皇批准而公布的。表明这一时期教育政策的立案和决定都是在官僚机构中秘密协议的。
② 王桂. 日本教育史[M]. 长春：吉林教育出版社，1987：166.
③ 李伟. 日本新教育运动的一面旗帜——成城小学发展研究[M]. 石家庄：河北教育出版社，2016：25.

了激烈的论争，终于在 1885 年前后，双方围绕着德育问题展开了思想论战。这不仅造成学校教育中教学方面的混乱，而且波及整个思想界和教育界。为了平息这场论战，明治天皇指令内阁总理大臣山县有朋编纂教育箴言，经过反复论争和修改，由保守派的元田永孚和开明派的井上毅协作制定出《教育敕语》草案。1890 年 10 月 30 日，明治天皇亲自签署命令，用天皇的名义正式颁布《教育敕语》。

《教育敕语》的内容全文译述如下：

> 朕，念我皇祖皇宗，肇国宏远，树德深厚，我臣民克忠克孝，亿兆一心，世世济厥美，此乃我国体之精华也。教育之渊源，亦实村于此。望尔臣民，孝父母、友兄弟、夫妇相和、朋友相信、恭俭律己、博爱及众、修学问、习职业，以启发智能，成就德器，进而广行公益，开辟世务，常遵国宪，时守国法，一旦危机，则义勇奉公，以扶翼天壤无穷之皇运。如是，则不独可为朕之忠良臣民，且足以彰显尔先祖之遗风。
>
> 斯道，实乃我皇祖皇宗之遗训，子孙臣民俱应遵守，使之通古今而不谬，施中外而不悖，朕厌几与尔臣民俱拳拳服膺，咸一其德。
>
> 明治二十三年十月三十日
御名　　御玺①

《教育敕语》的颁布，对日本的教育界、思想界和理论界产生了非常大的影响。在《大日本帝国宪法》中已经规定了主权属于天皇，《教育敕语》又把天皇奉为最高的道德化身。这样，天皇无论是在政治上，还是在道德上，都成为了绝对的权威，是神圣不可侵犯的主宰者。

《教育敕语》对当时的国民教育方针做出了明确的规定：提倡国家主义的道德，禁止欧化思想的传播。这样，在国民教育的目标和教育内容上必然要体现出"敕语"的精神实质。1890 年 10 月，颁布《教育敕语》时，文部省修改了《小学校令》，颁布了《改正小学校令》。《改正小学校令》的第一条，明文规定："小学校应注意儿童身体的发育，以进行道德教育及传授国民教育基础知识和生活中所必需的普通知识与技能为宗旨。"这里特别强调了小学教育的任务为"道德教育"和"国民基础教育"。所谓的"道德教育"，就是《教育敕语》中

---

① 中村隆英. 明治大正史：上 [M]. 东京：东京大学出版会，2015：336.

规定的道德条目；所谓的"国民基础教育"，就是按照帝国宪法和《教育敕语》的要求，进行"尊王爱国"的教育及传授对国家有用的基础知识。① 日本政府在颁布《改正小学校令》后，又相继颁布《改正中学校令》《高等女学校令》《实业学校令》《高等学校令》《专科学校令》和《师范学校令》，并重新整顿学校体系、加强国家对教科书和教师的控制，使得1886年以来建立的国家主义教育体系得到进一步扩充和加强。

（二）教育制度的整齐划一

1871年，日本中央政府设立文部省，负责全国的文化教育事业。至明治末期，文部省除了相继出台《学制》（1872年）、《改正教育令》（1880年）、《小学校令》（1886年）、《改正小学校令》（1900年）、《再次改正小学校令》（1907年）等一系列教育政策法规外，还配套颁布了诸多规章制度，辅助这些政策法规的实施，如《小学校教则纲要》（1881年）、《小学校学科设置纲要》（1886年）、《小学校教则大纲》（1891年）等。这些政策法规和规章制度对各小学开设的课程、参照的教学计划、使用的教科书等都做了明确的规定。要求各小学严格按照规定的课程、教学计划和教科书组织教学，在全国小学校创建了统一的课程模式、教学模式和教科书模式。② 同时，还规定了各学科在道德教育和国民教育方面应该注意的事项，指明一切学科都要实施"道德教育"和"爱国教育"，要注意培养儿童的品质、涵养及其道德实践的方法。③ 文部省也正是通过不断调整政策法规的方式，使小学阶段的课程种类、课程门数、课程时数和教科书在全国范围内得以彻底统一。文部省在全国范围内建立的统一的教育制度主要包括以下几个方面。

第一，课程分类和课程设置方面。课程分类由《改正小学校令》（1900年）时期的六类发展为《再次改正小学校令》（1907年）时期的四类，即从寻常小学校的必修课、选修课、附加课和高等小学校的必修课、选修课、附加课等六类改为寻常小学校的必修课、选修课和高等小学校的必修课、选修课等四类。课程门数由《改正小学校令》（1900年）时期寻常小学校5门必修课、1门选修

---

① 王桂. 日本教育史［M］. 长春：吉林教育出版社，1987：171.
② 李伟. 日本新教育运动的一面旗帜——成城小学发展研究［M］. 石家庄：河北教育出版社，2016：26.
③ 王桂. 日本教育史［M］. 长春：吉林教育出版社，1987：173.

课、3门附加课和高等小学校11门必修课、2门选修课、5门附加课发展成为《再次改正小学校令》（1907年）时期寻常小学校11门必修课、1门选修课和高等小学校14门必修课、1门选修课。①

　　第二，课程内容和教学计划方面。课程内容从最初注重理论课程的基础上增加了手工、农业、商业等更加贴近生活、注重实用的课程。教学计划对每日、每周、每月的教学时数均做了具体的规定：寻常小学校和高等小学校每周授课时数为63课时，其中修身课3课时、读书课15课时、作文课15课时、习字课15课时、算术课6课时、体操课和唱歌课9课时。② 此外，各小学也根据需要，按照文部省的要求制定具体的教学细则和教学方案，校长的重要职责之一就是制定教学细则，教师再根据校长制定的教学细则结合学生的身体、智力等实际情况制定具体的学科教学方案。日本全国小学基本上形成了一套自上而下的整齐划一的系统化的教学模式，即教学规则（国家）——教学细则（校长）——教学方案（教师）。

　　第三，教科书方面。自《改正小学校令》颁布后，文部省不断强化教科书的检定制度，1900年制定《小学校教科用图书审查规则》，重新审定了小学教科书审查委员会委员名单，并规定教科书一旦采用则4年内不允许更换；③ 1903年规定小学教科书实行国定制度，日本历史、日本地理和国语教科书全部由文部省统一制定，其他学科的教科书也必须在文部省统一编纂、文部大臣认可的教科书中选择；1910年规定各小学所有学科的教科书均要由文部省统一编纂制定。④ 至此，小学教科书从最初的自主选择制、申请制发展为认可制、检定制，一直到最后的国定制，国家一步步完成了对小学各科教科书的全面控制，彻底实现了小学教科书的全国统一。

　　日本全国各地的小学实行统一的课程设置、教学计划、教科书等政策不仅有利于实现教学的统一，达到培养国家意志和忠君爱国思想的目的，还有助于实现国家对教育内容的统一和管理，缩小各地区之间教育质量的差距，推动日本基础教育的整体发展。但是，这种不考虑地区差异和学生差异，盲目执行国家政策法规的做法，最终形成的是一种形式主义的整齐划一的教育模式，在很

---

① 国立教育研究所. 日本近代教育百年史（第四卷）[M]. 東京：文唱堂，1974：937.
② 佐藤英一郎. 日本の近代化と教育改革[M]. 東京：金子書房，1987：145.
③ 仲新. 近代教科書の成立[M]. 東京：日本図書株式会社，1949：356.
④ 仲新. 近代教科書の成立[M]. 東京：日本図書株式会社，1949：358.

大程度上抹杀了学生在学习中、教师在教学中的主动性和创造性，不利于学生和教师的进步与发展。

（三）考试规则的严厉苛刻

1872年，日本政府颁布的《学制》，明确规定了学生的考试事宜，被称为日本最早的规定学生考试事宜的法规。与《学制》同时颁布的还有太政官布告《关于奖励学事的议定书》，表明了《学制》的指导思想，提出"人人要立其身、治其产、兴其业""学问乃立身处世之本""邑无不学之户、户无不学之人"等尊知重教和普及教育的思想。自此，知识受到重视、学历受到推崇，考试也成为了检定知识和学历的重要手段。[①] 根据《学制》的规定，学生考试主要分为"月考""定期考试""毕业考试""临时考试"和"统一考试"五个类别。月考是指每月末例行进行的考试，是变更学生座次的重要依据，分数高的学生坐在前排，分数低的学生坐到后排；定期考试是指每年进行的两次考试，是决定学生能否升级的重要依据，分数合格则可以升入高一年级继续学习，分数不合格则需要留级再学习一年；毕业考试是指各学科在学完后进行的审查考试，安排在每学科学完后的特定日期进行；临时考试是指为转校生或者新入生提供的不定期的考试，是判断其学习成绩优劣以及是否可以跳级的重要依据；统一考试是指对学区内所有学校学生的学习情况进行检定的大型考试，是表彰奖励学校和教师教学质量的重要依据。[②] 这种严格的考试制度和频繁的考试次数，虽然在督促学生学习、提升学习质量等方面存在一定的积极性，但也容易给学生造成巨大的学习压力，使部分学生产生厌学心理，损害了学生的身心健康发展。

这种严厉苛刻的考试规则虽然存在利弊两个方面，但日本政府似乎更多关注其积极因素，文部省在后来颁布的《教育令》中，依然继续实行严格的考试制度，依据考试成绩将学生分为甲乙两个等次，甲等学生先于乙等学生毕业。[③] 这种由考试决定学生优劣与升级的唯一标准势必会加大学生的学习压力。时任东京高等师范附属中学教师的中村春二曾指出："在声誉好的中学，学生晚上学

---

① 王桂. 日本教育史[M]. 长春：吉林教育出版社，1987：116-117.
② 李伟. 日本新教育运动的一面旗帜——成城小学发展研究[M]. 石家庄：河北教育出版社，2016：28.
③ 李伟. 日本新教育运动的一面旗帜——成城小学发展研究[M]. 石家庄：河北教育出版社，2016：28.

习均要到深夜，否则就会落后于其他同学，而且大多数中学生都有家庭教师，整日忙于预习与作业，这些都违背了教育的意义……如今的教育家，认为教育就是死记硬背，就是尽可能多地灌输知识。结果压抑了学生的主动性，使学生失去对所学科目的兴趣，导致厌恶学习。最终，学问中毒，培养了一批头脑呆滞、面色苍白的短命鬼。"①

在明治后期浓重的国家主义思想影响下，教育政策的制定与执行均反映了国家意识，全国上下实行统一的教育模式，课程设置相同、教学计划统一、教科书固定；全国上下依据统一的考核制度，实行"非人性化"的考试制度。这种以"国家主义"为中心的近代教育体制始于江户末期，盛行于明治时期，直到大正初期，教育依然笼罩在其阴霾下。这种教育制度开始受到人们的质疑和反感，反对的呼声开始在开明人士中间萌芽。

三、以赫尔巴特教育理论为中心的传统教学模式的流入及其不足

传统教育理论是由夸美纽斯（Comenius）首创，经赫尔巴特（Herbart）等人补充发展而成的教学理论，指的是以传授知识为目的、以学科课程为依托，在直观经验的基础上，通过归纳、演绎等方式进行的教学模式。赫尔巴特第一个提出应该把教育学建成一门科学，教育学在教育目的上必须以伦理学、道德哲学为基础，在教学过程教学方法和教学手段上必须以心理学为基础。19世纪初，赫尔巴特出版《普通教育学》和《教育学讲授纲要》，标志着传统教育理论的形成。因此，赫尔巴特教育学被认为是传统教育理论的主要代表，赫尔巴特教育理论也被认为是传统教育模式的中心。

赫尔巴特教育理论最主要的核心内容就是关于"教学四阶段"的理论。赫尔巴特把人的一切心理活动都归结为观念的运动，他认为教学过程可以分为两个基本环节：专心和审思。所谓"专心"，就是深入研究学习材料，力求清晰地认识个别事物，学生专心致志地从事学习；所谓"审思"，就是深入理解和思考，把"专心"中认识的个别事物集中起来，使之相互联合形成统一的东西。由此就形成了"明了""联想""系统""方法"的四个教学阶段：①明了——给学生明确地讲授新知识；②联想——将新知识和旧知识联系起来；③系

---

① 小原国芳. 日本新教育百年史：第二卷 [M]. 東京：玉川大学出版部，1970：131-132.

统——做出概括性结论;④方法——把所学知识用于实际(习题解答、书面作业等)。后来,他的学生齐勒尔和赖因将他的"教学四阶段"理论发展为"预备""提示""联想""总结""应用",也就是著名的"五段教学法"。

由于赫尔巴特教育理论在一定程度上揭示了教授书本知识的客观规律,符合当时的时代潮流和现实需求,所以在其祖国德国备受推崇,而且很快被推广到欧美各国并产生广泛影响。19世纪80年代中后期,赫尔巴特教育理论传入日本,在赫尔巴特学派学者的积极倡导下,日本全国上下掀起了一股学习赫尔巴特教育理论的热潮,对日本教育界产生了广泛而深远的影响。赫尔巴特教育理论传入日本绝非偶然,除了其本身强大的世界影响力外,还与当时日本的政治环境和教育需求存在很大关系。

(一)赫尔巴特教育理论传入日本的时代背景

赫尔巴特教育理论之所以传入日本并受到极度推崇,很重要的原因就在于它迎合了日本当时社会形势的需求。1868年日本明治维新后,在"文明开化"方针的引导下,政府在教育领域推行"全盘西化"的政策,主要学习英国和法国的教育制度和教育思想。但到了19世纪80年代,明治政府在与自由民权的对峙中,逐渐意识到英法那种崇尚自由的思想和教育正在威胁着自己的统治,所以开始调整"欧化"学习的方向。恰在此时,与英法相比较为落后的德国国力蒸蒸日上,并且在1871年的普法战争中战胜了强大的法国,正在全面赶超英法。明治政府经过全面分析,认为德国之所以由弱变强,主要得益于俾斯麦奉行的国家主义政策。因此,明治领导人决定效法德国,实行国家主义政策。国家主义政策的一个突出特点就是强调通过道德教育培养效忠于国家的国民,而赫尔巴特教育理论的精髓就在于将心理学作为其教育方法的依据、将伦理学作为其教育目的依据,强调教育的目的在于培养强烈的道德品质,这与这一时期日本以德育教育为中心的教育要求完全吻合。而且,赫尔巴特教育思想还将道德意志归纳为"内心自由""完善""仁慈""正义"和"公平或报偿",并将其命名为"五道念",这五种道德也恰恰与日本自古就有的传统道德观念相符合,极易受到日本民众的接受。[①]另外,赫尔巴特教育理论倡导的"五段教学法",主张无论任何科目都应该按照"预备""提示""联想""总结"和"应

---

① 李文英. 赫尔巴特教育理论在日本的影响[J]. 河北师范大学学报(教育科学版), 2001(3): 28.

用"的形式来进行教学,这种机械化的合理主义教学方法也与当时日本教育界合理主义心理完全一致。因此说赫尔巴特教育理论传入日本是历史的必然,也是时代的需要。

(二) 赫尔巴特教育理论的流入与传播

赫尔巴特教育理论传入日本是由内阁第一任首相伊藤博文和德国人赫斯耐克特促成的。明治十四年政变[①]后,伊藤博文重新掌权,学习借鉴的目标明显向德国倾斜,全国掀起了"崇拜德国热潮"。1882年,伊藤博文前往德国学习考察,为制定日本帝国宪法做前期准备。回国后,他重金从德国聘请了宪法编纂顾问、法科大学教师和陆军军官教师。[②] 在这种背景下,德国人赫斯耐克特应伊藤博文的邀请于1887年1月到东京帝国大学文科大学任教,主讲赫尔巴特教育学。在他的推动下,东京帝国大学文科大学以培养寻常中学和高等中学教师为目的,于1889年开设特约生教育学科,接受教育的特约生中有谷本富、汤原元一、稻垣末松、山口小太郎等人,他们都成为了日后日本赫尔巴特教育学发展的重要推动者。[③] 在此期间,1887年12月,有贺长雄翻译出版了《麟氏教育学》,被称为日本介绍德国赫尔巴特教育理论的第一本书,为日后赫尔巴特教育理论在日本的传播发挥了重要作用。

赫斯耐克特在东京帝国大学文科大学主讲的《赫尔巴特教育学》与赫尔巴特原创教育理论并非完全一致。原创理论中强调强烈的个人教育学色彩,但是赫斯耐克特的个人教育见解则是极端国家主义的。这也为日后日本赫尔巴特教育学被削除了个人主义性格,将道德品性的陶冶替换为国民道德的陶冶埋下了

[①] 明治十四年政变:明治维新后,随着日本向西方学习的日益加深和国力的不断强大,官方内部关于日本究竟采取何种政体的争论也越来越激烈。首先是要不要立宪的斗争,最后以反对立宪的守旧派失败而告终。紧接而来的是围绕如何立宪的斗争,政府内部以大隈重信为首的一方主张迅速立宪,并以英国为楷模,国会拥有较大的权力,被称为"激进派";另一方以伊藤博文为首,主张稍缓立宪,并以普鲁士为楷模,强调天皇和行政部门的权力大于国会,被称为"渐进派"。明治政府意识到,英法思想容易为自由民权运动提供理论根据,所以提出"西学"并非全部适合日本,而是有意识地"选择性"学习,最后决定学习普鲁士。1881年10月,"激进派"和"渐进派"双方摊牌,以具有英法自由政治倾向的大隈重信被免职、"激进派"失败而告终,史称"明治十四年政变"。此后,日本开始"以德为师",立宪事宜便以富国强兵、加强天皇和国家权力为发展主轴,日本社会原本就强大的"国家主义"思想更加高涨。

[②] 中村隆英. 明治大正史:上[M]. 东京:东京大学出版会,2015:340.

[③] 教育史編纂会. 明治以降教育制度発達史:第三巻[M]. 東京:龍吟社,1938:360.

伏笔。这种理解方法当然与当时日本正处于国家主义的昂扬期有关，但同时，赫斯耐克特本身所具有的国家主义思想对赫尔巴特教育理论在日本的这种转变也具有极大的影响作用。赫斯耐克特十分强调国家主义，他认为"历史讲授必须始于日本，终于日本；构成地理授课的始点必须是日本，其中点是日本，终点也必须是日本……所以，让学生首先直接进入《万国史》的复杂关系中是十分错误的做法"①。赫斯耐克特的这一观点给明治初期的崇拜欧美主义者当头泼了一盆冷水，极大地刺激了日本国家主义思想的复苏。

以赫斯耐克特在东京帝国大学文科大学授课为契机，并在其弟子谷本富等人的努力下，赫尔巴特教育理论在日本迅速发展起来，到20世纪初达到全盛时期。但是在日本，赫尔巴特教育理论的传播并不是通过赫尔巴特本人的著作进行的，而是以赫尔巴特的学生凯恩、麟德纳等人的著作为中介进行的。当时介绍赫尔巴特教育理论的著作有凯恩的《教育精义》（1882年，山口小太郎译）、《普通教育学》（1892年，泽柳政太郎译）、《凯恩教育学》（1893年，国府寺新作译）、麟德纳的《麟氏教育学》（1887年，有贺长雄译）、《伦氏教育学》（1893年，汤原元一译）、《麟氏普通教育学》（1893年，稻垣末松译）、福莱利西的《科学的教育学》（1892年，冈田五兔译）、莱茵的《莱茵教育学》（1895年，能势荣译）、福伊库特的《小学校中赫尔巴特教育学的价值》（1895年，山口小太郎译）、谷本富的《实用教育学及教授法》（1894年）和《科学的教育讲义》（1895年）。②

赫尔巴特教育理论在日本受到极大欢迎的一个重要原因就是其"五段教学法"的严密性。虽然在赫尔巴特教育理论传入日本之前，日本教育学者若林虎三郎和白井毅也曾提出过"复习——讲授——演习——概括"的教学阶段论，但这种阶段论只是为了实际上的操作方便而划分的，缺少理论性的依据。③ 赫尔巴特教育理论则不然，其教学阶段论以心理学的严密理论为根据，经赫尔巴特提出，其学生席勒、莱茵等人发展，提出了"预备""提示""联想""总结"

---

① 李文英．赫尔巴特教育理论在日本的影响［J］．河北师范大学学报（教育科学版），2001（3）：29．

② 李文英．赫尔巴特教育理论在日本的影响［J］．河北师范大学学报（教育科学版），2001（3）：30．

③ 李文英．赫尔巴特教育理论在日本的影响［J］．河北师范大学学报（教育科学版），2001（3）：31．

"应用"的"五段教学法"。"五段教学法"传到日本后，受到日本教师的狂热推崇，甚至出现了"不了解五段教学法就没有资格成为老师"的说法，它对于日本教育事业的发展和教育教学质量的提升起到了巨大的作用。但是，"五段教学法"在日本传播的过程中，介绍这一学说的多位学者并不是教学一线教师，并不了解实际情况，致使在实际应用过程中产生了诸多误解和问题。

（三）赫尔巴特教育理论的弊端

随着赫尔巴特教育理论在日本的不断传播和推广，尤其是"五段教学法"在实际应用过程中暴露出了诸多问题，该理论受到来自日本各方的尖锐批评，他们大多认为"五段教学法"过于呆板化、正统化、机械化，缺乏灵活性，完全拘泥于形式，忽略了儿童个性的发展，没有顾及教学方法的灵活性和适应性等。在实际应用中，赫尔巴特教育理论暴露出的弊端主要包括以下几个方面。

一是片面强调教师在日常教学中的中心作用。赫尔巴特教育理论过于强调教师在日常教学过程中的作用，认为教师对学生的知识传授和日常管理是教育过程的主要组成部分。结构严密的"五段教学法"为教师提供了一种条理清晰的教学步骤，能够确保教师在日常教学中有条不紊地讲授知识，从而最大限度地提升日常教学质量。但是"五段教学法"并没有站在学生的立场上去考虑问题，只是一味强调教师的中心作用，忽略了学生主观能动性的发挥，片面认为学生在教师"教"的过程中就能够完全掌握全部科学知识。

二是将教科书作为教学内容的唯一来源。赫尔巴特教育理论倡导学科教学，强调理性发展，通过传授给学生系统的科学文化知识和读写算等基本学习技能，来促进学生的发展。教师在教学过程中，按照"五段教学法"的步骤，系统地讲授完教科书中的科学文化知识，即认为是完成了教学任务，没有涉及教科书之外的实用知识的补充，只是一味强调纵向知识体系的教授，而忽略了各个学科之间的彼此联系以及各学科知识的综合应用。

三是过多强调课堂是学生获取知识的唯一渠道。赫尔巴特教育理论主张课堂讲授教学，认为系统的知识体系只有通过教师的课堂教学，才能够让学生真正地掌握。教师也只有通过有序的课堂才能够了解学生和驾驭学生，使其积累大量的科学文化知识。该理论过于强调课堂教学的功能作用而忽略了课堂以外的实践教学等方面的功效。

综上所述，在教学过程中，赫尔巴特教育理论要求教师必须尽力"在学生身上培养一种有利于教学的心理状态"，同时也要求学生必须对教师保持一种完全一致的状态。① 但是随着经济社会的发展和国民对教育质量要求的提升，曾经在日本盛极一时的以教师、课堂、教科书为中心的赫尔巴特教育理论和教授方法在教学实践中不断遭到质疑和批判，赫尔巴特教育理论不再受到教师的推崇，也不再是一种神话般的教义，日本教育界也急需一种新的教育理论和教授方法来代替它。

四、欧美新教育运动的影响

19世纪末20世纪初，欧美国家工业化进程加快，经济发展速度和城市化进程也随之加快。工业化和城市化脚步的加快，为教育变革提供了一定的社会基础，同时也引发了从根本上全面改革教育宗旨、教育职能、教育内容以及教育方式的现实需要。② 为了适应这种需要，欧美国家掀起了一场影响广泛而深远的教育革新运动。欧洲称之为"新教育运动"，美国称之为"进步主义教育运动"。

在这场教育革新运动中，新教育学者们在理论上深刻地抨击了束缚儿童自由发展的传统教育。英国教育家、"新教育之父"塞西尔·雷迪（Cecil Reddie）曾指出："教育的目的应该在于协调，学校的任务应该是促进个人的自由发展，推动良好的身体和心灵健康发展，而不是用知识去压抑儿童的发展。"美国教育家杜威（John Dewey）也曾指出，"最重要的知识构成是在课堂外面获得的"，以此表达对当时学校教育中死记硬背的教学方法的不满。美国教育家、"进步主义教育之父"弗兰西斯·韦兰·帕克（Francis Weill Parke）也曾强调"不是教学科目，而是学生才是学校的中心"，借此表达他"学校教育必须要适应儿童的发展，而不是儿童去适应学校教育"的观点。另外，这场教育革新运动的成果除了新教育学者们提出的理论外，还有他们在实践中相继创办的以儿童为中心的"新学校"。在这里，他们将自己的教育理想和教育抱负付诸实施，在学校的管理模式、教学内容、课程设置和教学方法方面都进行了实验活动。例如，英国教育家雷迪（Reddy）和巴德利（Baddeley）分别创建的阿博茨霍尔姆学校与贝达尔斯学校、德国教育家利茨（Lietz）创建的乡村教育之家、美国约翰逊

---

① 李伟. 日本新教育运动的一面旗帜——成城小学发展研究［M］. 石家庄：河北教育出版社，2016：31.
② 张斌贤. 教育与社会变革［M］. 北京：中国社会科学出版社，2012：108.

（Johnson）创建的有机教育学校、美国教育家沃特（Walter）的"葛雷制"和美国教育家杜威创建的芝加哥大学实验学校等。

这场以欧洲新教育运动和美国进步主义教育运动为代表的欧美新教育革新运动不仅在理论上激烈地批判了传统教育中束缚儿童成长与忽略儿童天性的做法，在教育实践上也积极地进行了以儿童个性发展为中心的管理模式、课程内容和教学方法等方面的教育革新实验活动。欧美教育革新运动注重儿童创造性能力的培养，反对传统的教科书注入式的班级授课制，鼓励学生自主自觉与全面发展等主张戳中了传统教育的要害。[①] 新教育思想和新教育革新实践活动产生了广泛的影响，其影响力席卷整个西方世界，引起强烈反响，很快便吸引了日本教育学者的注意，他们开始不断学习新教育理论并将其引入到日本。而与此同时，曾经在日本盛极一时的以教师、课堂、教科书为中心的赫尔巴特教育理论、教授方法在教学实践中不断遭到质疑和批判，日本教育界也急需一种新的教育理论和教授方法来代替它。可以说，外来的欧美新自由主义教育思潮和日本国内教育界的实际需求共同孕育了这场日本新教育运动。

另外，在欧美新教育理论的传播过程中，杜威的教育思想对于新教育思想的传播和日本"新学校"的建立具有特殊的影响。杜威教育思想在日本的发展，经过了交流和融合两个重要阶段。当其教育思想在日本早期传播时，主要表现为交流，日本学者最大限度地把杜威的教育思想通过翻译著作的形式介绍到日本。杜威到日本访问讲演后，更加强了交流，但是，这仅仅是杜威教育思想在日本的初始状态。当日本人开始将杜威的教育思想与日本的教育实践结合起来，并导入其他的教育思想时，杜威的教育思想在日本的传播就进入了融合阶段。融合的结果反映在教育实践上，就出现了日本的"新学校"，这既是杜威教育思想与日本教育实践结合的产物，也是杜威教育思想在日本应用的结果。它的出现，推动了杜威教育思想在日本的深入发展，加速了新教育运动在日本的传播与开展。日本的"新学校"是伴随着进步主义教育运动在日本的发展而建立起来的一种新式学校。它的目标非常明确，如果认真分析一下，是与杜威的教育思想一脉相承的。杜威强调学校要"以儿童为中心"，给儿童以更大的自由，反对死记硬背和强迫灌输。这种"新学校"一开始便主张反对传统的学校课程，

---

① 李伟.日本新教育运动的一面旗帜——成城小学发展研究［M］.石家庄：河北教育出版社，2016：32-34.

反对学校过分对学生进行知识灌输，反对呆板的教学形式，更反对精神上对学生的压抑。这充分实践了杜威的教育思想，其根本目标是反"传统教育"。在以杜威为代表的美国教育思想传入日本后，日本教育界便开展了激烈的论战。杜威从他的现代教育思想出发，批判"传统教育"的教师中心、教材中心、课堂中心，针锋相对提出了儿童中心、经验中心、活动中心。他主张给儿童以更大的活动空间，强调儿童的经验积累和在教学中的特殊作用，教学中要求做到"从做中学"。概括起来，就是"以儿童为中心"，让儿童在活动中自己去探索、发现。他极力反对学科中心，认为儿童在学校应主要做好四件事：做游戏、说故事、观察及手工，教学活动中应注意儿童的差异，尊重儿童的差异，培养儿童的思维能力。杜威的这些观点，处处捅在了"传统教育"的痛处，也使日本人感到解渴，说出了他们想说而未能说出的话，受到了日本学者的欢迎。他们开始相信杜威的教育观点，用他们自己的话说，"不是杜威的教育理论错了，而是日本人的理解错了"。一些杜威研究者更是先走一步，他们已经不再满足于对杜威教育观点的研究和传播，更将兴奋点转向实践杜威的教育思想，开始创立日本的"新学校"。

（一）日本学者对传统教育模式的批判和对欧美早期新教育思想的引入

曾经被日本教育界奉为"神圣教义"的赫尔巴特教育理论在日常教学实践中逐渐暴露出了诸多弊端，开始受到教育学者的批判，使其一步步走下"神坛"。在对以赫尔巴特教育理论为中心的传统教育模式的批判中，东京师范学校附属小学训导①樋口勘次郎发挥了"扛旗"的作用。

明治末期，赫尔巴特教育理论的弊端在教学实践中越发明显，教学效果每况愈下，樋口勘次郎鲜明地举起了反对赫尔巴特主义的大旗，批判赫尔巴特教育理论中机械的教学阶段论，认为它压制了儿童自发的活动，扼杀了儿童的天性，积极主张进行活动主义教育。1899年，樋口勘次郎出版著作《统合主义教学法》，书中指出日本的教师不应该机械性地拘泥于五段教学法："任何一种教学形式，最初都是根据某种教育理论建立的，但是如果后人不重视对原始理论的研究，仅是墨守成规于外在形式，只把不违反这种外在形式作为努力的目标，

---

① 当时日本小学校的"训导"作为一种管理职务，其职责类似于现在我国小学的教导主任。

其结果必然会丧失形式的真正价值，同时也会产生种种弊害。"① 作者借此严厉批判了当时大多数的日本教师将赫尔巴特五段教学法机械化和呆板化的倾向。赫尔巴特学派创建五段教学法的初衷是为了实施"教育性教学"，是作为激发学生兴趣的一种手段，但是如果演变为千方百计、想方设法地去墨守这五个阶段的实施，反而会压制学生自发学习的主动性，存在将教学变为教师独占讲台的危险。

另外，针对当时大多数日本教师都把赫尔巴特教育理论中提出的"多方面兴趣"浅显地理解为通过滑稽有趣的方式吸引学生的情况，樋口勘次郎感慨道："当下的所谓的好教师就是口齿伶俐，讲课宛如演讲一般，具有使学生像傀儡一样倾听的卓越手段的教师。但我认为的好教师却应该与之大相径庭，他可以笨嘴拙腮，也可以不必思维敏捷，还可以只会微笑着注视着学生，但只要能够让学生活动起来的教师就是好教师。"也就是说，在樋口勘次郎看来，好的教师必须能够充分调动学生的主观能动性，让学生们能够自觉地活动起来。同时，樋口勘次郎还批评大多数教师滥用赫尔巴特教育理论中关于"管理"的论述，压制了学生的天性，使学生丧失了学习进取心，成为因循守旧之人。

在对当时日本教育界流行的赫尔巴特教育理论进行深刻批判的基础上，樋口勘次郎还提出了他自己的"活动主义"教育主张。他阐述道："我所信奉的教学原则中最为重要的就是要根据学生的自发活动进行教学。所谓的自发活动就是自身发出的活动，是与他人干涉而被动发出的活动相对应而产生的。"② 樋口勘次郎活动主义教育的提出，无疑点燃了日本教育学者们寻求新的教育理论来代替赫尔巴特教育理论的"火种"，为日后引进欧美新教育思想奠定了基础。

就在以樋口勘次郎为代表的日本学者对以赫尔巴特教育理论为中心的传统教育模式进行深刻批判并积极寻找一种新的教育理论来代替它的时候，欧美新教育思想走进了他们的视野，于是他们开始学习并积极引入欧美的新教育思想理论，而且还将这种新教育理论应用到了日本的教育实践当中，促成了新教育运动在日本的发生与发展。

早期欧美新教育思想的引入主要得益于一批日本留学欧美的学者，他们大

---

① 李文英．赫尔巴特教育理论在日本的影响［J］．河北师范大学学报（教育科学版），2001（3）：31．

② 李文英．赫尔巴特教育理论在日本的影响［J］．河北师范大学学报（教育科学版），2001（3）：32．

力提倡新教育思想，并深刻批判赫尔巴特学派提出的教育理念和教学方法，积极翻译出版了蒙台梭利①、爱伦·凯②、杜威③等欧美学者关于新教育内容的著作。在欧美新教育思想流入日本的过程中，谷本富（1867—1946）和西山哲治（1883—1939）起到了关键作用，前者被称为"把欧美新教育思想引入到日本的第一人"和"日本最早的一位新教育运动的主张者"；后者在日本教育学者中第一个使用了"儿童中心主义"一词，④极大地推动了日本教育学者对欧美新教育思想的学习。

谷本富早年曾是赫尔巴特教育理论和教育方法的重要崇拜者和推动者，对赫尔巴特学派创立的五段教学法在日本的传播发挥了很大的作用，被誉为"日本的赫尔巴特"。1900年谷本富赴法国留学的时候，正值欧美新教育思潮兴起之际，他直接接触到了新教育的理论和实践，深深领悟到了赫尔巴特教育理论和教学方法的诸多弊端，内心对赫尔巴特的崇拜开始动摇。尤其是在拜会了法国第一所新学校"罗歇斯学校"的创立者埃德蒙·德穆林，并学习了他的著作《英国民族的优越性在哪里》后，谷本富彻底摒弃了对赫尔巴特教育理论的执着追求，开始热衷于新教育的研究。谷本富把新教育称为"活教育"，他认为通过这种教育方式培养出来的学生具有独立性和自主性，并且精神意志旺盛。谷本

---

① 玛利娅·蒙台梭利（Maria Montessori, 1870.8.31—1952.5.6），意大利幼儿教育家，意大利第一位女医生，意大利第一位女医学博士，女权主义者，蒙台梭利教育法的创始人。她的教育方法是基于儿童工作过程中，所观察到的儿童自发性学习行为总结而成的。倡导学校应为儿童设计量身定做的专属环境，并提出了"吸收性心智""敏感期"等概念。

② 爱伦·凯（Ellen Key, 1849—1926），20世纪初瑞典著名作家、社会问题研究与儿童教育家。她批判教育工作中不顾年龄特征，强迫儿童屈从于成人的意志，限制儿童兴趣和活动等弊病；宣传资产阶级的自由教育，主张按照卢梭的自然教育原则改革教育，培养有理想和富于创造精神的"新人"。她认为理想的教育应该尽量减少外来的干涉和压制，任儿童天性的自然发展；理想的学校应该废除班级制度、教科书和考试，一切活动都以儿童为中心。

③ 约翰·杜威（John Dewey, 1859.10.20—1952.6.1），美国哲学家、教育家，实用主义的集大成者。他从批判传统学校教育的做法出发，认为学校生活组织应该以儿童为中心，使得一切主要是为儿童的而不是为教师的。因为以儿童为中心是与儿童的本能和需要协调一致的，所以在学校生活中，儿童是起点，是中心，而且是目的。但杜威在强调"儿童中心"思想的同时，他并不同意教师采取"放手"的政策。他认为，教师如果采取对儿童予以放任的态度，实际上就是放弃他们的指导责任。在杜威看来，要么从外面强加于儿童，或者让儿童完全放任自流，两者都是根本错误的。

④ 上田祥士，田畑文明. 大正自由教育の旗手［M］. 東京：小学館，2003：76.

富回国后，为了使新教育思想在日本能够迅速传播和发展起来，做了大量卓有成效的工作。他先是到日本各地去演讲，宣传新教育思想和新教育主张，进而出版了大量关于新教育的著作和译著。谷本富应该是日本最早使用"新教育"这一术语的教育学者，他还把新教育运动称为是像明治维新一样经历的一场革命。谷本富还曾经举办新教育思想短期培训班，集中培训学校的教师，以扩大新教育思想的影响力。1906 年在京都举办的首期培训班上，谷本富毫无忌讳地批评了当时日本的教育目标，他认为当时日本的教育目标过于狭隘，学校不应该再强调培养儒学所主张的孝心，这样是不能培养出具有现代意识的日本人的。"作为新一代的日本人必须要有创新精神，教育也必须要培养学生的创新精神，日本人应该有尊严，举止要文雅，还要付诸实施。"[1] 因此，谷本富提出当时日本的学校教育必须要停止教学上的统一化做法，采取鼓励个性发展、注意儿童个性差异的方式，学校还要停止将重点放在学术上的做法，而要将重点放在那些与日常生活密切相关的知识上，学校应该把重点从智力成长转移到情感成长上。此后，谷本富在 1906 年和 1907 年相继出版两本介绍新教育思想的著作《新教育讲义》和《系统的新教育学》，他也因此成了日本引入欧美新教育思想的"启蒙者"。[2]

西山哲治 1911 年毕业于美国纽约大学，主要致力于杜威教育思想的研究和传播，被称为"日本的杜威"。回国后，先后出版译著《实用主义》[3] 和专著《儿童中心主义研究的新教授法》《恶教育的研究》等，并且在日本第一次提到了"儿童中心主义"一词，引起日本教育界的轰动。这一名词的使用在日本近代教育史上占有非常重要的地位，表明新教育思想已经正式被日本教育界接纳。[4] 西山哲治认为当时日本的教育已经陷入了偏知主义和教师中心主义的误区，整个学校教学就是教师一个人的活动，学生只是教师活动的旁观者。[5] 这

---

[1] 关松林. 交流与融合——杜威与日本教育 [M]. 北京：教育科学出版社，2008：77.
[2] 上田祥士，田畑文明. 大正自由教育の旗手 [M]. 東京：小学館，2003：80.
[3] 《实用主义》原著作者为美国心理学家、哲学家威廉·詹姆士，全书收集了作者 1906 年在美国波士顿罗威尔研究所和 1907 年在纽约哥伦比亚大学发表的 8 篇讲稿。实用主义把确定信念作为出发点，把采取行动作为主要手段，把获得实际效果当作最高目的，把证实主义功利化，是一种确定方向的态度，是对传统形而上学的颠覆，它并不关心最先的原则和假设，它关心的是手段和效果。
[4] 上田祥士，田畑文明. 大正自由教育の旗手 [M]. 東京：小学館，2003：82.
[5] 上田祥士，田畑文明. 大正自由教育の旗手 [M]. 東京：小学館，2003：82.

种教育模式不可能培养出学生的独立能力和研究能力，为了解决这个问题，就必须要以儿童为中心进行改革，而这种改革必须是包括教育指导思想、学校教育管理模式、教师教学方法在内的全方位改革。西山哲治的教育观点切合了当时日本教育界对赫尔巴特教育理论和教学方法的需要，得到了日本教育界的认可，带动了很多具有改革思想的教育学者开始热衷于新教育思想和实践案例的研究。

（二）欧美新教育运动影响下日本学校教育的实践探索

欧美新教育运动的理论思潮在日本撒下了种子，为苦于摆脱传统教育束缚的人们指明了方向；欧美新教育运动的实践活动在日本结下了果实，为日本新教育运动的实践家们创建"新学校"提供了蓝本。① 这一时期日本的新教育实践活动还处于探索阶段，新学校的数量较少，既有教育学者为实现自己的新教育主张而建立的新学校，也有在原有学校基础上用新教育理念改造而成的新学校，其中比较典型的有受蒙台梭利教育理论影响创建的日本女子大学附属丰明小学、受德国教育家利茨创立乡村教育之家影响创建的日本济美学校、按照杜威"儿童中心论"思想创建的日本帝国小学、根据英国阿博茨霍尔姆学校和贝达尔斯学校模式创建的日本成蹊实务学校，还有及川平治就任校长后进行新教育改革的明石女子师范学校附属小学。

1. 日本女子大学附属丰明小学

日本女子大学附属丰明小学脱胎于1901年创建的日本女子大学。1906年4月日本女子大学的创建者成濑仁藏（1858—1919）在森村丰明会②的资助下，利用日本女子大学的校园创建而成，聘请河野清丸（1873—1942）为首任校长。河野清丸早年毕业于师范学校，后又进入东京帝国大学进修，主攻教育学，主要致力于蒙台梭利教育思想的研究。所以，在河野清丸治下的日本女子大学附属丰明小学主要受蒙台梭利教育理论的影响，秉承"协作、正直、努力、朴素、自治"的教育方针，开展自动自学主义的教育实践活动。③ 该校1906年招收的第一批学生共11名（其中男生4名、女生7名），1910年开始只招收女生。学

---

① 李伟. 日本新教育运动的一面旗帜——成城小学发展研究 [M]. 石家庄：河北教育出版社，2016：37.
② 森村丰明会，日本公益财团法人，主要致力于援助女子教育的发展，1901年开始实际参与女子教育的发展活动，1914年获得官方认可，正式获得财团法人地位.
③ 上田祥士，田畑文明. 大正自由教育の旗手 [M]. 東京：小学館，2003：57.

校注重引导学生开展自修式学习,引导学生在日常的生活行动中发现新问题并通过自修或者协作的方式寻求解决新问题的方案;在日常的教学活动中主要以实物教育为主,通过实物的展示展演,让学生通过自己的眼观、耳听、触感、口尝等方式切实亲身体会感触到新的事物,培养学生接触新鲜事物的兴趣。学校要求学生自入学第三年开始养成每天写日记的习惯,可以将自己的喜怒哀乐、自己的所见所闻、自己的学习目标通过日记的形式记录下来,教师固定每周检查阅览学生的日记,以此了解学生的心理变化和学习状况,再加以必要的引导。学校还注重对学生进行协作和示范性的教育,通过开展"协同俱乐部"活动,要求不同年龄和不同年级的学生自愿结成任务小组,通过相互合作、相互帮助的方式完成俱乐部组织的相关活动,以此培养学生相互合作和团结一致的精神,并在完成任务的过程中,高年级的学生可以给低年级的学生发挥示范和榜样的作用。

2. 日本济美学校

日本济美学校被称为"理想的家园学校",由今井恒郎①在德国教育家利茨创立的乡村教育之家的影响下于1907年创立。该学校脱胎于今井恒郎1899年在东京市牛込区创建的一所培养德才兼备的精英型优秀人才的私塾"梧阴塾",学校奉承德育至上的教育理念,强调重视开展教育的自然环境,实行寄宿制,开展个别教育和全天候教育。设有小学部和初中部,两个阶段采用相同的教育方针和教学方法。②

1899年,今井恒郎在创建"梧阴塾"的同时,还创办了"日本济美会"。日本济美会意在通过成立学校图书馆,出版发行杂志与图书,举办集会与报告会,促进日本的道德培养与社会教育,实现其"通过振兴道德、善导思想、实施教育以巩固国基"的创建宗旨。1906年,今井恒郎组建的"日本济美会"创办了机关杂志《日本济美会杂志》,并将自己在日本济美会发表的见解及在欧美考察的教育经历编撰成巨著《家庭及教育》出版。通过创办私塾、协会、杂志,撰写著作,今井恒郎在社会教育与家庭教育方面取得了一定的成绩,他打算创办一所学校,通过学校教育、家庭教育与社会教育三者共同实现德才兼备的优

---

① 今井恒郎(1865—1934),毕业于东京帝国大学古典文学专业,历任德岛县寻常中学和第五高等中学(旧制高中的前身)教师、滋贺县高等女学校和茨城县寻常中学校长。
② 上田祥士,田畑文明. 大正自由教育の旗手[M]. 東京:小学館,2003:58-59.

秀人才的培养。1906年夏，今井恒郎在东京市丰多摩郡牛入区和田堀大字堀的村子购买了10.08万平方米的空地作为校址，与细川润次郎等7名志同道合者为即将创办的日本济美学校拟定了宗旨书："学校目标为培养品性坚毅、富有常识及技能的国家栋梁之材；教育方针为依据自然与人为的方法，使学生远离喧嚣的城市，免受其恶习的濡染，向家庭与社会的生活状态学习，热爱运动，崇尚情趣，尊重劳动，掌握与生产经济相关的概念，拥有健全的体魄，成为真正能立足于世界的日本国民。"① 1907年4月，日本济美学校成立。学校创建之初有15名教师和15名学生。学校位于风景优美的世外桃源，四周有丘陵、森林和6612平方米的水池，创建之初有五间教室446.31平方米，室内体操运动场231.42平方米，宿舍三栋793.44平方米，浴室119.01平方米，食堂423.17平方米。此外，学校还设有图书馆、武术场地、马术场、音乐室、娱乐室、手工房、标本陈列室等场所。学生在学习课本知识之余，进行音乐、手工、园艺、动物饲养、植树、养鱼、滑冰、划船等课外活动。②

3. 明石女子师范学校附属小学

1907年，及川平治（1875—1939）就任兵库县明石女子师范学校附属小学校长，开始按照新教育理念对其进行改造。及川平治受杜威教育思想的影响，对赫尔巴特学派的整齐划一的形式主义教育进行了深刻批判，并提出了儿童中心论，主张引导儿童从生活经验出发发现问题并解决问题，根据儿童的个性和能力对其进行分组教学。在及川平治主政的明石女子师范学校附属小学，日常教学活动的开展极力尊重儿童的直接经验和儿童自身的判断，鼓励儿童进行自觉的学习活动，要求儿童通过自己的亲眼所见、亲耳所闻培养自己的兴趣和爱好，通过自己的切实思考发觉问题的必要性和价值性，通过自己亲身的实践操作和言语表达总结出自己的学习成果。及川平治还在教学形式上主张个别教育和全员教育相结合的方式，既要顾及全体学生的知识获取，又要顾及个别学生的实际需求。由于明石女子师范学校附属小学是在及川平治的主持下按照新教育的理念和思想进行的改革，并不是新创建的学校，所以在教学方法方面既引入了欧美新教育革新运动的理念，又对明治时期单级小学的教学方法进行了积

---

① 小原国芳. 日本新教育百年史：第二卷 [M]. 东京：玉川大学出版部，1970：127.
② 李伟. 日本新教育运动的一面旗帜——成城小学发展研究 [M]. 石家庄：河北教育出版社，2016：38.

极评价并加以继承和传扬。① 及川平治开创的教学方法受到了当时教育界的普遍认可,其影响力一直持续到大正中期,可谓经久不衰,前来参观学习的人最多时达到一个月 2000 余人。②

4. 日本帝国小学

日本帝国小学是教育学者西山哲治于 1912 年 4 月在东京市巢鸭町创建的幼小一体化的私立学校。西山哲治生于 1883 年,毕业于哲学馆(现东洋大学)哲学专业,毕业后赴美国纽约大学攻读教育学专业,其间受到了杜威教育思想的影响。西山哲治回国后按照杜威的教育思想创办了私立学校帝国小学。学校贯彻一切以"儿童"为中心的教育方针,学校灵活性强,教学计划有很大弹性,强调学生自主学习,给予学生最大的自由。游戏活动时间较长,还开设了一些特殊课程,例如为高年级男生开设裁缝课,让学生变得勤劳,培养学生独立生活的能力。③ 学校规模不大,创建之初只有 3 名一年级学生,17 名学龄前儿童。到后期,小学发展为 6 个班级,每班定员 30 人,幼儿园 1 个班级,学生总共 220 名,教师总共 10 名。学校占地 503.31 平方米,共有两栋建筑。学生是学校的主人,教师是指导者与鼓励者,学校管理有序,课堂气氛民主和谐。④

5. 日本成蹊实务学校

成蹊实务学校脱胎于今村繁三(1877—1956)在 1906 年创立的成蹊学园,1912 年由中村春二(1877—1924)在横滨正金银行董事岩崎小弥太(1879—1945)的资助下创立,是一所包括小学、中学、专科学校在内的私立性质的综合学校。今村繁三和岩崎小弥太在 1900 年前后曾留学英国,在那里接触到了阿博茨霍尔姆学校和贝达尔斯学校等新教育学校的教育实践活动。回国后,委托中村春二将他们了解到的新教育理念实践化,创办了成蹊实务学校。⑤

当时,日本中小学主要以应试教育为主,教学内容脱离实际,教学方法生硬灌输,教学组织形式单一。培养出来的学生不但缺乏坚定的意志,而且毕业后不能独自处理工作上的业务,有些中学生在商业学校、农业学校等各种专科

---

① 中野光. 大正自由教育の研究 [M]. 名古屋:黎明書房,1998:116-119.
② 上田祥士,田畑文明. 大正自由教育の旗手 [M]. 東京:小学館,2003:60.
③ 关松林. 交流与融合——杜威与日本教育 [M]. 北京:教育科学出版社,2008:80.
④ 李伟. 日本新教育运动的一面旗帜——成城小学发展研究 [M]. 石家庄:河北教育出版社,2016:40.
⑤ 上田祥士,田畑文明. 大正自由教育の旗手 [M]. 東京:小学館,2003:60.

学校，学习了实践性较强的知识技能，但完全不具备其需有所担当的上进精神，安于小成，无望成为国家栋梁。针对这一弊端，中村春二1911年为成蹊实务学校制定了创设宗旨："学校教育目标为免收学费，为中产阶级以下的子女提供上学机会，推行普及教育；同时还秉承'精英教育'的方针，对选拔的优秀学生实行个性化教育，使其短日内掌握丰富知识；制定校风校纪，以矫正顺于形式和浮于表面的时弊；教授与实际业务相关的实用科目，培养其实力，使其成为振兴师道、陶冶品行的国家栋梁之材；倾其全力培养对社会有用之人，以从根本上实现救国救民。"① 为实现创建宗旨，中村春二决定采取学校与企业公司相互合作的方式，由三菱公司为学校提供财政赞助，学生毕业后均进入三菱总公司或其分公司工作。这种校企合作方式，对学校来说，既可以解决学生的学费问题，又可以使学生学有所用；对企业来说，既可以保障员工人员数量的稳定，又可以保障员工人员质量的稳定。1915年4月，成蹊实务学校的机关杂志《新教育》的创刊号刊登了实务学校的教育方针："以锻炼为教育之根本（小学），宣传锻炼的生活（中学），宣传奋斗的生活（专科学校）；学校承担所有责任（小学），学校肩负所有责任（中学），为毕业生提供就业保障（专科学校）；对学生的训练要给予特别关注（小学），重视德育（中学）；根据儿童个性实施相应的教育，尊重儿童的意愿（小学），唤起学生对所学科目的兴趣（中学），实行自发的教育（专科学校）；小学和中学班级定额30人，专科学校班级定额25人。"② 其中，中学的"锻炼的生活"和专科学校的"奋斗的生活"实施的是废除暑假制度，通过特设劳作教育、园艺专业等新科目而开展的教育；小学与中学有时会通过守夜会、绝食会、沉思会等课外活动进行寺院教育；"适应个性"的"自发教育"与当时的欧美教育思潮"儿童中心主义""自发性原理"相一致。③

日本女子大学附属丰明小学、日本济美学校、成蹊实务学校与日本帝国小学均是以打破传统的日本教育弊端为初衷而创建的私立学校。学校主张儿童在学习知识技能的同时，要学有所用，学习之余要有音乐、手工、园艺等丰富的课外活动，要热爱运动、崇尚情趣、尊重劳动等。这些相比传统的只注重灌输

---

① 小原国芳.日本新教育百年史：第二卷 [M].東京：玉川大学出版部，1970：131.
② 小原国芳.日本新教育百年史：第二卷 [M].東京：玉川大学出版部，1970：133.
③ 李伟.日本新教育运动的一面旗帜——成城小学发展研究 [M].石家庄：河北教育出版社，2016：40.

书本知识的整齐划一因循守旧的教育有了很大的进步。为此，在日本明治末期，他们被称作是"新学校"。但是，日本济美学校与成蹊实务学校均是在"私塾"这一日本传统的教育形态基础上发展起来的，教育思想中保留了东方教学的一些传统因素。再者，两所学校的创办者分别毕业于东京帝国大学古典文学专业、东京帝国大学国语专业，所学专业均不是教育学专业。毕业后虽然在学校从事教学工作，但没有在国家的文部省担任过任何职务，对国家的教育政策与日本的教育现状并不能从全局加以把握，所以两所学校的办学宗旨还只是围绕着日本当时的国家主义政策制定，最终是为国家培养栋梁之材。两所学校的办学精神与方法原理并没有吸收当时在欧美国家先进的教育思想，也不同于欧美教育运动中教育家创办的"新学校"。为此，日本济美学校和成蹊实务学校可以说不是真正意义上的"新学校"。

日本女子大学附属丰明小学和日本帝国小学不同于日本济美学校与成蹊实务学校，它最初就是以学校的形式产生，不受到日本私塾这一传统因素的影响，学校从创办之处便设有附属幼儿园，提出贯彻一切以"儿童"为中心的教育方针。再者，日本女子大学附属丰明小学的首任校长河野清丸毕业于师范学院，后又进入东京帝国大学进修，主攻教育学，对基本的教育规律和日本的教育政策以及当时世界上比较先进的教育理念、教学方法都有一定的接触；日本帝国小学的创办者西山哲治毕业于哲学馆（现东洋大学）哲学专业，毕业后又赴美国纽约大学学习，深受杜威教育思想的影响，归国后创办的学校自然包含美国的进步主义教育思想及欧洲的新教育思想。因此，这两所学校与欧美教育运动中教育家创办的"新学校"属于同一性质。但是，这两所学校的创办宗旨完全是照搬欧美教育家创办的"新学校"的宗旨，不是针对改变日本当前的教育现状而创办的，不具有针对性，不适合刚刚脱离传统教育形态的日本教育现状。[1]另外，明石女子师范学校附属小学属于公立学校的性质，在及川平治的主持下，既对传统的"精华"加以宣扬和继承，又大胆吸收欧美新教育革新运动的教育理念进行教育改革和尝试，为欧美新教育思想和新教育理念在日本的传播与发展奠定了基础，也起到了示范性引领作用。同时，也充分说明当时欧美新教育思想逐渐被越来越多的日本教育学者接受，并开展了积极的实践探索活动，而

---

[1] 李伟. 日本新教育运动的一面旗帜——成城小学发展研究［M］. 石家庄：河北教育出版社，2016：40-41.

这种活动不仅仅出现在私立学校，还包括一部分公立学校。这也为大正时期迎来创建"新学校"的全盛期奠定了良好的基础。

第二节 日本新教育思想的初步提出

一、教育领域的民主运动为日本新教育思想的发展提供了舆论支撑

日俄战争后，日本军部势力极力鼓吹"军备扩张至上"，扩大"统帅权"的范围。军部的专横擅权，日益引起日本人民和民主势力的不满。资产阶级政党提出"破除阀族，拥护宪政"的口号，全国各地掀起了以中小资产阶级和城市中间阶层为主力的轰轰烈烈的"护宪运动"。1913年2月，东京市民群众包围议会，声讨桂太郎内阁，并捣毁市内警察署和亲政府的报社，斗争还波及大阪、神户、广岛和京都，致使桂太郎内阁仅存在50余天便宣告垮台。1914年3月，以城市中间阶层为主，包括非特权资产阶级在内要求废除苛税和减税的民主运动再次兴起，几万名群众包围了议会，迫使山本权兵卫内阁集体总辞职。[①] 至此，日本国内的民主运动达到一战前的顶峰，而且逐渐向教育等领域渗透。

这一时期，教育领域内的民主运动也在不断高涨，"教育社会化""教育民主化""教育自由化"等成了大正时期教育思想家主要推崇和提倡的口号。在高等教育领域，各大学纷纷设立各种大学生组织，开展学生民主运动。例如，早稻田大学于1919年2月成立"民人同盟会"；法政大学于1919年成立"扶信会"，同年10月成立"青年文化同盟"，1922年11月成立"全国学生联合会"。与此同时，学生们也纷纷开始研究社会主义问题，东京帝国大学成立"社会科学研究会"，"学生联合会"后来也改称为"学生社会科学联合会"。各地的高等中学也开展了"社会问题研究"，如第一高等中学1919年成立"社会问题研究会"，第二高等中学、第四高等中学、第六高等中学、新泻高等学校、松山高等学校、松冈高等学校、静冈高等学校等也相继成立了"社会科学研究会"等。在初等教育领域，小学教师组织起来倡导新教育。1919年8月，埼玉县小学教师发起成立了"启明会"，成为日本近代第一个教师工会组织。该组织提出的要

---

① 赵建民，刘予苇. 日本通史[M]. 上海：复旦大学出版社，1989：229.

求包括"教育理论的民众化""实现公正的社会生活，立足于民众精神""立足于爱全人类之精神，排斥助长敌忾心的教学，反对根源于绅士派阀自卫之策的侵略主义""教育机会均等""实现教育自治""扩大教育自由的范围，以尊重儿童的生活与成长，实施个性本位的教育"等。①

教育领域民主运动与社会领域的民主运动相辅相成、相互促进，为欧美新教育思想的传播、日本新教育思想的产生以及后来日本新教育运动的深入发展产生了极大的舆论基础，使得民主思想和自由观念深入人心，普通民众也开始接受并乐于接受新教育思想的洗礼，为日本新教育运动发展高潮的到来奠定了坚实的"群众基础"。

二、临时教育会议的召开为日本新教育思想的发展创造了客观环境

（一）教育调查会的前期准备

大正初期，由于社会民主运动的不断高涨、社会上各种思潮的出现以及阶级矛盾的不断激化，日本政府和一部分保守的思想家、政治家深感不安，他们试图通过改革现行的学校制度和教育内容，加强政府对学校的管理，强化学生的传统思想道德教育，培养学生的"忠君爱国"思想，以维护天皇的统治地位。与此同时，大正初期的日本教育也处于一个重要的历史转折期，自明治维新后，日本教育经过"学制""教育令""学校令"等多个时期几十年的建设和发展，已经建立起了包括各种教育形式在内的比较完备的教育体系。但是在新的形势下，教育也面临着诸多问题，既有学制时间过长和高等学校（高中）与大学的衔接等十几年未曾解决的问题，也有随着社会经济发展和民众生活水平提高与教育发展水平不相适应的新问题。因此，对当时的教育进行全面调研，学习借鉴欧美先进的教育理念和教育方法，同时又要保障天皇制在教育领域的绝对权威性，成为了摆在日本政府面前的一项紧迫工作。②

1913年，为了应对当时的社会形势，强化道德教育，改革现行的学校教育制度，日本政府成立了"教育调查会"，于1913年6月13日以敕令的形式颁布《教育调查会官制》，主要内容包括："教育调查会隶属于文部省，受文部大臣监

---

① 臧佩红. 日本近现代教育史 [M]. 北京：世界知识出版社，2010：182.
② 张如意. 日本私立大学与临时教育会议研究 [M]. 石家庄：河北教育出版社，2016：36-37.

督，负责调查审意教育相关事宜；教育调查会就教育相关事宜接受文部大臣的咨询并陈述意见和提出建议；教育调查会设正副总裁各一人，人选由文部大臣奏请天皇批准，设会员25人以内，根据文部大臣提名由内阁任命；总裁统理会务，与副总裁一起参与会议并陈述意见和参与表决，将会议表决结果报告给文部大臣，文部大臣可以允许文部省内高级官员或者文部大臣认可者出席会议并陈述意见；教育调查会设干事两人，由文部大臣从文部省高级官员中任命，还设有书记员，由文部大臣任命，听从上级指挥，从事一般工作。"① 教育调查会的成员构成避开了官僚、帝国大学和国立大学的教官等，广泛吸收议会方面和民间的有识之士参加，为会议的民主性提供了积极的帮助，也为后续的临时教育会议的组织工作提供了经验。教育调查会开始工作后，围绕学制问题展开了讨论和调查，根据当时存在的教育问题，提出了一些议案并进行了审议。尽管由于政权更迭②等原因，教育调查会没有取得任何成果就被废止，但是形势又迫切要求政府必须尽快拿出对策来解决教育中存在的各种问题，因此建立一个更具权威性且功能强大的新的教育审议机构势在必行。在这种情况下，临时教育会议应运而生，教育调查会的许多成员都成了临时教育会议的委员，而且教育调查会许多调查和审议结果都被临时教育会议继承了下来。③

（二）临时教育会议的历史任务

临时教育会议是在特殊的历史时期召开的高规格教育会议，具有高度权威性、严密的组织制度和规范的议事规则，是一个中央政府层面的教育改革机构，它肩负着"革除时弊""统一思想""振兴教育"的重要的历史任务。

1917年10月1日，东京的日本首相官邸举行了临时教育会议开幕式，时任内阁总理大臣寺内正毅发表了如下演讲：

> 国家的昌盛与教育的关系甚大，只有教育发达，才能振兴皇运、宣扬国威，才能使拥有万世一系的天皇、君臣相安、国体精华冠绝于万邦的日本帝国更加繁荣昌盛。

---

① 文部省. 学制八十年史·资料编［M］. 東京：大蔵省印刷局，1954：952.
② 1916年10月，教育调查会成立不久，寺内正毅代替山本权兵卫出任日本首相，冈田良平出任寺内正毅内阁的文部大臣。
③ 张如意. 日本私立大学与临时教育会议研究［M］. 石家庄：河北教育出版社，2016：40.

先皇陛下关心臣民之教育，在进行王政维新之际，首先明明臣僚进行学制调查，并于明治五年颁布《学制》，为帝国教育奠定了基础，使文教事业不断发展。明治二十三年，下赐关于教育的敕语，昭示大纲，帝国教育的大本遂定于此。为了使国体之精华传之不朽，且成就所谓德器，为了顺奖忠孝之古训，大力培养国本，启发智能，就必须适应世界之进步，完善教育之设施，以稳定兴国之基础。

改革学制，以求教育之完善。为了贯彻《教育敕语》的宗旨，解决十几年悬而未解之疑问，大正二年政府根据贵族院的建议公布《教育调查会官制》，至目前为止，该调查会在文部大臣的监督下，进行了多次调查，但仍然没有解决学制上存在的现实问题。

自欧洲大战爆发以来，交战各国虽忙于战事，但仍不忘发展教育，不断研究教育方略以图学制之革新。目前帝国虽然没有像交战各国那样遭受战火之灾，但战后经营可谓前途多难，此时帝国更应该繁荣教育，宣扬国体之精华，涵养坚定之志操，确立方略，以报皇恩。

本次发布临时教育会议官制，乃天皇观内外之形式，虑国家之未来，审议教育制度，解决多年悬案，以图振兴教育，这充分体现了天皇之英明，令本大臣惶恐之至，本大臣希望与各位一起鞠躬尽瘁，不负皇恩。

虽说发展教育的途径有多种，但国民教育之要在于涵养德行、启发智育、强身健体，以丰富护国精神，培养忠良之臣。实业教育乃国家致富之渊源，与国民教育同等重要，应避谈空理，崇尚实用，以助于帝国未来的实业发展，在高等教育方面应专门研究学理之奥秘，追求学术之进步，以为国家培养有用之才为目的。

教育方面的设施应根据国家财政状况有所缓急，适当安排，以培养素质为宗旨，努力充实内容，尤其是地方的教育设施应当考虑民力的程度，尽量避免负担过重，以努力贯彻教育敕语的宗旨。如果急于模仿西欧的学制，不知不觉就会伤及国体之精华，或只顾一时之利而误百年之大计，则国家之忧患莫过于此。因此希望各位谅解此意，慎重审议，以解决多年之悬案，值此开会之初，聊表本大臣之所见且期待各位的调查取得最大成果，为国家至诚尽忠。①

---

① 海後宗臣. 臨時教育会議の研究［M］. 東京：東京大学出版会，1960：33.

寺内正毅的这篇演讲稿应该包含了两个方面的信息。第一，"振兴皇运""宣扬国威""万世一系""天皇英明""不负皇恩""使国体精华冠绝于万邦的日本帝国更加繁荣昌盛"等表述，充分暴露出了强烈的皇国主义和军国主义色彩，这不仅仅代表了寺内正毅的个人观点，也应该昭示了当时日本政府的强权主义和扩张主义的狂妄野心。第二，寺内正毅的演讲内容明确提出了临时教育会议的两大历史任务：改革学制和加强思想道德教育。①

事实上，寺内正毅的开幕式演讲，基本上是以《教育敕语》为指导方针的，秉承了其德育思想，且改革学制、发展教育的最终目的还是为了"振兴皇运、宣扬国威，使万世一系的天皇、君臣相安、国体精华冠绝于万邦的日本帝国更加繁荣昌盛"。而且，大正时期社会主义思潮和西方民主主义思潮的涌入，也引起了统治阶级的恐慌，再加上第一次世界大战给日本带来了危机感，因此要求"更应该繁荣教育，宣扬国体之精华，涵养坚定之志操，确立方略，以报皇恩"，"国民教育之要在于涵养德行、启发智育、强身健体，以丰富护国精神，培养忠良之臣"。所以，在新的历史时期，研究如何加强思想道德教育，培养学生"忠君爱国"的精神，才是临时教育会议最为根本的历史任务。②

（三）临时教育会议对新教育运动的客观推动

临时教育会议提出了大正后半期各项教育改革的基本方针，这个会议审议过程如何、它的审议报告提出了什么样的政策等是日本近代教育史中应该重视的问题。这些咨询报告不仅决定了从大正到昭和初年日本的教育体制，而且对直至第二次世界大战结束的日本教育发展都起到了决定性作用。③虽然临时教育会议最根本的历史任务是加强思想道德方面的教育，培育当时日本社会所需要的"忠良臣民"，但是它提出的审议报告、咨询报告和建议提案以及后续形成的规章制度，也推动了当时教育改革的发展和日本新教育思想的传播以及日本新教育运动的发展。

首先，咨询报告中最早实施的是关于市町村立小学校教师薪俸国库负担问题的决议。1918年3月27日，市町村义务教育费国库负担问题的决议报告被提

---

① 张如意. 日本私立大学与临时教育会议研究［M］. 石家庄：河北教育出版社，2016：51.
② 张如意. 日本私立大学与临时教育会议研究［M］. 石家庄：河北教育出版社，2016：52 – 53.
③ 海後宗臣. 臨時教育会議の研究［M］. 東京：東京大学出版会，1960：12.

交到议会，形成了《市町村义务教育费国库负担法》，并以第 18 号法律条文的形式被正式颁布实施。事实上，在临时教育会议之前，文部省也曾经拟定过一个方案，即《市町村立小学校教师薪俸国库负担法案》，它和临时教育会议决议报告的主旨是一样的，其对象包括高等小学在内的所有小学教师。但是，议会对临时教育会议的决议报告做了部分修改，缩小了对象范围，只把义务教育阶段的寻常小学教师作为对象。在以冈田文部大臣名义提交的该法案阁议申请书中，只有"为了提高教师待遇且减轻市町村的教育费用负担，承认市町村立小学教师薪俸一部分有必要由国库支付，并另立法案提请阁议"①，而没有言及临时教育会议有关该项决议的全部内容，参考资料也只是附加了文部省制作的教师、儿童统计表和该法案的活字印刷，没有收录临时教育会议的该项决议报告文。从报告通过到提交阁议，中间加上岁尾年初，最多不过两个半月，与其说是单纯的"遗漏"，还不如说在文部省内部已经在进行该法案起草工作的准备。另外，该报告中陈述的"提高教师薪俸"一事，也是针对第一次世界大战物价上涨提出的一种对策，从实施的结果来看，全国平均月薪从 1917 年的 20.33 日元涨到了 1919 年的 59.77 日元，教师的工资得到了大幅度的提高。② 只有教师的薪俸福利得到提升，教师才会有更高的积极性去探寻教育改革的路径；只有解决了教师的生活后顾之忧，才会吸引更多的教师去学习研究欧美的新的教育理念和教育方法；只有国库负担了部分教师薪俸，才会使市町村立学校能够拿出更多的财力、物力支持教师开展教学改革的研究和满足新教育思想的传播以及新教育改革所需要的财力、物力支撑。所以，临时教育会议的第一号咨询决议就在一定程度上促进了当时新教育思想的传播和新教育实践的进一步发展。

其次，根据临时教育会议关于学制改革的咨询报告决议，1919 年 2 月，日本政府对《私立学校令》做了部分修改，③ 给私立学校的设立和发展设置了非常宽松的空间，使得这一时期日本私立学校的发展异常迅速，促使私立学校尤其是私立小学的数量激增。由于日本新教育运动发展的主力军集中在民间，临

---

① 张如意. 日本私立大学与临时教育会议研究 [M]. 石家庄：河北教育出版社，2016：61.
② 张如意. 日本私立大学与临时教育会议研究 [M]. 石家庄：河北教育出版社，2016：61-62.
③ 张如意. 日本私立大学与临时教育会议研究 [M]. 石家庄：河北教育出版社，2016：62.

时教育会议的这个决议也为新教育学者去实践自己的教育理念提供了客观空间，所以这一时期日本仿照欧美新教育理念创建的私立小学得到了"井喷式"发展，为日本新教育运动高潮的到来奠定了坚实的基础。

三、日本新教育理论初步提出的代表人物及其教育主张

日本近代教育史的发展历程就是一个模仿与创新的过程。明治维新后，日本教育界全面"西化"，先是效仿欧洲，后又学习美国，但无论是在教育思想方面还是在教学方法领域，都没有使用"拿来主义"，而是以西方的教育思想和教学方法为基础，结合日本当时的实际情况，经过发展创新，将其"日本化"之后再进入实践阶段。日本教育学者对待欧美新教育思想的态度依然如此，虽然经过谷本富、西山哲治等人的引入和宣传，日本教育学界接受了这种新的教育理念，但是更多的教育学者还是经过对新教育思想进行深入研究后，提出了"日本式"的新教育论，其中棚桥源太郎、牧口常三郎、泽柳政太郎、木下竹次、及川平治、手塚岸卫等学者提出的手工科教育论、乡土科教育论、儿童中心论、分团式教学法、合科式教学法、自由教学法、学级自治会等理论代表着这一时期日本教育学者"模仿与创新"的主要成果。

（一）棚桥源太郎和手工科教育论

棚桥源太郎，1869年出生于岐阜县安八郡（今岐阜县大垣市），毕业于东京高等师范学校，历任东京高等师范附属小学训导和理科主任。1906年任东京高等师范学校教授，同时兼任东京教育博物馆主事（馆长），致力于理科教育教授方法的发展研究，并提倡将理科教育与手工科教育相结合，著有《手工科教授书》一书，详细论述了手工科教育的相关理论，同时也呼吁日本教育界开展手工科教育实践活动，被称为日本手工科教育的"大恩人"。1909年至1911年赴德国和美国留学，受到欧洲新教育运动和美国进步主义教育运动的影响，呼吁将实验教育法引入到理科教育当中，并强调手工科教育实践活动的重要性。回国后成为东京博物馆（今日本国立科学博物馆）第一任馆长，为日本博物馆事业的发展和推动博物馆对学校教育发挥促进作用等方面贡献了毕生力量。

棚桥源太郎的手工科教育论以他赴欧美留学为分界线，主要分为两个阶段，前一阶段主要是对手工科教育的理论研究，后一阶段主要致力于研究手工科教育的实践推广，尤其是将手工科教育与当时日本社会发展急需的理科教育相结合。

1. 棚桥源太郎留学前的博物馆活动和《手工教授书》的编纂

1899年,时年30岁的棚桥源太郎就任东京高等师范学校训导,开始投身于师范教育领域。1903年,被聘为东京高等师范学校教授,1906年1月开始兼任东京高等师范学校附属东京教育博物馆主事①。棚桥源太郎主政东京教育博物馆期间,除了秉承博物馆"教育"的本色,千方百计收集资料和创新改革资料展示方法外,还不断向相关教育杂志投稿介绍博物馆的利用方法和吸引教育工作者与博物馆展开合作,将博物馆的资源应用到学校教育实践当中。棚桥源太郎在对博物馆的利用和创新展示方法中最显著的成果就是设置"特别室"。所谓的"特别室"是一种特殊的展览室,该展览室主要对学校校长、教师、师范学校学生、公私立教员养成所学生和专职从事教育研究工作的学者等直接教育相关者开放。"特别室"展出的物品主要包括教具、不同时期的教科书、国内外在校学生的手工作品(学生的手工作品包括幼儿园阶段幼儿的制作品)和在校学生的作文文字以及图画手工裁缝等各科手工作品。棚桥源太郎设置"特别室"的主要目的在于通过学生(尤其是国外学生)手工作品的展示,向教育直接相关者介绍国内外先进的手工科教授方法,并进一步推动图画、手工、裁缝等相关科目教授方法的研究。②

棚桥源太郎在东京高等师范学校任职期间,在致力于手工科教育理论和手工科教授方法研究工作的同时,还出版《手工教授书》一书,该书被认为是日本最早的系统介绍手工教育相关理论的书籍,详细论述了棚桥源太郎留学前关于手工科教育的主要观点。棚桥源太郎在书中提到:"手工科的目的就在于让学生学得某种的技能,这是一种为了使自然科学知识在实际生活中发挥作用而必须要做到熟练操作的学科。""手工科就是通过动手能力的提升来体现学生自然科学的修养,理科、图画科、数学科都属于自然知识学科和实用性学科,都应该将其与手工科相结合,使其发挥更大的作用。"③

在教学方法方面,他还提出要用"直观教学法"代替当时的课堂注入式教

---

① 博物馆主事即为博物馆馆长。
② 斎藤修啓. 棚橋源太郎の手工科教育論の変容—東京教育博物館での学校教育への支援活動に注目して[J]. 愛知江南短期大学紀要, 2010(39): 40-41.
③ 斎藤修啓. 棚橋源太郎の手工科教育論の変容—東京教育博物館での学校教育への支援活動に注目して[J]. 愛知江南短期大学紀要, 2010(39): 41.

学,以提升学生的学习兴趣和学习效率,① 并着重强调了教具在日常教学过程当中和实践"直观教学法"时的重要作用。教具作为教师辅助教学的用具,有着其他手段不可替代的作用,它能够给予学生丰富又明确的直观印象,丰富学生的想象力,加深学生对相关知识的理解能力并巩固其对相关知识的记忆,教师根据需要把教具真正纳入教学过程,立足实际,选择并适时使用教具,能激发学生学习兴趣,突出教学重点,突破教学难点,优化课堂教学结构,发展学生创新思维力,能有效提高教学质量和效率,有助于学生对课本知识的掌握。②另外,棚桥源太郎不仅提出教具在教学过程中的重要作用,还明确提出教师不仅要具备收集和制作教具的技能,还要具备保全和修缮教具的能力,并且制作、保全、修缮教具应该作为师范教育过程中的必修课程,要让师范教育的学生在就职之前就完全掌握这些技能和能力,所以必须要在师范教育中进行手工科教育。③

2. 棚桥源太郎留学期间对欧美手工科教育的接触

日本在1900年颁布的《修改小学校令》中已经规定在教学科目中增加读、写、算等实科教育的内容,以应对资本主义发展对劳动者技能方面的要求,但并没有就实科教学科目的教学方法做出明确的修改,依然沿用传统的注入式教学方法。棚桥源太郎在对德国实科主义教育等欧美新教育思想进行深入研究的基础上,于1906年公开发表文章《寻常小学的实科教授法》,明确提出了他的教育观点,即在初等教育领域实行实科教育是为了有效应对日本资本主义发展的实际需求,但是从当前的经济社会发展来看,单纯的读、写、算等科目已经难以应对社会对劳动者技能的需要了,应当开设经济、卫生、家政等社会急需的教学科目,而且初等教育阶段的实科教学科目设置应该"灵活化",可以根据现实需求进行必要的增加或删减。④ 为了充分发挥实科教育在社会经济发展中的作用,探寻一种更为科学的实科教育教学方法和更好地将实科教育与手工科教育相融合,1909年至1911年,棚桥源太郎远赴欧美留学,亲身感受并实地考

---

① 中野光. 大正自由教育の研究[M]. 名古屋:黎明书房,2016:57-60.
② 斎藤修啓. 棚橘源太郎の手工科教育論の変容—東京教育博物館での学校教育への支援活動に注目して[J]. 愛知江南短期大学紀要,2010(39):42.
③ 斎藤修啓. 棚橘源太郎の手工科教育論の変容—東京教育博物館での学校教育への支援活動に注目して[J]. 愛知江南短期大学紀要,2010(39):42.
④ 中野光. 大正自由教育の研究[M]. 名古屋:黎明书房,2016:60-62.

察了实科教育与手工科教育的教育实践活动。下面通过棚桥源太郎留学时期的行程来探寻他在欧美国家对手工科教育和实科教育的考察学习情况：

1909 年 10 月 5 日	从日本神户港出发奔赴欧洲；
1909 年 11 月	到达德国柏林，住在柏林市内，就学于柏林大学；
1910 年秋	赴南欧旅行之际，滞留慕尼黑，参观了德意志博物馆，并拜访了德意志博物馆的创立者米勒博士；
1911 年	出席了在比利时布鲁塞尔举行的第一届万国儿童会议；
1911 年	相继考察了荷兰、丹麦、瑞典的教育，尤其重点关注了北欧各国的手工科教育发展情况；
1911 年夏	访问了瑞典的手工师范学校讲习所；
1911 年 10 月	经由法国去往英国；
1911 年	在英国伦敦滞留约 1 个月；
1911 年 10 月末	从英国利物浦出发去往纽约；
1911 年秋	到达纽约并制定访问研究计划；
1911 年秋	相继考察了美国的纽约、华盛顿、波士顿等城市的教育，重点关注了各地以手工为中心的技能教育；
1911 年秋	参观了哥伦比亚大学师范部的实习学校，并做短期滞留参与了教学活动的开展；
1911 年 12 月 23 日	回国，到达横滨港。

　　从以上欧美之行的行程上看，棚桥源太郎重点考察学习了欧美各国关于手工科教育的开展情况，为他回国后进一步丰富其手工科教育论以及手工科教育实践的推广奠定了坚实的基础。另外，从时间上看，棚桥源太郎欧美留学之时，正是欧洲新教育运动和美国进步主义教育运动兴起之际，所以他回国后对手工科教育的发展也必然受到了欧美新教育理念的影响。

　　3. 棚桥源太郎对手工科教育论的丰富

　　棚桥源太郎受欧美新教育理念和欧美手工科教育实践的双重影响，回国后进一步丰富和创新了原有的手工科教育论，主要包括以下几个方面。

<<< 第一章 日本新教育运动的兴起（1912年—1920年）

（1）实际操作意识的养成

棚桥源太郎认为"实际操作"不仅有利于知识的掌握和身心的发展，而且还有助于学生批判态度和独立思考习惯的养成。而培养学生的批判态度和独立思考的能力是所有知识性学科和技能性学科共同的目的，所有"实际操作"能力是普通教育领域各个学科教学都要强调的内容。他还认为在"实际操作"教学过程中，如果教师非常详细地演示了相关操作的流程，学生只是进行简单的模仿操作的话，并不会起到非常好的教学效果，因为通过这种模式培养的学生将永远是进行熟练性操作的工作人员，缺乏创造能力和拓展能力。较为科学合理的"实际操作"内容的教授方法应该采用"问题导入式"的教学模式，首先可以放任学生就某个关心的内容或者教学过程中的某个知识点在教师的正确引导下进行实际的操作，如果学生在实际操作的过程中遇到了某个问题，教师可以有针对性地加以讲解和指导，这样学生在获得指导后印象会非常深刻，同时学生的学习兴趣和独立思考思辨的能力也将大大加强。最终通过学校的这种教学过程，学生养成一种独立思考和判断、敢于创新和改革的习惯与精神，这将是一种受益终身的能力。①

（2）手工科教育目的的进一步明确

在棚桥源太郎看来，手工科的作用和目的是与国家产业的发展密切相关的。与国家产业发展存在直接关系的学科首先是理科，其次就是技能和图画等手工科。国家产业的发展首先需要具备丰富的自然资源，而自然资源的寻找与开发利用则需要丰富的地理学、物理学、化学等相关的理科知识技能。理科知识技能的开发利用基本可以满足当时国内产业发展的需要，但如果要想让日本的产业发展适应世界的潮流，或者说要想让日本的产业融入世界产业发展的主流当中，则必须要对当时日本的工业产品进行必要的艺匠装饰，因此这是就不仅仅需要掌握理科的相关知识，还必须要养成对艺匠装饰的兴趣和对相关器具的实际操作能力。所以在日本的学校教育当中进行手工科教育是非常有必要而且是必须要进行的，只有这样才可以使日本的教育适应社会发展的需要，更好地推动日本产业融入世界产业发展的主流当中，真正发挥教育服务经济社会发展的

---

① 斎藤修啓．棚橋源太郎の手工科教育論の変容—東京教育博物館での学校教育への支援活動に注目して［J］．愛知江南短期大学紀要，2010（39）：45．

作用。① 棚桥源太郎的这种关于手工科教育目的论的认识，应该得益于他的留学经历，正因为他在留学期间真正接触到了欧美产业的发展和手工科教育的发展，才能够跳出日本本国固有模式的束缚，站在世界潮流的立场上认识手工科教育的发展，认识教育与社会发展的关系。

（3）手工科教育方法的改善和教员的养成

棚桥源太郎留学期间受到欧美新教育理念的影响，并对欧美手工科教育进行了实践考察，回国后他在对日本的手工科教育模式以及教学效果进行充分对比后，表示出了对当时日本手工科教育的不满，并且批评当时的日本教育界"一味热衷于著书立传、在杂志上发表文章、举办讲习会和对新思潮的介绍等理论性活动，对新思潮和西方先进教育经验的学习仅局限在口号上，缺乏实践性的实施，致使学习效果不明显，与从前没有大的差别。尤其是农村地区的高等小学校，手工科教育的开展情况还处于非常落后的状态，与欧美等国的手工科教育相比基本上处于名存实亡的状态"②。为了改变教育界的这种状况，必须要进行具有实际效果的手工科教育教学改革，这种改革不仅仅包括器具和器械的丰富与更新，更在于要培养教育界进行手工科教育的意识，要保证客观物质条件和主观意识条件的双重提升，同时也要把手工科教师的教学经验提升作为一个重要的方面加以落实。

在手工科教师养成方面，棚桥源太郎主张在学习欧美的成功经验后，对日本教育制度的某些方面进行改革。例如，在欧美小学校担任图画科课程的教师不仅仅要求是师范学校的毕业生，而且还必须要求接受过2~3年的专门教育或者是由具备图画教育养成学校教育经历的教师担任。另外，欧美学校不仅重视手工科教师的职前养成，还非常重视在职教师的学力补充和职后教学能力的培训提升，这一点来看更值得当时日本教育界加以借鉴。

（4）中央教室制的呼吁与倡导

棚桥源太郎的手工科教育论除了强调优秀的师资是发展手工科教育的必要条件外，还强调教学设备和教学场所也是开展手工科教育的必备条件。但是以当时日本的经济社会发展状况来看，短时间内在每所学校都建成比较完备的手

---

① 斎藤修啓. 棚橋源太郎の手工科教育論の変容—東京教育博物館での学校教育への支援活動に注目して［J］. 愛知江南短期大学紀要，2010（39）：45.

② 斎藤修啓. 棚橋源太郎の手工科教育論の変容—東京教育博物館での学校教育への支援活動に注目して［J］. 愛知江南短期大学紀要，2010（39）：46.

工科教学场所和配齐手工科教学设备还不太现实,所以他呼吁效仿欧美的"中央教室制",由几所学校共建教学场所和教学设备。"中央教室制"就是手工科、家事科、理科、图画科等需要特别教室的教学科目由数校联合选择合适的场所,共同出资修建和购置必须的教学设备,并且由出资的数校共同负责后期的维护与修缮。这种制度在当时的英国和美国大城市里面已经非常普及,而且农村地区也在逐渐推广,所以棚桥源太郎大力呼吁日本也效仿英国和美国进行"中央教室制"的经验改革,不仅可以节约大量的办学成本,甚至于专门的手工科教育师资也可以实现共享,既弥补了教学场地和教学设备不足的问题,也充分解决了开展手工科教育师资不足或者师资不专业的现实问题。①

(二)牧口常三郎和创价教育论

牧口常三郎是明治末期至昭和前期日本著名的教育家、地理学家和宗教家,1871年出生于日本新潟县柏崎市荒滨的一个船工家庭。他小学毕业后,到北海道谋生,但并没有放弃读书,1889年以自费生的身份进入北海道寻常师范学校学习。1893年毕业后开始了教学生涯,他先后在日本多所小学任教,从普通的小学教师到校长,牧口常三郎对教育事业倾注了自己的全部心血。

牧口常三郎非常热爱所从事的教育事业,善于独立思考和探索教育的目的和真谛。1903年,年仅32岁的他出版了长达1000页的《人生地理学》,提出了"地理教育论"。牧口常三郎在《人生地理学》中对准的焦点并非"国家",而是"民众",是每一个"人"。在特别强调"国家为重"的时代,牧口常三郎断言"个人的权利与自由是神圣不容侵犯的",没有丝毫的畏缩。牧口常三郎42岁时成为东京白金寻常小学校长,以后约20年间历任多所学校校长,并使它们分别成为东京屈指可数的名校。牧口常三郎曾经因为拒绝接受"对地方有力人士的子弟给予特别待遇"的指示,遭到政治家的干预而被调遣,但他无论走到哪里都同样受到教师、学生和家长的仰慕。②

牧口常三郎认为教育最根本的目的不是为国家培养打仗的工具,而应该使所有的孩子都获得人生的幸福,即发掘每个人的潜能,使他自己能够打开通向

---

① 斎藤修啓.棚橋源太郎の手工科教育論の変容—東京教育博物館での学校教育への支援活動に注目して[J].愛知江南短期大学紀要,2010 (39):46-47.
② 仓贯势津子.日本现代教育家牧口常三郎的教育思想述评[D].西安:陕西师范大学,2006:1.

幸福的门扉，所以唤起个人创造人生价值的能力和热情，应当是每一个从事教育的人毕生所要担当的使命。为了完成自己的使命，牧口常三郎首先在教学方法上进行了大胆的探索，他强调教学必须要以学生为本，因为教育不是知识的硬性填充和灌输，而是要培养学生自己获取知识的能力，送给他们开启知识宝库的钥匙，所以必须重视学生的亲身参与和体验，让学校成为学生的摇篮而不是约束他们的囚笼。牧口常三郎呼吁改革日本当时的教育制度，反对僵化的、扼杀孩子天性的教育体制，要求建立有助于实现个人价值的教育制度和教学模式。针对当时日本国内许多儿童特别是女孩子，由于家庭贫困和教育制度之弊而被迫辍学的现实，他积极奔走，参与创建了专为小学毕业女童提供函授教育的组织——日本高等女学会和女艺讲习所。在牧口常三郎看来，让女童上学的目的并不是按照传统观念来培养"贤妻良母"，也不是仅仅让她们获得工作的机会，更重要的是让她们通过获得正确的知识和教养而实现个人的独立，为了让每一个孩子都能接受教育，获得实现人生价值的启迪和条件。[①]

牧口常三郎除了提出上述教育理论外，在日本新教育理论的发展以及日本新教育运动的推进方面最大的贡献还在于他提出的"创价教育论"。牧口常三郎长期从事教育行业，他将创造的信念贯穿于教育的始末，在其和谐的世界观、创造的人生观和"利、善、美"的价值观基础上，提出了以创造幸福人生为宗旨的创价教育思想，对日本近现代教育的发展产生了积极影响，成为日本新教育运动早期的代表性教育观点之一，是日本教育史乃至于世界教育史上的一朵奇葩，至今仍具有现实意义。[②]

所谓"创价"就是创造价值的简称。牧口常三郎认为人能创造价值，人生的价值也就在于创造价值。"创价"的目标就是要实现每一个人的幸福和社会的繁荣。"创价教育"就是"培养创造人生目的与价值的人才"的教育。"教育的目的就是要增进人格的价值，创价教育学的宗旨就在于阐明达成此种目的的适当手段。"[③] 牧口常三郎的"创价教育论"是以创造价值为中枢，将和谐的世界

[①] 仓贯势津子. 日本现代教育家牧口常三郎的教育思想述评 [D]. 西安：陕西师范大学，2006：2.

[②] 周洪宇，蔡幸福. 牧口常三郎的"创价教育"思想研究 [J]. 比较教育研究，2007 (6)：21.

[③] 牧口常三郎. 创价教育学体系：第一卷 [M]. 刘焜辉，译. 台北：正因文化事业有限公司，2004：33.

观、创造的人生观和"利、善、美"的价值观融合为一体，同时围绕创造幸福人生为宗旨的教育目的而展开的教育理论体系。其内容主要包括以下几个方面。

第一，"创价教育"的目的就在于要培养创造"利、善、美"的人。牧口常三郎认为创造是人区别于动物的一个根本特征，人的价值就在于创造。创造的目的就是为了获得价值，为了人的利益和促进社会的进步。"创价教育学"的目的就是最大限度地发挥人的内在特质、个性和创造力，发挥其日益增强的自立能力、价值创造能力，为人类的幸福、社会的繁荣和世界的和平做出贡献。①牧口常三郎强调幸福是人生最终的目的，只有创造"利、善、美"价值的人生才是幸福的人生，教育应该以人生幸福为最终目的。

第二，"创价教育"必须走近自然、走近生活、走进社会。牧口常三郎主张在生活中学习，到自然和社会中去学习，去培养人的创造力，认为很多人之所以有所作为、有所成就，主要源于他们与自然和社会的亲近。牧口常三郎指出：由自然环境、家庭环境和邻居或部落环境组成的、离孩子最近的地理群落，不仅应该成为孩子们学习的环境，而且也应该成为孩子们学习的全部课程。尽管我们并不否定书本知识和第二手材料在学习上的地位和重要性，但是我们必须认识到，让孩子们直接、主动地与自然界进行亲密接触，"是我们在制订教育计划时永远不能忽略的一个基本原则，也是一把挖掘和培养孩子内在巨大潜能的钥匙"②。牧口常三郎非常注重培养学生的社会性，认为要培养出栋梁之才，不能把学生关在学校里办教育，家长的支持是必不可少的。正是基于这一认识，他在担任白金寻常小学校长时，对家长协会的人员组织进行了改组，尽可能使更多的家长参与学校的教育。此外，他还创办了学校内部刊物——《白金》，以拓展学校与家庭的联系渠道。牧口常三郎还在总结实践的基础上提出了"生活学习化、学习生活化"的口号。③

第三，"创价教育"必须讲究自然自愿，切忌强迫。牧口常三郎认为学习不能强迫，必须讲究顺其自然，这样才可以为儿童打开创造之门。学习应是出自每位学习者因自身爱好和动机而滋长的好奇多问的探究心理。也就是说，学习

---

① 冉毅，曾建平. 关爱人性善待生命——池田大作思想研究 [M]. 长沙：湖南师范大学出版社，2003：141.
② 牧口常三郎. 人生地理学 [M]. 陈莉，译. 上海：复旦大学出版社，2004：11.
③ 冉毅，曾建平. 关爱人性善待生命——池田大作思想研究 [M]. 长沙：湖南师范大学出版社，2003：114.

应是一个诱导启发的过程，教育要重视每个儿童的情感和差异。"教育不单是以传授知识为目的，而是指导学习方法，不是单纯的知识灌输和反馈，而是通过自己的努力学会掌握知识的方法。"他还认为单纯机械的灌输主义或者毫无策略的"感化主义"都不可取。牧口常三郎的"创价教育"学说强调的主要教育方法是"启发主义和学习指导主义"。这些方法与知识的构成相比，更强调兴趣的唤起和思维方法的提升。牧口常三郎指出："创价教育"必须重视学生的亲身参与和体验，重视学生生活能力，尤其是创造能力的培养，要让学校成为学生创造的摇篮而不是约束他们的囚笼。①

第四，"创价教育"要坚持以人为本。"以人为本"既是牧口常三郎"创价教育"思想的本旨，也是其教育方法中的一个重要方面。所谓"以人为本"，就是把人当成教育的出发点，把培养人当成教育的最高目标。牧口常三郎主张把人当作教育和社会的主体来培养，而不是把人当作教育和社会被动的客体来塑造，认为创造教育的目的就是要充分肯定人的主体地位，崇尚人的个性与自由，着眼于人自身的生存和发展；始终关注每一个儿童的成长，始终关注每一个儿童的喜怒哀乐，始终把儿童们的幸福放在首位，这就是牧口常三郎"以人为本"的教育观。一切着眼于人，是牧口常三郎改革教育方法的原始动因。② 牧口常三郎从人的创造性出发，始终强调教育要以人为本、重视人的欲望。他认为："如果人的欲望被忽视，无论什么东西都只能被看作是没有价值的。"③ 牧口常三郎还强调要把学生当能创造价值的人看，他极力反对当时日本教育中无"人"的现象，反对为"大东亚圣战"而"灭己奉公""尽忠报国"，反对把学校变成兵营和精神训练所，反对将教育变为驱使青少年以血肉之躯充当侵略战争炮灰的工具。他曾怒斥扼杀孩子天性的僵化的教育体制，认为教育不能采取单纯机械的灌输，关键是要指导学生找到打开知识宝库的钥匙。牧口常三郎的教育重点始终在于随时随地关注开发每一个人创造价值的可能性。

第五，"创价教育"的出路在于实施半日学校制度。牧口常三郎认为教育要

---

① 周洪宇，蔡幸福. 牧口常三郎的"创价教育"思想研究 [J]. 比较教育研究，2007 (6): 22.

② 周洪宇，蔡幸福. 牧口常三郎的"创价教育"思想研究 [J]. 比较教育研究，2007 (6): 22.

③ 周洪宇，蔡幸福. 牧口常三郎的"创价教育"思想研究 [J]. 比较教育研究，2007 (6): 23.

走出困境，就必须实施半日学校制度。他指出：实施半日学校制度的根本要点在于弄清学习与生活的密切关系。实施半日学校制度不仅可以大大增进效率，达到"将效率提升到半日便习得一日之内容"的效果，还可以充分整合和利用现有的教育资源，盘活教育存量，减轻费用的负担。同时，还可以消除考试地狱，让多数涌至校门的学生能步入学校的殿堂。更为重要的是可以使生活与学习一体化，可以很好地培养学生勤劳的习惯，减少游手好闲的人出现。更有意义的是通过实施半日学校制度，可以很好地解决理论与实践脱节的问题，使学生更好地了解自然、了解社会，更好地学会处理人际关系，从而为将来步入社会后能更好地适应工作打好基础，进而发挥出更大的创造价值。①

（三）泽柳政太郎和成城小学的发展理念

泽柳政太郎1865年出生于长野县，1888年毕业于东京帝国大学并获得文学博士学位，后进入文部省就职。先后担任文部省书记官和文部大臣秘书，1898年出任文部省普通学务局局长，1906年出任文部省次官，泽柳政太郎在文部省就职期间参与了第三次《小学校令》的修订以及教科书国定化和义务教育年限延长等政策的制定和实施。1911年出任东北帝国大学第一任校长，力主推动女性进入帝国大学就学。1913年出任京都帝国大学校长，1914年由于"京大泽柳事件"而辞职。1916年出任帝国教育会会长（一直持续到1927年，连续任职11年），1917年创立私立成城小学，开始进行新教育实践活动，并将其发发展成为日本新教育运动的一面旗帜，在日本教育界拥有非常强悍的影响力，被后人称为"一代宗师，于内是国民教化的最高顾问，于外是日本教育的代表"。1922年参与创立国际教育协会。

泽柳政太郎是日本著名的教育家，其早期的教育主张主要通过1898年的《教育者的精神》和1907年的《实际教育学》得以彰显。后来他接受西方新教育思想的影响，开始在日本从事新教育实践活动，1917年创建私立成城小学，其新教育思想和新教育主张主要通过成城小学的办学实践来体现。

---

① 周洪宇，蔡幸福. 牧口常三郎的"创价教育"思想研究［J］. 比较教育研究，2007（6）：22－23.

1. 泽柳政太郎的教育学论

在《实际教育学》一书中，泽柳政太郎指出："20世纪初日本出版的几部教育学专家学者撰写的教育学专著，主要就教育的定义、教育的性质及教育的目的等进行了研究，虽各有特色，但论述还不够准确，均存在诸如教育目的不明确、教育现象严重脱离实际、教育问题避重就轻、教育体系不完善等问题，只能称作教育学的入门或序论等。"① 在教育目的方面，泽柳政太郎批评上述教育学著作中阐述的教育目的是固定的，是发展过程中的最终点，并指出"教育应该是发展变化的，应根据教育对象的成长过程分阶段地制定"②。中小学应该有各自的教育目的，而且每个阶段应该根据时间再进行细致划分。在教育现象方面，泽柳政太郎批评谷本富在《新教育学纲要》中频繁使用"新教育"一词。"所谓新教育只不过是谷本富教授在头脑中描绘的理想，不能作为当世的社会现象，像英国的阿博茨霍尔姆学校、法国的德莫林的罗什学校是教授所说的新教育，研究这种比较稀有的、少见的现象不能称之为教育学。真正的教育学应该研究作为当世社会现象的教育本身，即当下的种种教育状况。"③ 为此，泽柳政太郎并不强调新的实验学校，认为应该把目光放在眼前社会中存在的教育现象，以一种科学务实的态度，研究日本几百万的儿童青年，从中积累经验，寻求真正的教育，通过以事实为对象进行研究，既可以发现自然法则，又可以依据事实积累经验。在教育问题方面，泽柳政太郎批评上述教育学著作中论述的问题总是"避开与教育最直接、最相关的问题，如学校论、班级论、教师论与学生论等"④。指出学校作为实施教育的场所，在教育中发挥着非常重要的作用；班级作为教学单位与教育单位，在教育中发挥的作用是不可小视的；学校教育是教师与学生之间的一种活动，教师与学生在教育中发挥着极为主动的作用，教育原理与方法无论研究得有多么透彻，要是没有合适的人选作为教师，这些原理与方法毫无意义；学生作为教育主体，其正处于精神发展最快的时期，如果不从心理学角度对其进行研究，就不会了解学生的性情，就不可能对学生进行适当指导，不会收到良好的教育效果。

泽柳政太郎从教育学与实际教育角度，严厉批判以往的教育学多数是从哲

---

① 沢柳政太郎. 実際的教育学 [M]. 東京：明治図書出版，1962：2.
② 沢柳政太郎. 実際的教育学 [M]. 東京：明治図書出版，1962：89.
③ 沢柳政太郎. 沢柳全集：第一卷 [M]. 東京：沢柳全集刊行会，1925：287.
④ 沢柳政太郎. 実際的教育学 [M]. 東京：明治図書出版，1962：33.

学的角度加以论述，其出发点存在错误，并指出随着历史的进步，教育学应提倡科学的和实证的研究。为此，泽柳政太郎提出"教育应该以教育的实际为研究对象进行研究，教育学应该是'记载科学'"①的"实际教育学"观点，即教育学作为纯粹的学问，应以探究教育真理为目的；作为应用于实际的学问，应以指导实践家为目的。他在教育学前面加上"实际"这一词，用以区别以往的教育学，不是指应用于实践的教育学，也不是相对于理论的"实际"。总之"实际教育学"就是指教育的事实，依据教育事实进行研究的"教育学"。

2. 泽柳政太郎的学校论

泽柳政太郎在《实际教育学》一书中，从学校的性质、种类、设备、大小等几方面对学校进行了研究。在学校的性质方面，指出学校是"团体教育，是教授学生生活中必要的基础知识与基本技能的场所"②。并与家庭教育对比，指出："学校虽然不利于个人特性的培养，但是它有利于培养学生的共同精神，共同精神在人类活动中是最重要的。"③ 如果在家庭中仅仅就儿童个人实施适合其特性的教育，虽然较为理想，但在共同精神的培养方面却无法达到目的，虽说在家庭中可以培养与父母、兄弟、姐妹之间的共同精神，但比起在广泛的社会中培养的与他人的共同精神，相差甚远。提出"许多学生在同一所学校或同一班级跟随同一位教师接受几乎同样的教育，可以培养社会中的多种情感及习惯，学校生活本身就是一种训练，如同链条连接着家庭与社会，在学校里傲慢的性格会被同学排斥，进而得到矫正；怠慢的学生如果受到他人的鼓舞或通过竞争使头脑变得灵敏；胆怯及害羞的心理会在他人的鼓舞下重拾勇气及信心"④。在学校的种类方面，在原有的小学、中学、高中、高级女子师范学校分类的基础上，泽柳政太郎指出："补习学校在教育上占有很重要的位置，应该作为学校的种类加以重视。"⑤ 同时，基于教育对象和教育目的的不同，泽柳政太郎指出："中学与高级女子中学应该属于不同的种类。"⑥ 在学校的设备方面，泽柳政太郎批评以往学校"只注重基础设施建设，忽视了从教育效果去考虑设备。学校

---

① 沢柳政太郎. 実際的教育学［M］. 東京：明治図書出版，1962：68.
② 沢柳政太郎. 実際的教育学［M］. 東京：明治図書出版，1962：158.
③ 沢柳政太郎. 実際的教育学［M］. 東京：明治図書出版，1962：159.
④ 沢柳政太郎. 実際的教育学［M］. 東京：明治図書出版，1962：160.
⑤ 沢柳政太郎. 実際的教育学［M］. 東京：明治図書出版，1962：168.
⑥ 沢柳政太郎. 実際的教育学［M］. 東京：明治図書出版，1962：170.

环境的好坏、运动场的大小、图书的多少等也应该加以考虑"①。

3. 泽柳政太郎的教师论

泽柳政太郎在《实际教育学》一书中，从教师的资格、任务、培养三个方面对教师问题进行了论述。在教师的资格方面，他指出："教师的资格不能简单理解为懂得所教授的学科知识，精通教育学原理及教育方法。要结合学校种类的不同，对教师提出不同的资格要求。"② 在教师的任务方面，他就日本小学教师都是担任所有科目的教学这一问题，指出："一位教师担任一个科目，或担任某个科目一部分的教学任务。"③ 学校应该尽最大努力减轻教师工作量，使教师有更多精力投入教学研究中。在教师的培养方面，日本小学教师是通过师范学校培养的，中学教师是通过高等师范学校培养的，针对教师的培养机构，他指出："培养具有教师资格的教师，不一定要花费巨资特设师范学校，可以在相应的上级学校开设师范类的课程培养教师，如小学教师在中学培养，中学教师在大学培养，毕业后参加教师资格考试，考试合格后可以成为教师，这样可以广开门路，从众多的人才中选拔优秀的教师，更有利于教师的培养。"④ 关于教师的资格，泽柳政太郎在《教育者的精神》一书中做了进一步解释："教师要有学识，一定要对哲学有所了解，所学知识也要与时俱进；教师要研究教育目的，要把它与学生的人生目的相结合进行研究；教师要有道义，通过自身的道德修养培养学生公正、刚毅、忍耐、宽恕、信义、忠君爱国的精神；教师最宝贵的资格就是忠诚且热衷于教育事业，这也是教师最宝贵的精神。"⑤ 在《教师及校长论》的总论中论述了"教师要教育学生；教育通过教师影响学生；教师是教育的灵魂；学生是教育的目的；教育是为了学生不是为了老师；教育通过教师来实现，可以说教师就是教育；教育通常在学校进行，可以说教师就是学校"⑥，还阐述了教师在教育中的重要性。针对师生之间的关系问题，指出教师的教学方法老套、常识知识匮乏、人格魅力不足等均会影响师生关系，并对教师的生活、修养、学识三方面提出了一定的要求。泽柳政太郎在《教师及校长

---

① 沢柳政太郎. 実際の教育学 [M]. 東京：明治図書出版，1962：172.
② 沢柳政太郎. 実際の教育学 [M]. 東京：明治図書出版，1962：199.
③ 沢柳政太郎. 実際の教育学 [M]. 東京：明治図書出版，1962：202 – 203.
④ 沢柳政太郎. 実際の教育学 [M]. 東京：明治図書出版，1962：209.
⑤ 沢柳政太郎. 沢柳全集：第四卷 [M]. 東京：沢柳全集刊行会，1925：206 – 207.
⑥ 沢柳政太郎. 沢柳全集：第二卷 [M]. 東京：沢柳全集刊行会，1925：5.

论》的总论中也论述了"校长是教师的领导；校长是船长；校长是学校活动的中心；校长是教育的灵魂；校长的工作非常棘手"①，阐述了校长在教育中的重要性，并对校长的人格、学识、见识、任务、地位、修养、学生和教师的关系等方面提出了具体的、严格的要求。

4. 泽柳政太郎的班级论

泽柳政太郎在《实际教育学》一书中，从班级的性质、组织、种类、人数几方面论述了自己独到的见解。在班级的性质方面，他指出："班级是教学单位与教养单位。"② 班级不仅是为了教学而存在，也是出于教养而采取的编制单位。关于班级的组织与种类，他指出以往的教育学者比较关注"合班授课班级""特别班级""补助班级"等这些特殊的班级编制研究，他认为"通常情况下的班级编制研究更有必要"③。普通的班级编制大致分为单式与复式两种，并从班级的性质出发，指出"将思想感情发育程度不同的人组织到一个班级对学生教养的培养反而更有利"④。复式班级作为教学单位，虽然有些不合理，但作为教养单位是合理的。至于单式编制与复式编制哪一个更有利的问题，泽柳政太郎指出"这两种编制，包括合班编制等特殊编制的产生都是实践教学中尝试的做法，各有利弊，要根据现实加以选择"⑤。针对班级人数问题，泽柳政太郎认为班级的教育单位，在分班时不能完全忽略儿童的个性，"应该从教育学原理或实际情况来确定班级的人数"⑥。在考虑到男女性格与年龄不同等因素之外，"应该根据普通教师能区分出每个儿童的特性来作为制定班级人数的原则"⑦。

5. 泽柳政太郎的学生论

泽柳政太郎在《实际教育学》中，围绕小学生与中学生展开了论述。针对以往教育学中对小学生发展阶段的研究，他提出："应该在教学与训育过程中多注意观察小学生，将多年的观察进行比较研究得出的结果更为可信。"⑧ 在对中学生的研究论述中，他指出："因为中学生正处于身心发展的最快时期，也是其

---

① 沢柳政太郎. 沢柳全集：第二卷［M］. 東京：沢柳全集刊行会，1925：146-152.
② 沢柳政太郎. 実際的教育学［M］. 東京：明治図書出版，1962：187.
③ 沢柳政太郎. 実際的教育学［M］. 東京：明治図書出版，1962：189.
④ 沢柳政太郎. 実際的教育学［M］. 東京：明治図書出版，1962：190.
⑤ 沢柳政太郎. 実際的教育学［M］. 東京：明治図書出版，1962：190.
⑥ 沢柳政太郎. 実際的教育学［M］. 東京：明治図書出版，1962：195.
⑦ 沢柳政太郎. 実際的教育学［M］. 東京：明治図書出版，1962：196.
⑧ 沢柳政太郎. 実際的教育学［M］. 東京：明治図書出版，1962：218.

发展的多变时期，所以中学生的研究相比小学生更为重要。"① 在研究中学生时，教师应该"侧重心理方面的研究，必须要清楚知道中学生的心理动向，懂得他们的性情"②。《实际教育学》是站在教育者的角度写给教师的，而《学修法》一书是站在受教育者的角度写给学生的。《学修法》一书中，泽柳政太郎指出："学修法的第一个原则是学生要自发的勤奋。"③ 知识的获得与掌握均需要学生在自发的、有意识的态度下去完成，学生时代是学习与掌握知识的重要时期，并从刻苦勤奋、热情认真、注意力集中、思考、读书、观察几方面对学生提出了要求。

6. 泽柳政太郎的读书论

泽柳政太郎在《读书法》中论述了"只要遵守读书法则，读书会给你带来七大好处：活跃思维、有效利用时间、增进知识、开发能力、提高记忆力、明确思想和正确选择书籍"④。在读书论中，泽柳政太郎特别强调集中注意力，将其称作"读书法的核心"，并就如何集中注意力，提出了六点要求："读书要有目的，读书时应该将自己想要学的知识点记录下来，阅读与自己从事的业务有直接关系的书籍，确定专心攻读的书籍并且不要随意更换，应该排列好自己要读的书籍，读书时要切记获取知识为最终利益。"⑤ 基于此六点要求，学生可以养成读书的习惯并对书籍产生兴趣，培养自主学习的能力。泽柳政太郎还介绍了摘抄法与分解法这两种读书方法。"摘抄法就是读书时或读完书后摘抄书籍中的要点；分解法就是为使书籍的内容与结构一目了然，将要点以条目形式展现出来。"⑥ 并指出这两者方法可以引发思考，有助于记忆，弄清书籍大意，便于日后参考。泽柳政太郎在《学修法》中指出"学生时期是学生掌握学习知识的关键时期，学生必须倾其全力学习功课，但学习之余也应该广泛阅读书籍，使读书成为一种习惯"，强调了学生时代是养成读书习惯的关键期。"只有在学校养成读书习惯，毕业后方能继续通过读书提高学识与修养。"⑦ 强调了读书是人一生中学习知识的重要手段。同时，也提到了书籍选择的重要性，批评了"漫

---

① 沢柳政太郎. 実際的教育学［M］. 東京：明治図書出版，1962：220.
② 沢柳政太郎. 実際的教育学［M］. 東京：明治図書出版，1962：222.
③ 沢柳政太郎. 沢柳全集：第四卷［M］. 東京：沢柳全集刊行会，1925：702.
④ 沢柳政太郎. 沢柳全集：第四卷［M］. 東京：沢柳全集刊行会，1925：654.
⑤ 沢柳政太郎. 沢柳全集：第四卷［M］. 東京：沢柳全集刊行会，1925：664－665.
⑥ 沢柳政太郎. 沢柳全集：第四卷［M］. 東京：沢柳全集刊行会，1925：674.
⑦ 沢柳政太郎. 沢柳全集：第四卷［M］. 東京：沢柳全集刊行会，1925：720.

无目的的读书,只贪图读书数量"的做法,这与《读书法》中提到的"有效率读书"是相通的。最后,强调"读书在获取知识的同时,必须多加思考"的读书态度,批评了"只单纯记忆书中的知识,没有对其认真思考"① 的做法。《教育学批判》一书中,泽柳政太郎指出日本国民没有形成读书习惯的原因是"没有普及作为读书场所的图书馆;没有值得阅读的优秀读物;不了解如何从读书中获取最大利益的读书法"②。并提出了图书馆是培养国民读书习惯的重要场所,应该受到国家的重视。泽柳政太郎先后发表《图书馆的教育任务》《教育效率提高的方案》《社会教育机构的充实》及《关于图书馆的发展》四篇文章中论述了"图书馆作为教育机构的作用,培养图书馆在学校教育中的利用能力,从学校的教育效率看图书馆利用的意义,公共图书馆作为社会教育机构有必要提高质量与充实数量"③。指出了图书馆作为连接学校教育与社会教育的教育设施而存在,图书馆的创建关系到日本整体国民的素质,意义非常重大。

7. 泽柳政太郎的教育论

在赫尔巴特学派将教育分为教学、训育、养护三方面的基础上,泽柳政太郎在《实际教育学》一书中又将教学论改为"知识技能教育",训育论改为"品德教育",养护论改为"身体教育",并进行了阐述。"知识技能教育"论述中,首先,从教学实际任务与形式任务出发将教学分为两类:依据学校的种类、教育的年限、受教育者的年龄等决定所教授知识技能的教学,与在传授知识过程中,以发展学生智力为目的教授知识技能的教学。指出"日本教育是小学过于重视形式任务,中学过于重视实际任务",并提出"教授这些知识的方法比起教授的知识更为重要"④。其次,指出"日本当前中小学设置的课程,不是依据教育学者的研究成果而得出的,而主要是参考欧美学校的课程制定的,不符合日本的实际,毫无参考价值"⑤。最后,泽柳政太郎就教学效果进行了阐述。他认为教育是进步的,进步要经过多个阶段来表现,每个阶段呈现出一定的教学效果,并将各阶段大致划分为学期与学年,又详细地通过不同的考试种类、考

---

① 沢柳政太郎. 沢柳全集:第四卷[M]. 東京:沢柳全集刊行会,1925:721.
② 山田泰司,渡辺雄一. 沢柳政太郎と図書館教育[C]. 京都:仏教大学教育学部,2007:96.
③ 山田泰司,渡辺雄一. 沢柳政太郎と図書館教育[C]. 京都:仏教大学教育学部,2007:98.
④ 沢柳政太郎. 実際的教育学[M]. 東京:明治図書出版,1962:239.
⑤ 沢柳政太郎. 実際的教育学[M]. 東京:明治図書出版,1962:241.

试方法、升级标准、不及格标准、毕业标准来测定每个阶段的教学效果。"品德教育"论述中,指出教学是最有效、最重要的德育方法。首先,论述教学与德育的关系,指出"任何一种学科,在五十分钟或四十五分钟的教学过程中,多多少少都在进行着各种习惯与道德的培养"①。其次,论述德育与各门课程教学的关系,修身课主要培养学生的道德情操及讲授道德知识,与德育的关系最为密切;历史课不仅以讲授历史事实为目的,而是兼有了解国体概要与培养国民品德的双重目的,对德育起到潜移默化的作用;国语课不是作为一门纯粹的教授语言文字的课程,而是一门以教授语言文字为主,培养语言表达能力及文学阅读兴趣,培养人的美的教育与情感教育,利于品德修养的课程,对德育起到熏染陶冶的作用;理科课是一门教授自然科学知识,培养尊重真理与正直品德的课程,对德育起到润物无声的作用;手工课、唱歌课、体操课等课程与德育的关系也很密切。最后,指出以往教育学中将教学与德育割裂开来的做法是不科学的,借助于教学的力量达到德育的目的是可行的。"身体教育"的论述中,指出以往的教育学过于重视知识的力量,身体教育所占比重较轻,体育教育应该受到重视,通过身体教育促进学生身体发育及健康成长,以达到强身健骨,充分发挥身体机能的目的。

　　泽柳政太郎的教育思想为成城小学的创建提供了坚实的理论基础,在成城小学的办学实践中发挥了重要的指导作用。教育学论中基于对以往教育学的批判,提出了以"教育事实"为对象的"实际教育学",并指出"实际教育学"的理论意义在于探究真理,现实意义在于指导教育实践,这一理论为成城小学的创建提供了最基本的指导意义,也是泽柳先生创建成城小学最根本的动力;学校论中提出的学校作为团体教育的性质及从教育效果考虑学校设备的观点,为成城小学学生共同精神的培养,图书馆、学校剧场、实验室的建设,影像设备的采购等方面起到了一定的指导作用;教师论中教师资格的论述成为成城小学招聘教师的准则,确保了优秀的教师队伍,并指出教师应该承担一门课程,在教学之余从事教学研究,这一教师任务的提出为成城小学教师从事教学与研究提供了理论指导意义,并为成城小学取得大量的教育研究成果提供了保障;班级论中的有关班级编制问题及班级人数的确定问题为成城小学灵活的班级编制及小班30人数的确定起到了重要的参考作用;学生论中提出的观察学生生理

---

　　① 沢柳政太郎. 実際の教育学 [M]. 東京:明治図書出版,1962:249.

<<< 第一章　日本新教育运动的兴起（1912年—1920年）

与心理变化相比原有的理论更为可靠，为成城小学班级管理中的养护、教学与训练三方面提供了重要依据。此外，从学生的角度提出的学生应该如何学习、养成自主的学习意识及能力这一问题，为成城小学自学自律的办学理念及自主学习模式的创建提供了借鉴作用；读书论中提出读书的重要性、读书的方法及读书场所图书馆的创建，为成城小学"听书课"与"说书课"的开设、图书室与图书馆的创建起到了重要的指导作用；教育论中提出的"知识技能教育""品德教育""身体教育"三种教育分类及其在教学中的具体做法，为成城小学的教学改革与课程设置提供了理论指导。

（四）木下竹次和合科式学习法

木下竹次是日本近现代著名教育家。1872年出生于福井县大野郡胜山町，福井县寻常师范学校毕业后，成为福井县县级教育训导。1894年4月进入东京高等师范学校文科学部跟随谷本富主修教育学。1898年3月，东京高等师范学校毕业后，相继成为奈良县师范学校、富山县师范学校、鹿儿岛县师范学校教谕。在鹿儿岛县师范学校就职期间，小原国芳在此求学。1910年鹿儿岛县师范学校分为男女两个师范学校，木下竹次成为鹿儿岛县女子师范学校首任校长，同时兼任鹿儿岛县立第二高等女学校校长。1917年转任京都府女子师范学校校长，1919年3月应奈良女子师范学校校长野尻精一邀请，就任奈良女子高等师范学校教授，同时兼任附属高等女学校和附属小学校的校长。一直到1940年，68岁的木下竹次辞去行政职务，一心致力于教育教学活动。[①]

木下竹次担任奈良女子高等师范学校附属小学校长期间，倡导并实践推广"合科式学习法"，成为日本新教育运动早期代表性的教育主张。所谓的"合科学习"就是指在根据儿童的兴趣与生活设定学习材料而展开的学习活动中，整合若干学科内容进行教学的方法。木下竹次主张的学习理论以自律学习、生活学习、合科学习为其特色，在他看来，所谓"学习"就是"学习者从生活出发，基于生活，而又提升生活"，学习的目的就是自我生活的发展与提升。[②]

木下竹次重视拥有多样性的学力和兴趣，重视学生生活集体的教育意义，因此，学习过程被视为借助儿童之间的互补而展开共同学习的过程。从这一点出发，"合科学习"主张以"生活单位"作为学习的题材，创造使儿童自律地

---

① 久保义三. 现代教育史事典［M］. 东京：东京书籍，2001：492.
② 钟启泉. "合科学习"与"分团式动态教育法"［J］. 基础教育课程，2016（12）：87.

进行学习的学习组织：大合科——以生活单位为学习题材展开学习；中合科——界定文科、理科、技术的领域，选定生活单位加以系统组织；小合科——在传统的学科领域中选定生活单位，加以系统组织。①

可以说，木下竹次的理论与实践把儿童从整齐划一的学校教育中解放了出来，激发了儿童的学习积极性，取得了一定的效果。但是，从生活中选取题材与教材的行为超越了学科的框架，违背了当时国定教育内容的法规，所以受到文部省的批判与干涉，木下竹次倡导的"合科式学习法"并没有得到充分的发展。

（五）及川平治和分团式动态教育法

及川平治是日本战前著名教育家，日本新教育运动的代表人物。1875 年出生于宫城县，1897 年毕业于宫城县寻常师范学校，1905 年通过文部省中等教员资格考试，1907 年就任兵库县明石女子师范学校教谕，同时兼任附属小学校长。及川平治担任明石女子师范学校附属小学校长期间倡导的"分团式动态教育法"成为日本新教育运动早期的代表性理论，1912 年和 1915 年相继出版著作《分团式动态教育法》《分团式各科动态教育法》，受到当时新教育学者的广泛推崇。②后及川平治在此基础上将该理论进一步发展，在 1921 年的"八大主张讲演会上"提出"动的教育论"成为日本新教育运动高潮时期的代表性教育理论（"动的教育论"后文会有详细论述）。

及川平治一直致力于打破教师中心主义的整齐划一式教学模式，重视儿童个性和自发性的儿童中心主义教育模式的实现。他批判以国定教科书为前提的课程改革潮流，倡导尊重儿童生活经验的"儿童本位的教育"。及川平治认为教育应该激发儿童的学习意欲、学习动机，实际地通过"做"来学习有生活价值的东西。他还认为教育的根本就在于重视儿童的生活经验与直接经验，把中心置于儿童自身的判断与自主性、自律性上，就能使儿童自身掌握建构题材的能力。这种教育不是整齐划一的"静态教育"，而是"动态教育"。在寻求多样性、个别性的动态教育中适应多样性和个别性，将集体分团，展开分团式教育。但是这种超越了国定课程与教科书框架的改革倡导同样受到政府的干涉与

---

① 钟启泉."合科学习"与"分团式动态教育法"[J].基础教育课程，2016（12）：87.
② 久保義三.現代教育史事典[M].東京：東京書籍，2001：484.

镇压。①

第三节　日本新教育学校的实践推广

　　由于日本新教育理论的不断成熟和早期新学校实践经验积累不断丰富，再加上当时日本的政治、经济等社会环境为新教育运动提供了较为宽松的发展空间，使得这一时期日本参与新教育实践的学校数量大大增加，并且新教育学校的地域范围也由东京、神奈川地区开始向全国不断扩大，日本新教育运动的实践学校呈现出不断推广的趋势。日本新教育运动期间参与实践的学校类型和参与程度都呈现出多样化的态势。从参与实践的学校类型看，既有公立小学和（高等）师范学校附属小学②，也有私立小学，其中公立小学和（高等）师范学校附属小学基本上属于原有学校按照新教育的思想和理念进行新教育模式的改革，私立小学则属于新教育实践家按照新教育学校的模式新创立的小学校。从新教育实践学校参与的程度看，一般公立小学和（高等）师范学校附属小学既有在全校范围进行新教育模式改革的学校，也有设置部分特别学级进行新教育模式的改革，私立小学则全部属于全校范围内进行新教育模式发展的学校。

　　据相关资料数据显示，从1912年到1920年间，日本共有16所学校③进行了全校性的新教育实践④，分布在13个府县⑤，各校在崇尚自由和民主的日本新教育运动总方针的指引下实践了新教育运动的理念。

一、一般公立小学的新教育改革

　　一般公立小学拥有原来学校发展的基础，同时还有教育主管部门的支持，

---

① 钟启泉."合科学习"与"分团式动态教育法"[J]. 基础教育课程，2016（12）：87.
② 高等师范附属小学从学校性质上看，属于公立小学的范围。由于在新教育运动期间，参与实践的高等师范学校附属小学数量比较多，所以为了更能说明当时新教育运动开展的现实状况，本书将高等师范学校附属小学与一般公立小学分开论述。第二章第三节"日本新教育学校的空前繁荣"，在论述日本新教育运动高潮时期新学校实践状况时，采用了相同的分类依据和分类方式，将高等师范附属小学和一般公立小学分开论述。
③ 具体学校状况见附表2。
④ 不包括设置特别学级或仅就个别学科的教学采用新教育模式进行改革的学校。
⑤ 当时日本全国共有47个府县一级的行政单位（3府1道43县）。

师资力量和经济实力都拥有比较优越的条件，再加上与欧美教育领域接触的机会相对较多，所以在新教育学者的倡导下进行新教育改革的动力较大。这一时期，开始进行新教育改革实践的一般公立小学有福井县的三国寻常高等小学、冈山县的仓敷寻常高等小学、奈良县的田原本寻常高等小学、德岛县的三好高等女学校、大分县的别府南寻常高等小学、岩手县的大迫寻常高等小学和北海道的荻伏寻常高等小学等，这些学校大多秉承着"自学自习、自律自治、自主学习、自由研究"和"尊重个性、男女共学"的新教育方针。

（一）福井县三国寻常高等小学的改革实践

福井县推行新教育改革实践比较典型的学校有福井县三国寻常高等小学和福井县师范学校附属小学，前者实践较早，并且引领和影响了后者的改革实践。福井县三国寻常高等小学的新教育改革实践主要得益于其校长三好得惠（1919年—1933年在职）的倡导。

三好得惠是日本近代教育史上，尤其是新教育运动中比较著名的代表人物，他引领了新教育运动在福井县的发展。三好得惠1880年出生于福井县今立郡，5岁时被寄养到寺院，1889年进入福井县师范学校学习，1893年毕业后先后担任四浦寻常高等小学训导（5年）、福井县师范学校训导（3年）、奈良女子高等师范学校训导（9年），1919年就任福井县三国寻常高等小学校长。三好得惠特殊的人生履历，致使他的教育思想既体现了净土真宗的思想又能寻到新教育的思想和理念，他应该是在二者的有机结合下，并联系自己的教育教学实践提出了独特的教育方针。三好得惠提倡"自发教育"，他的教育理念与后来传入日本的道尔顿制较为相似，但是在道尔顿制传入之前就已经发表了著作《自发教育方案及其实践》，所以当道尔顿制传入日本后，三好得惠的教育理念更加受到日本新教育学者的关注。

三好得惠就任三国寻常高等小学校长后，即开始着手推动新教育改革的实践活动。成立教材研究会和教授法研究会，在5年之内分别举办过40次和20次专题研讨会，要求全体教师从教学实际出发，坚持学生本位的原则，研究教材的编纂和教育教学方法的改革。三好得惠在三国寻常高等小学推行的新教育改革实践活动秉承"预习、解答、练习、实践、合作"的方针，提倡"学习题材自由、学习方法自由、学习材料自由"的原则，给学生以最大的自由空间；教师的主要任务是引导学生进行自发自主学习，最后通过适当的方式进行学习效果的检验。在实践的过程中，学校为寻常科三年级以上的学生设置了各种科目的学习室和实验室，并在教学计划中设置了每天一个小时的"自主学习"时间，让学生们根据自己的学习计划和学习目的在学习室或者实验室里进行自主学习，遇到难以理解或者多方努力仍无法解释的问题，汇总之后再寻求教师的帮助。同时，学校还安排专门的教师就每个年级每天自主学习状况的开展情况进行记录，以便及时总结经验和教训，为以后新教育改革的实践活动奠定基础。

(二) 冈山县仓敷寻常高等小学的改革实践

仓敷寻常高等小学的新教育改革实践活动肇始于斋藤诸平担任校长期间。斋藤诸平出生于冈山县冈山市，1911年担任奈良女子高等师范学校附属小学训导，1915年离开该校后陆续担任冈山县玉岛寻常高等小学和冈山县仓敷寻常高等小学校长，长期致力于"分团式教学法"的研究和实践活动。

斋藤诸平倡导的"分团教学法"是在及川平治的"分团式教学法"的影响下，结合自己的实践经验提出的，虽然二者倡导的教学方式名称相同，但是具体操作过程存在明显的差异。及川平治的"分团式教学法"最直接的理解就是为了提升教学效果，尽量缩小学习班级的容量，使得老师能够在有限的时间内指导班内所有学生，有点儿"雨露均沾"的含义，在分组的时候并没有过多考虑每位同学的能力方面的差异，仅考虑了学习单位的人数。而斋藤诸平倡导的"分团教学法"虽然也呼吁减少学习单位的人数，但是他在分组的时候充分考虑了每位同学具体的能力和水平，根据学生的平时表现出来的能力和水平，将学生分为"优等组""中等组"和"劣等组"，然后再根据每组不同的具体情况进行具体的教学实践。

另外，在仓敷小学的新教育改革实践中，斋藤诸平除了倡导"分团教学法"外，还提倡"独自学习"和"协同学习"相结合的方式。这里的"协同学习"来源于奈良女子高等师范学校附属小学的"相互学习"方式，由于奈良女子高等师范学校附属小学每个学习小组的学生能力和水平参差不齐，各有所长，所以每个小组成员之间是"相互学习"的关系，但是仓敷寻常高等小学每个学习小组的学生能力水平相当，彼此之间可以相互支持、协同学习。

斋藤诸平担任仓敷寻常高等小学校长期间，还曾经跟随政府的教育考察团，两度出访美国加利福尼亚州立师范学校，学习了该校的"自由进度学习法"，并将其引入到仓敷寻常高等小学。在学校三年级选择了一个班进行"自由进度学习法"的实验，但经过半年的实验后，发现学习效果并不明显，所以斋藤诸平断然终止了这种引自于美国加利福尼亚州立师范学校的学习方法，继续推行经过实践检验的"分团教学法"。①

（三）德岛县三好高等女学校的改革实践

三好高等女学校的新教育实践活动与其他公立学校不同，该校不属于改革实践的学校，而是新教育运动时期根据新教育思想和新教育理念新创立的公立学校。该校位于德岛县三好郡，其校址原为创立于1899年的三好农学校旧址，该校址由于1914年农学校停办而处于荒废状态。1917年，经过前期调研和对实地校址的考察，当地教育主管部门决定利用原来农学校的校舍和相关实验田地创立以农业教育为特色的女子实业学校，并邀请对农业教育有一定研究基础的香川县教育视学高津半造担任首任校长。

该校在创立之初的教育目的在于对该地区农村民众教育的普及和相关农业农村生活技能的培养。实行相对自由的教育方针，强调学习内容的自由和上课时间的自由以及学习方式的自由。学校规定修业年限为四年，包括一年的补习科，用于基础性知识技能的补充，还有三年的专业科修业时间。关于学校的教学实践，校长高津半造结合新教育运动的历史潮流，强调实用主义教育，提出了该校办学的"八大主张"。

在办学目的方面，强调既要培养学生为人母、为人妻的基本知识和生活技能，还要引导学生养成具有勤劳朴实和稳健妇德的意识。

在教学科目方面，除了开设与普通高等女学校相同的修身、国语、数学等基础性课程外，还包括裁缝、手工、家务、实业等与实际生产生活实际相关联的实用性科目。其中修身科没有规定教科书，由任课教师根据文部省的基本要求自编讲义开展教学；国语科第一年的教科书使用普通高等女学校第二年的教科书，其余年级类推，增加日语语法课程，在第四学年再增加汉文课程；数学科开设算数、几何和珠算课程；家事科第一学年教授家务和手工课程，第二学年和第三学年使用普通高等女学校第三学年第四学年的教科书，并在第四学年增加了护理方面的课程；裁缝科主要教授普通裁缝和刺绣课程；实业科主要以农业教育为主，讲授园艺、蔬菜、果树的栽培技术等。

在教师的选任方面，将教师的德行考察放在第一位，要求教师必须具备高尚的人格和必需的品德，入职之初必须通过学校准备的种种考核，才能正式入

---

① 橋本美保. 大正新教育文献資料集成（第四卷）日本の新学校2 [M]. 東京：日本図書センター，2016：367-388.

职。除此之外，还要具备中等教育师资资格证书和相关的专业知识技能。

在重视实科教育方面，除了上述的本校农业特色实业科目外，还在高年级阶段开设烹饪、西洋裁缝、和服缝制、子女护理、老人看护、医学急救等方面的课程供学生选修。

在重视图书馆建设方面，依靠当地教育主管部门的大力支持和校长高津半造个人的影响力，该校图书馆基本上配备齐全了与日常教学科学相关的全部书籍和材料，供学生自学自修之用。

在教育教学方法方面，该校倡导直观教学法，通过实物的观摩和实际操作方法的演练，让学生能够扎实地掌握相关实用技能。

在实习场地的充实方面，由于学校的前身为三好农学校，拥有大量的实验农场，该校的办学特色也是以农业教育为主，所以基本上全部继承了原有的实习农场。另外，学校还配备了手工裁缝实习场、机械裁缝实习场、理科实习场、烹饪洗涤实习场、园艺实习场等开展实科教育必备的实习场地。

在毕业生的指导监督方面，学校对毕业生的指导监督是其完成教学目的的最后一个环节，要求学生必须要具备相关的技能和必备的德行。为了使学生的技能能够符合时代的需要，还通过同学会组织、妇女讲座等形式为本校毕业生免费开放毕业后的技能培训。①

二、（高等）师范学校附属小学的新教育改革

（高等）师范学校附属小学除了拥有一般公立学校推行新教育改革具备的便利条件外，还拥有"母体"师范学校作为后援单位，在新教育理念的透彻研究、教育教学方法的创新等方面都具有其他学校无法比拟的便利条件。这一时期投入到新教育改革实践的（高等）师范附属小学非常之多，比较有代表性的有奈良女子高等师范学校附属小学、千叶师范学校附属小学、长野师范学校附属小学、富山师范学校附属小学、冈崎师范学校附属小学等，还有爱媛师范学校附属小学、冈山师范学校附属小学、香川师范学校附属小学等通过设置特别学级进行新教育改革实践的学校。这些学校在改革实践的过程中大多体现了"自治、自修、合作共赢"和"生活学校化、学校社会化"的教育方针。

---

① 橋本美保．大正新教育文献資料集成（第四卷）日本の新学校2［M］．東京：日本図書センター，2016：316-331.

（一）长野师范学校附属小学的改革实践

长野师范学校附属小学的新教育改革实践活动，肇始于1917年，当时日本新教育的理论研究还处于发展阶段，尚未形成比较成熟的理论体系，新教育实践活动与理论研究活动相比要更加滞后一些，所以该校的新教育改革实践活动也应该属于初始探索阶段。可以说，该校的新教育改革实践活动开创了日本中部地区新教育改革实践活动的先河。

长野师范学校附属小学的新教育改革实践活动得益于当时的校长杉崎暮，他早年留学欧洲，较早接触过欧洲新教育运动的相关理论和实践活动，回国后担任该校校长，为了实现自己的教育理想和教育抱负，开始召集一部分有改革倾向的教师进行新教育改革实践活动的探索。杉崎暮提倡尊重学生的个性发展，学校的一切工作开展应该以此为基础，并且学校工作内容和工作形式要根据学生个性发展的需要进行必要的调整和修订。他还提倡学校要给学生留出充足的时间和空间供学生自主学习之用，根据学生的年龄特征和能力特征进行分级分班教学，引导学生自主地进行研究性学习。教师的主要任务是引导学生发现生活或学习中的问题，并指导学生开展必要的研究性学习，通过学习室或者实验室的相关参考书和相关器具的使用，自己寻求解决问题的途径或者解释某种问题的原因。这种研究性学习对教师的要求较高，要求教师根据不同年级学生的身体状况、能力状况引导学生发现该阶段应该涉及的问题，并且还要对该问题做好充足的准备，以便能够解答学生随时发现的各种新问题。所以，杉崎暮召集到他身边的教师都是和他有着共同理想和目标的志同道合之人，该校的新教育实践活动也在众人的共同努力中不断成熟，最终形成了日本新教育运动时期有代表性的"研究性学习法"。①

（二）奈良女子高等师范学校附属小学的改革实践

奈良女子高等师范学校附属小学的新教育改革实践活动肇始于1919年3月木下竹次应奈良女子师范学校校长野尻精一邀请就任奈良女子高等师范学校教授，同时兼任附属高等女学校和附属小学校的校长之时。木下竹次自担任该校校长之后直到1940年68岁时辞去行政职务，一直致力于新教育相关理论的研究工作，并持续在该校实践他的新教育理念。应该说奈良女子高等师范学校附

---

① 橋本美保．大正新教育文献资料集成（第四卷）日本の新学校2［M］．東京：日本図書センター，2016：138-152.

属小学的新教育改革实践活动持续时间较长，本阶段的论述只涉及该校在改革实践初始阶段的活动，对其在新教育运动后期的实践活动暂未涉及。

木下竹次担任奈良女子高等师范学校附属小学校长期间，倡导并实践推广"合科式学习法"，成为日本新教育运动早期代表性的教育主张。所谓的"合科学习"就是指在根据儿童的兴趣与生活设定学习材料而展开的活动中，整合若干学科内容进行教学的方法。木下竹次主张的学习理论以自律学习、生活学习、合科学习为其特色，在他看来，所谓"学习"就是"学习者从生活出发，基于生活，而又提升生活"，学习的目的就是自我生活的发展与提升。[1]

木下竹次重视对拥有多样性学力、兴趣、生活的学生进行集体教育的意义，将学习过程视为借助儿童之间的互补而展开的共同学习的过程。从这一点出发，"合科学习"主张以"生活单位"作为学习的题材，创造使儿童自律地进行学习的学习组织：大合科——以生活单位为学习题材展开学习；中合科——界定文科、理科、技术的领域，选定生活单位加以系统组织；小合科——在传统的学科领域中选定生活单位，加以系统组织。[2]

可以说，木下竹次的理论与实践把儿童从整齐划一的学校教育中解放了出来，激发了儿童的学习积极性，取得了一定的成效。[3]

三、新式私立小学的广泛建立

私立小学的新教育实践虽然没有公立小学和（高等）师范学校附属小学改革实践的基础和条件，但是由于私立小学都是在接受欧美新教育理念的基础上新创立的，学校的日常运营和办学理念完全仿照欧美新教育学校的模式加以推进，所以新教育的理念在私立小学的实践要更加彻底一些。而且，私立小学的创立者大多都是有一定身份地位或者拥有财阀支持的德高望重之人，因此私立小学的新教育实践发展非常迅速。这一时期新创立的比较有代表性的私立小学有东京府的成城小学、京都府的成修学院、奈良县的樱井小学[4]、爱媛县的大町小学、东京府的横川小学、神奈川县的鹄沼小学等，这些学校大多秉承了

---

[1] 钟启泉．"合科学习"与"分团式动态教育法"[J]．基础教育课程，2016（12）：87．
[2] 钟启泉．"合科学习"与"分团式动态教育法"[J]．基础教育课程，2016（12）：87．
[3] 橋本美保．大正新教育文献資料集成（第四巻）日本の新学校2 [M]．東京：日本図書センター，2016：283-304．
[4] 此樱井小学不同于成立于1982年的横滨市立樱井小学，二者没有传承关系。

"尊重个性、尊重自由"和"打破抽象划一模式"的教育方针。

(一) 东京府成城小学的创立

成城小学的创立者泽柳政太郎早年毕业于东京帝国大学,接受过当时日本最顶尖的教育,长期在文部省任职,拥有较多的机会接触欧美新教育思想。在长期的工作实践中,泽柳政太郎逐渐形成了自己对教育的理解模式,形成了独到的教育学论、学校论、教师论、班级论、学生论和读书论。泽柳政太郎长期担任日本帝国教育会会长,在日本政界和教育界拥有较大的影响力。1917年,泽柳政太郎凭借自己独到的教育理念和在日本政界教育界的影响力,在东京牛入区原成城学校内创立成城私立小学。

成城小学在创立之初就非常注意尽量避免标榜自己为"何种主义",而是确立了随着教育研究的不断进步而不断完善和改善办学条件、调整办学方向的主张。学校秉承四点办学主张:尊重个性的教育、亲近自然的教育、自学自修自律的教育、以科学研究为基础的教育。其中前三点与当时其他新教育实践学校的基本主张是一致的,最引人注目的是以科学研究为基础的办学宗旨,甚至在每日校训中都明确要求教师要在每天的教育教学中不断学习,通过接受新的理念和新的方法,不断改善自己的教学方法,提升自己的教学能力,以达到更加完美的教学效果。泽柳政太郎对教师的要求极高,对自己也丝毫没有懈怠,经常亲自设计和整理调查问卷,根据学生的实际需求有计划地调整教学计划和教学方向。学校还重视教师日常工作经验的积累,通过细致的观察和严密的实验进行科学化的研究,争取做到"理论化的实际和实际化的理论",让成城小学成为名副其实的新教育实验学校。成城小学的教师都是与泽柳政太郎在教育思想和教育理念上有着共鸣的教育者,其中还有从全国招募选拔,经过严格面试挑选的教师。日本最负盛名的教育家小原国芳就是泽柳政太郎慧眼识珠于1919年从广岛师范学校附属小学招募的教务长(后来担任成城小学校长)。在成城小学,小原国芳充分发挥了他的学校经营能力,并更加锐意革新,积累了丰富的新教育实践经验,为日后成立玉川学园和引领日本新教育运动中后期的发展奠定了基础。①

成城小学实行春秋两季入学和每班20人左右的小班制,整备学习条件,允

---

① 徐征,王冬艳. 日本战前的新教育运动与新学校[J]. 黑龙江高教研究,2006(4):24.

许跳级,第四学年起各学科配备专职教师。在教学方法上,反对整齐划一的和灌输式的教育教学方法,主张学生自学自习和教师集中指导的模式,提倡教师充分尊重学生的个性发展,根据每个学生的不同情况,有针对性地制定或者调整教学计划和教学方法。在师资培养方面,泽柳政太郎利用他本人的影响力和资源,多方筹措资金和开辟渠道,加强成城小学的教师和外界的联系与交流,经常委派教师到其他学校进行考察和交流,有时还会组织教育考察团赴欧美学习最新的教育理念和教育教学方法,甚至还会抓住机会邀请欧美知名的教育学者到成城小学来讲学和交流经验。

成城小学也在泽柳政太郎的带领下,不断发展和壮大,引领了整个日本新教育运动的发展,成为了日本新教育运动的一面旗帜。

(二)奈良县樱井小学的创立

樱井小学创立于1918年,是日本近代教育实践家福塚平七受美国进步主义教育家杜威的教育思想的影响设计的,位于奈良县矶城郡,该校秉承"尊重个性、尊重自由、尊重创造性"的教育方针。

学校上课时间长,但是教学计划比较灵活,具有很大的弹性,强调学生自学,特别注意学生的个别差异,给学生以最大限度的自由。游戏活动时间也比一般"新学校"要长,还开设了一些特殊课程,如给高年级男生开设裁缝课,让学生变得勤劳,培养学生独立生活的能力。学校规模不大,从幼儿园到六年级一共200余人,10名教师。每班学生不超过30人,教师是指导者、鼓励者。学校管理有序,课堂气氛民主和谐。一位参观者做过描述:学生们的活动会使人想到那些在欧洲的新学校和美国的进步主义学校的孩子们。在户外活动中,每个学生都按自己的主题绘画,而且技巧很高。在几个低年级的教室里,学生们通过分组玩游戏、自觉阅读和做算术,那里自由、活跃、随意的气氛以及各种活动令参观者惊奇。[1]

(三)东京府自由学园的创立

自由学园的创立者羽人原子是日本近现代著名的新闻记者和教育家,旧姓松冈,1873年出生于青森县。在东京府立第一高等女子学校就读期间,开始接受基督教的洗礼,后进入明治女子学校学习,1899年进入"报知新闻社"就

---

[1] 关松林. 交流与融合——杜威与日本教育[M]. 北京:教育科学出版社,2008:80.

职，成为日本近代最早的一批女性记者。1901年与羽人吉一结婚后，改姓羽人，退职在家闲赋两年，1903年创立《家庭之友》（后更名为《妇女之友》）杂志，1920年创立自由学园。自由学园与后来成立的文化学园共称为日本女子教育革新的先驱。①

  自由学园的办学理念正如其名，崇尚自由，尊重自治，主张引导女性自觉地接受教育。自由学园在日常教学中注重引导学生进行精神和身体的双重教育，让学生既获得精神上的慰藉，又感受到强健体魄带来的愉悦。在课程设置方面，自由学园与普通的女子学校和专门学校的课程设置相同，但是在教学方法方面，自由学园倡导体验式教育，为学生设置了直接接受各种现实训练并获得现实能力的场地与设施，将学生的实际生活与日常学习联系到一起，通过现实生活的真实状态获得解决日常问题的途径。自由学园还注重日常教学中的表现训练，引导学生将在言语、写作、音乐、裁缝、手艺、料理、各种运动、劳动科目上学到的技能，以发表或者表演的形式展现给其他同学，既增进彼此之间的了解，又督促了彼此之间的学习。②

---

① 久保義三. 現代教育史事典 [M]. 東京：東京書籍，2001：507-508.
② 橋本美保. 大正新教育文献資料集成（第四卷）日本の新学校2 [M]. 東京：日本図書センター，2016：549-550.

第二章

日本新教育运动的高涨（1921年—1923年）

第一节 日本新教育运动高涨的背景

一、一战后日本经济的飞跃发展推动了教育的更快发展

继日俄战争后，1914年日本参加了帝国主义重新瓜分世界的战争——第一次世界大战，乘机夺去了德国在中国山东胶州湾的租借地和租借权以及德国在南洋占领的诸多岛屿。在第一次世界大战中，日本发了战争财，因而资本主义经济得到飞跃发展，日本也借英、法、俄等帝国主义列强忙于欧洲战场，无暇东顾之际，向亚洲和非洲大量倾销商品，扩大贸易，使日本社会经济空前繁荣，成为亚洲最强的帝国主义国家。① 1919年的工业生产总值达到68.89亿日元，是一战前的4倍，经济社会出现前所未有的繁荣，化学、纺织、造船等工业迅速发展，日本已经从一个落后的农业国发展成为一个强大的工业国。②

日本政府为了适应其侵略扩张政策和经济发展的需要，也为提高全体国民的教育水准以满足战争对科技人才的需求，对明治时期确立的教育制度进行了一系列的改革。这一时期，日本非常重视小学基础教育，采取有力措施促进了小学教育快速发展。1919年2月，颁布《修改小学校令》和《小学校令实行规则》。根据规则，高等小学的教育科目有所增加，寻常小学开始设置理科课程，

---

① 王桂.日本教育史[M].长春：吉林教育出版社，1987：180.
② 李伟.日本新教育运动的一面旗帜——成城小学发展研究[M].石家庄：河北教育出版社，2016：86.

增加日本地理和日本历史课程，但是小学课程总时数有所减少，学生负担也略有减轻，目的在于培养学生独立自主的学习精神。① 同时，规则中还明确提出要改革高等小学教育、提高小学教育的质量；对小学教师实行资格准入制度，对考核合格的教师由府县知事授予教师资格证，以确保教师的质量。据日本政府公布的数据显示，截至大正末期，日本全国小学总数为 25490 所，其中寻常小学 7548 所、高等小学 155 所、寻常高等小学 17787 所；教师总数为 216831 人、学生总数为 9287662 人。②

除了大力加强普通义务教育外，还进一步发展中等教育、女子教育、师范教育和实业教育，重点改革和发展高等教育，重视理工科教育，以谋求培养军事工业所需要的熟练工人和军事科技人才。在中等教育方面，1919 年修改《初级中学校令》，取消初级中学入学年龄限制为 12 岁以上的规定，允许学习优秀者可以"跳级"，允许设立初级中学预科，年限为两年。同时添加了加强国民"忠君爱国""信奉天皇"的思想教育内容，旨在培养国民具有为帝国尽忠的思想品质，以克服"不道德"的行为。在修改的《高级中学令》中，还特别强调高级中学以完成高等普通教育为目的，要注重加强和充实国民道德教育，允许创办私立和公立高级中学。高级中学分为文、理两科，修业年限为七年，其中寻常科四年、高等科三年。各高级中学为了保障教学质量，实行学生定员制度，高等科 480 人以内、寻常科为 320 人以内。学校教师由文部大臣亲自授予授课资格证书。③ 高级中学由于大力推行中等教育计划和扩充教育设备设施，有了明显发展，还增设了一批专门职工学校，例如中等工业学校、中等农业学校、中等商业学校、药学专门学校、外国语学校等。据统计，截至大正末期，日本全国共有初级中学 345 所，教师 7219 人，学生 166616 人；国立高级中学 25 所、公立高级中学 2 所、私立高级中学 4 所。中等教育的发展不仅提高了全体国民文化水准，还为大学教育输送了大批生源。④ 另外，为了适应形势发展的需要，日本在大正时期还非常重视女子教育的发展。1920 年 7 月，修改了《高等女子学校令》和《高等女子学校令实施规则》，目的在于改善和加强女子教育，努力

---

① 将"培养学生独立自主的学习精神"以法令的形式公布，充分说明新教育运动所倡导的学习理念已经被日本官方认可和接受，为日本新教育运动高潮期的到来奠定了基础。
② 尾形裕康. 日本教育通史 [M]. 東京：早稻田大学出版部，1960：245 - 246.
③ 王桂. 日本教育史 [M]. 长春：吉林教育出版社，1987：210.
④ 尾形裕康. 日本教育通史 [M]. 東京：早稻田大学出版部，1960：247 - 248.

提高女子国民道德和文化水平,尤其注重妇德的培养。高等女子学校修业年限由四年改为五年。学校数量由大正初期的462所增加到580所,教师人数增加到7458人,学生人数增加到176808人。①

在大学教育方面,日本内阁为了提高培养人才的质量,曾于1918年12月颁布新修订的《大学令》,强调大学教育的目的在于传授国家需要的学术理论及其应用,同时注意陶冶人格和灌输国家主义观念。大学原则上由几个学部组成,必要时可以设立单科大学,学生修业年限为三年或者四年。允许地方设置公立大学,私人团体设立私立大学,力图扩大和发展大学教育。但到了大正末期,内阁为了培养"忠君爱国""崇尚天皇"的文人和学者,废除了旧《大学令》,重新修订并颁布《帝国大学令》。新令规定帝国大学采取学部制,并决定设立大学院(研究生院),继续保留允许设立单科大学和允许私人、团体办大学的规定。截至大正末期,全国大学数量增至46所,学生人数增至9755人。② 大学教育迅速发展,保证了社会对各种人才的需要。

在师范教育方面,这一时期,日本内阁为了培养各级各类学校的合格教师,极为重视发展师范教育。师范学校分为中等师范学校和高等师范学校。中等师范学校以培养小学教师为目标,设有本科和预科。预科有一年制和两年制两种,招收高等小学毕业生;本科又分为第一部和第二部,第一部修业年限为四年,招收预科结业者和高等小学三年毕业者或具有同等学历者,年龄限于15岁以上;男生本科第二部原来为一年,后改为两年,招收初中毕业生或者具有同等学历者,年龄限于17岁以上;女生本科二部修业年限为一年或者两年,一年制招收高等女学校毕业生,两年制招收高等女学校四年结业者,年龄限于14岁以上。高等师范学校以培养师范学校、中学和高等女学校教师为目标,设有本科和预科。本科为五年制,预科为一年或者两年。学科设置分为文科、理科和特科,有的学校除了设有本科外,还有研究科、专修科和选修科。由于第一次世界大战结束和小学教师待遇的改善,师范学校的学生数量急剧增多,到1925年,师范学校增加到99所,师范生达到44313人。③

在专科教育方面,由于专科学校是专门传授高等学术和技术教育的场所,

---

① 尾形裕康. 日本教育通史[M]. 東京:早稻田大学出版部,1960:248.
② 尾形裕康. 日本教育通史[M]. 東京:早稻田大学出版部,1960:251-252.
③ 尾形裕康. 日本教育通史[M]. 東京:早稻田大学出版部,1960:253-254.

是培养专门技术人才的教育机构，这也非常符合明治末期以来经济发展和对外扩张等时势的需求，所以一直到大正末期，专科学校得到了充分的扩充和改善，建立了诸如医学专科学校、外国语专科学校、水产专科学校、商科专科学校等众多的专科教育机构。新的《大学令》颁布后，有的专科学校升格为大学，有的成为了新升格的大学的专科部分，同时又陆续建立了一批专科学校。截至大正末期，日本公立和私立专科学校数量达到139所（包含实业专科学校50所）。[1] 专科学校在整个教育体系中占有了一席之地，为培养专门技术人才起到了积极作用。

另外，大正后期，整个日本在经济发展的推动下，不仅教育领域取得了前所未有的发展，科技领域也取得了很大的进步。例如，日本产业电气化的迅速发展促进了工业电气化技术的提高，工业电气化技术的提高又促进了电力技术和电力设备的迅速发展，进而推动了电力工业技术的迅速进步；纺织工业协会组织成立了技术研究会，改进原棉的选用方法，改进混棉机与梳棉机的构造，使纺纱机械化，推进了整个工艺合理化，纺纱技术得以迅速发展。[2] 在文化领域，由于受时代背景的影响，这一时期产生的大正文化带有鲜明的现代性，主张确立近代自我，极力宣扬个人主义和理性主义。文化主义在肯定文化价值的同时，还强调人的主体性，把人格价值视为唯一的伦理价值。[3] 当然，和科技、文化等领域相比，教育领域的成就应该是最大的，学校数量增多、学校规模扩大、办学形式多样化、教学方法丰富化，全国上下呈现出浓郁的学习氛围。无论公立学校还是私立学校，都开始接受以儿童为中心的西方教育理念，改造日本旧有的以教师为中心的教育理念，并将新理念与自己的办学实践相结合，探索适合日本实际的教育理论与教学方法，进而推动以儿童为中心的新学校的发展；实现了对欧美新教育思想和理念从"模仿"到"自立"和"创新"的转变，日本新教育思想和理念得以确立。

二、国内外民主革命浪潮的积极推动

第一次世界大战期间，日本垄断资本主义得到空前发展，财富剧增，暴富

---

[1] 尾形裕康. 日本教育通史 [M]. 東京：早稲田大学出版部，1960：254.
[2] 李伟. 日本新教育运动的一面旗帜——成城小学发展研究 [M]. 石家庄：河北教育出版社，2016：86.
[3] 卞崇道. 20世纪日本文化述评 [J]. 日本学刊，1999（3）：92.

户被称作"成金天下"。但是,日本劳动人民由于通货膨胀和物价上涨,实际工资反而下降,日益贫困的工农民众开始崛起反抗。1917年全国罢工398次,参加人数5.3万人;翌年佃农反抗地主的斗争达到265次,阶级矛盾空前尖锐。同时,在俄国十月社会主义革命的影响下,日本国民中民主思想日益增长,在政治上要求民主自由"主权在民"。① 在内外因的共同作用下,终于爆发了日本有史以来规模最大的群众性斗争——"米骚动"事件。

1918年7月,首先点燃"米骚动"火炬的是富山县新川郡鱼津町的渔民妇女,她们要求降低米价,反对米粮外运,与警察展开了斗争。后来,"米骚动"不断蔓延,各大城市抢米斗争发展到高潮。日本全国1道(北海道)3府(东京、京都、大阪)43县②中,除东北三县(青森、岩手、秋田)和冲绳县外,都卷入了这场骚动,人数有1000万以上,占当时全国总人口的1/4以上。参加暴动的群众以城市各阶层劳动人民为主,包括工人、城市贫民、农民和渔民。③"米骚动"事件是日本民众全面觉醒的开端,可以视为现代革命运动的爆发点,给日本工人运动以强有力的刺激,也推动了日本民主派知识分子发动自由民主运动的动力,日本革命运动获得了巨大的力量。同时,"米骚动"的斗争实践还使广大群众加深了对十月革命的理解,从此十月革命的思想在日本的传播和影响进一步加速和扩大起来。"米骚动"还有力促进了日本工农革命运动和其他社会运动的发展,使日本民主运动空前高涨。上述种种因素的出现,必然性地促进了教育体制的变革,大批教育学者开始以"民主"和"自由"的标准寻求教育体制方面的变革,为日本新教育运动高潮的到来创造了空间。

三、欧美新教育运动理论的不断传入及其影响

第一次世界大战后,日本的国际地位不断提升,国际交往也日渐增多,欧美各国教育思想陆续传入日本,其中最盛行的有公民教育思想、实用主义教育思想、自由主义教育思想和人格主义教育思想。外来教育思潮对日本教育界产生了极大的震撼,虽然这些教育思想或者教育主张来源不一,但是其目的基本上是一致的,主要就是在保证统治阶级利益的前提下,对国民实行普通教育,

---

① 王桂.日本教育史[M].长春:吉林教育出版社,1987:206.
② 当时日本的行政划分与现在不同,现在分为1都1道2府43县。
③ 赵建民,刘予苇.日本通史[M].上海:复旦大学出版社,1989:237-239.

同时使统治阶级的下一代能够在新情况下管理国家。

(一) 公民教育思想的传入及其影响

20世纪初,公民教育思想在德国非常盛行,在大正时期传入日本。当时,在日本教育界产生较大影响的是凯兴斯泰纳的公民教育理论。凯兴斯泰纳是德国实用主义教育学者,他受实证主义和新康德主义哲学影响较深,竭力宣扬国家主义,提倡国家本位主义为理想的公民教育。1912年他出版了《性格与性格教育》一书,大力宣扬"德意志性格"和"德意志精神"。后来,又相继发表了众多关于"公民教育"的论文,充分表达了他的"公民教育思想"。所谓公民教育思想就是以培养国家理想公民为目的的教育,主张作为公民就要受到必要的科学知识教育。国民学校不仅设立公民科进行教育,还可以单独进行技术教育、道德教育、政治教育、法制教育和政党派系关系教育。其目的只有一个,那就是使国民能够受到多种教育,培养优良的国家公民。他认为学校教育应该千方百计地为国家服务。公民教育主张儿童要绝对服从国家,通过国民学校和普通学校施行这种教育。当时,由于德国经济迅速发展,资产阶级需要有一定的技术、服从资产阶级利益的工人来满足其实际需求。凯兴斯泰纳正是为了满足这种需求而积极探索和研究了公民教育理论。

大正时期,正是日本国家主义盛行的时期。日本内阁从积极鼓吹国家主义的立场出发,制定了教育目标和教育政策。不仅要求小学,而且要求大学、师范学校和实业学校都在教育目的中增加"国民思想修养和人格陶冶"等相关的内容。凯兴斯泰纳的德国公民教育思想恰恰与日本国家主义思想作为基础的教育政策相吻合,二者可谓是一脉相承。实际上,日本内阁制定教育政策时,大力吸收了德国公民教育思想并在教育实践中加以推行。日本统治阶级把社会主义、共产主义、民主主义、自由主义视为反对日本民族精神、伤害团体意识的不健康的思想,严格加以禁止。日本统治阶级认为,从国家主义观点出发,公民教育在思想上能够起到加强国防的积极作用。

日本内阁极为重视公民教育思想的研究,设立了公民教育调查委员会,对教育政策和教育实践进行全面研究,并通过公民教育的方式向国民传授科学文化知识,培养国民具有多种活动能力,而且注重陶冶性格、培养公民具有效忠国家和天皇的品德。同时,为纠正偏重知识教育而大力提倡劳动教育和共同协作教育,以培养有知识、懂技术的公民。当时,也有很多日本教育学者在积极介绍并宣扬公民教育思想。例如,川本宇之出版了《公民教育的理论与实践》,

春山作树出版了《公民教育》，关口泰出版了《公民教育论》，直田幸宪出版了《公民教育学》等。① 日本统治阶级正是从国家主义的立场出发，为振兴国民的实业教育，培养资产阶级需要的国民，极力倡导和宣扬公民教育思想的。

（二）实用主义教育思想的传入及其影响

19世纪90年代在美国风靡一时的实用主义教育思想，大正时期在日本得到大力传播，对日本教育界产生了深远的影响。美国实用主义教育家杜威的著作《教育哲学概论》《学校与社会》《学校与儿童》《民主主义与儿童》等都被翻译成了日文，出版后在日本引起强烈震撼，还有日本教育学者在深入学习完杜威教育论著后自己编著出版了《杜威教育思想基本原理》《新编杜威教育学总论》等著作，大肆宣扬杜威教育思想。

杜威实用主义教育思想是建立在实用主义哲学基础之上的，他认为"有用"的原则就是真理的标准，即"有用"就是真理。"有用"的标准是"内部的满足和自我满足的感觉"。宣称实用主义就是生活哲学。杜威把它概括成为"工具主义"，即把一切思想、理论、概念和科学规律都作为行动工具来对待。实质上是在否认客观真理和人在认识过程中接近真理的可能性。②

建立在实用主义哲学基础上的实用主义教育思想是把实践放在第一位的，从而降低了理论和系统科学知识的作用。他把"有用"当作主导要素，要求教育从儿童的兴趣和实际经验出发，满足儿童的要求，把儿童看作太阳，教育者应该围绕着儿童旋转，如同行星围绕着太阳旋转一样。在教育过程中，主导者不是教师，而是儿童。这完全是儿童中心主义的教育观点，将学生个体经验作为教育基础，是违背客观教育规律的。③ 尽管如此，大正期间，日本有些教育学者还是按照杜威的实用主义教育思想创办了实验学校，诸如西山哲治创办的日本帝国小学、中村春二创办的成蹊实务学校等。第一次世界大战后，日本又陆续创建了许多同类私立学校，如1917年泽柳政太郎创建的成城小学、1924年赤井米吉创建的明星学园和野口援太郎创建的儿童村小学等。这些以儿童为中心的学校是杜威实用主义教育思想在日本教育实践中的尝试。他们强调培养儿童自发学习精神，尽力设置儿童适应的学习生活环境，依据儿童的能力，激发

---

① 尾形裕康. 日本教育通史[M]. 东京：早稻田大学出版部，1960：264-265.
② 尾形裕康. 日本教育通史[M]. 东京：早稻田大学出版部，1960：267-268.
③ 王桂. 日本教育史[M]. 长春：吉林教育出版社，1987：217.

儿童的积极性，教育的任务就在于促进儿童身体和精神的发展。

他们积极主张像杜威那样使学校社会化和学习作业化，让儿童在"做中学"，也就是把儿童本身的经验和实践提到首位，把活动和劳动当作整个学校的中心，改变学校各门课程的教学和教育方法；让儿童在活动中和劳动中，正确地理解和判断社会；让儿童在这样的学校里丰富生活、扩大视野、增长才干和技能。当然，这类学校是不能使学生真正懂得劳动知识和掌握劳动技巧的。从对儿童个人经验的偶像崇拜和对儿童积极性原则不正确的理解等方面来看，这种教育思想无疑是有危害的。在大正时期，有些进步教育家也曾经反对和批评过这种实用主义教育思想和教育理论，指出它不过是为帝国主义效劳的理论。

（三）自由主义教育思想的传入及其影响

第一次世界大战后，国际形势出现缓和趋势，国际间文化交流日益频繁。1921年成立的"新教育国际联盟"极大地推进了各国教育思想的交流。在日本教育界，以儿童为中心的自由主义教育思想得到广泛传播，尤其是爱伦·凯①的自由主义教育和蒙台梭利②的自由教育学说都产生了非常大的影响。③

20世纪初，爱伦·凯的自由主义教育思想传到日本，受到日本教育界的极大欢迎。1919年，她的代表作《儿童的世界》被翻译成日文并公开出版发行后，自由主义教育思想再次在日本教育界引起震撼，从学校教育到家庭教育再到社会教育，全部接受了自由主义教育思想的优势。这也推动了日本新教育思想的产生以及新教育运动在日本的发展。另外，蒙台梭利的自由主义教育思想在日本也颇具影响力。她的自由主义教育代表作《蒙台梭利方案》《教育人类学》《高级蒙台梭利方案》等都被翻译成日文并公开出版发行，深受日本教育界的欢迎。④

在自由主义教育思想的影响下，日本兴起了大正时代的新教育运动。这种教育运动是对明治维新以来的传统教育和接受主义教育的批判，也具有改变传统教授方法的作用。自由主义教育强调儿童自由发展，认为教育者应该为儿童

---

① 爱伦·凯（1849-1926），瑞典女教育家，曾任斯德哥尔摩女学校教师，主张尊重儿童和妇女解放。是世界自由教育代表之一。
② 蒙台梭利（1870-1952），意大利女教育家，1907年在罗马创建了第一个"儿童之家"，是著名的"蒙台梭利教育法"的创始人。
③ 尾形裕康. 日本教育通史［M］. 东京：早稻田大学出版部，1960：269-270.
④ 王桂. 日本教育史［M］. 长春：吉林教育出版社，1987：218.

提供适当的环境，让儿童自由活动；在儿童自动、自学中使天赋能力得到自我发展和自我表现；强调训练儿童的自由活动能力，发展儿童的独立性，增加儿童应对生活的经验，进而获取生活经验的能力。教育家们根据自由主义教育理论提出了"自动教育论""自由教育论""自学教育论"的新教育主张。这些以儿童为中心的自由主义教育思想推进了自由主义教育在日本的发展。

在自由主义教育思想的影响下，日本创办了以儿童为中心的自由主义教育学校。当时著名的有泽柳政太郎创办的成城小学，该校始终秉承"尊重个性、实行高效教育""热爱自然、实行坚强教育""舒缓心情、实行欣赏教育"和"实行以科学研究为基础的教育"等教育方针。成城小学在日本新教育运动的发展史中受到很高的评价，被称为"日本新教育运动的一面旗帜"。另一所实施自由主义教育比较典型的学校就是野口援太郎创办的儿童村小学。野口援太郎1894年毕业于东京高等师范学校，从1904年到1919年任姬路师范学校校长。在此期间，他对师范学校的教育方针提出了与过去完全不同的观点，主张以自治和自习的原则管理学校。随后，他于1924年改建了位于东京池袋的自家宅院，创办儿童村小学，彻底实行自由主义新教育。[①] 在这所学校里，允许学生实行"弹性作息时间"，即允许学生按照各自的时间上学和放学，授课方式采用自由选择的方法，可通过与教师自由谈话获得知识，不受班级和时间的限制，学生比较自由，完全以他们的学习兴趣为主开展教学活动。学校和家庭没有非常明显的区别，以学生生活为中心进行教育。该校也成为既日本新教育运动期间典型的实践学校，野口援太郎本人也成为既泽柳政太郎之后，日本新教育运动的领袖级人物。

第二节　日本新教育思想的确立

一、道尔顿制的引进和帕克赫斯特的来访

道尔顿制（Dalton plan）是20世纪20年代美国进步主义教育运动时期，著名进步主义教育家帕克赫斯特（Helen Parkhurst）在马萨诸塞州道尔顿市公立中

---

① 王桂. 日本教育史[M]. 长春：吉林教育出版社，1987：219.

学推行的一种新的课程和教学计划,又称为"道尔顿实验室计划"或者"道尔顿计划"①。这是一种强调个别差异和个性发展的个别教育制度,推崇学生自由和师生合作的理念,注重学生独立学习能力的培养,否定了传统的教科书式的班级授课制,批评其使学生处于被动地位,学生的个别差异得不到应有的照顾。②

20世纪20年代正值新教育思潮风靡全世界之际,道尔顿制受到了世界各国教育界的青睐,许多教育家争先学习、引进和实施。这种潮流也深深影响了正处于新教育运动改革时期的日本,被引入到日本当时的教育改革当中,对日本新教育运动产生了巨大的影响。

明治维新后,日本开始"求知识于世界",大量吸收国外的思想和文化。与已有的外来思想经过碰撞后,日本人在选择新的外来思想时,变得更加理智。他们逐渐把目光聚集到了世界最发达的美国身上。③ 鉴于道尔顿制作为美国进步主义教育改革的典范,对当时美国的教育改革产生了巨大的影响,其很快成为日本教育界学习的目标。道尔顿制被引入到日本教育界并得以推广和传播,经历了三个途径,即:早期日本教育学者对欧美教育的研究和宣传;吉田惟孝、泽柳政太郎等人到欧美考察学习,回国后的宣传和实践;道尔顿制的创始人帕克赫斯特女士的访日和巡游演讲宣传。

(一) 教育学者的早期研究奠定了日本引入道尔顿制的基础

1. 阿部重孝:将道尔顿制的理论介绍到日本的"启蒙者"

最早将道尔顿制介绍到日本的是东京帝国大学的阿部重孝④。阿部重孝时任东京帝国大学副教授,主讲《教育制度论》,在对大量外国教育文献的接触中,对道尔顿制产生了浓厚的兴趣。1921年4月,在日本帝国教育会会刊《帝国教育》上发表论文《道尔顿方案》。文中介绍了这场美国进步主义教育改革背

---

① 吴式颖,李明德. 外国教育史教程[M]. 3版. 北京:人民教育出版社,2015:315.
② 张斌贤. 外国教育史教程[M]. 2版. 北京:教育科学出版社,2008:300.
③ 关松林. 杜威思想在日本的传播[J]. 日本问题研究,2010(1):1.
④ 阿部重孝,日本昭和、大正时期的教育学家,日本实证教育研究的先驱。1913年毕业于东京帝国大学文科大学。1919年任东京帝国大学副教授,1934年任教授,主讲教育制度论。一贯重视美国"实证统计研究"的教育科学研究法,曾翻译美国的《实验教育学纲要》,并在日本3所小学调研和赴中国台湾进行学校教育调查。曾兼任文部省社会教育官。为教育改革同志会成员,参与制定教育改革方案。著有《小教育学》《欧美学校教育发达史》《教育改革论》。

景下发生在马萨诸塞州道尔顿市道尔顿中学的改革实验,主要包括道尔顿制创始人帕克赫斯特女士的生平、道尔顿制实施的学生群体①、道尔顿制实施的四个基本要素②和道尔顿制实施的三个基本原则③,其中用大量的篇幅对道尔顿制实施的四个基本要素进行了详细的介绍。④

此后,阿部重孝还先后在《帝国教育》上发表《道尔顿方案备忘录》《道尔顿方案的批判研究》,在东京帝国大学教育学研究室教育思潮研究会主编的《最近欧美教育思潮》上发表《道尔顿实验室计划》等文章。⑤虽然只涉及了道尔顿制的基础理论,并没有涉及其实践推广的案例介绍,但却最早将道尔顿制介绍到了日本,并引起了日本新教育学者的重视,为日本新教育运动的发展奠定了基础。

2. 吉田惟孝⑥:将道尔顿制的实践案例介绍到日本的第一人

为了更好地学习西方的教育理念和教育经验,以适应新教育运动的实际需求,20世纪20年代日本中央政府和地方政府曾组织多个教育考察团远赴欧美考察学习。1921年4月,时任熊本县立第一高等女学校校长吉田惟孝被推选为熊本县欧美教育考察团成员。当时规定考察团成员自行选取考察内容,吉田惟孝在出发前的准备阶段,接触到帕克赫斯特女士在《伦敦时报·教育特刊》上发表的关于介绍道尔顿制的文章,产生了浓厚兴趣,开始搜集关于道尔顿制的相关资料,并于1921年10月,赴欧美出发前夕,在《熊本教育》杂志⑦上发表署名文章《道尔顿制的学校》。吉田惟孝在文章中说:"道尔顿制首先在美国道尔顿市道尔顿中学实施,得到美国进步主义教育家们的认可,得以在全美推广,而且还被推广到了英国等欧洲国家,并产生了巨大影响。"文章中还介绍了道尔

---

① 道尔顿制最初是帕克赫斯特女士受蒙台梭利教育思想的影响,在美国道尔顿中学开展的教育实验活动,主要教育对象为10～17岁的中学生。
② 道尔顿制实施的四个基本要素:指定作业、工作合约、实验室和表格法。
③ 道尔顿制实施的三个基本原则分别是自由、合作和个性原则,即给个体儿童更多的自由,使他们得到完全自由的发展。
④ 吉良侊. 大正自由教育とドルトンプラン [M]. 東京:福村出版,1985:34.
⑤ 吉良侊. 大正自由教育とドルトンプラン [M]. 東京:福村出版,1985:34.
⑥ 吉田惟孝,曾任日本熊本县立第一女子学校校长,1921年跟随熊本县欧美教育考察团出访欧美,开始宣传推介道尔顿制,和东京帝国大学的阿部重孝教授共同被称为"日本引入道尔顿制的先驱"。
⑦ 《熊本教育》杂志为熊本县政府教育当局主管的杂志,供熊本县内教师就相关教育问题进行交流。

顿实验室的布置、任务分配、适用年龄等内容，重点介绍了位于英国斯特里萨姆①女子中学实施道尔顿制并取得良好效果的实例。②

吉田惟孝虽然还没有亲眼看到道尔顿制在斯特里萨姆女子中学开展的情景，但其通过对相关文献的研读，将道尔顿制在英国推广实施的经典案例介绍到了日本，在日本国内引起了轰动，推行道尔顿制的学校成为众多赴欧美考察团成员到达欧美后首选的参观考察对象。吉田惟孝也成为将道尔顿制的实践案例经验介绍到日本的第一人，他和阿部重孝共同被后人称为"将道尔顿制引入日本的先驱"。

(二) 欧美教育考察团的"西游取经"引入了道尔顿制

无论是阿部重孝的理论宣传，还是吉田惟孝的实践案例介绍，在日本引入道尔顿制方面仅起到了"启蒙"的作用，真正将道尔顿制引入日本并付诸实践的要归功于当时的两个欧美教育考察团。一个是以前文提到的吉田惟孝为团长的熊本县中等学校校长考察团，另一个是以泽柳政太郎③为团长的成城小学教育考察团。

1. 专注于经验宣传的吉田惟孝考察团

为了更好地学习引进西方的教育理念和教育经验，以适应新教育运动的实际需要，熊本县政府于1920年开始组建以中等学校校长为主要成员的欧美教育考察团。经过大量前期准备，于1921年10月派出了以吉田惟孝为团长的第一个欧美教育考察团。④

考察团首先到达英国伦敦，参观了斯特里萨姆女子中学和贝达尔斯中学，这两所学校均脱胎于欧洲第一所新教育学校——阿博茨霍尔姆学校，是当时英国推行新教育理念比较成熟的学校。吉田考察团在英国进行短暂考察后，离开

---

① 斯特里萨姆位于英国伦敦南部地区。
② 吉良侊. 大正自由教育とドルトンプラン [M]. 東京：福村出版，1985：34.
③ 泽柳政太郎（1865—1927），日本明治、大正时期的教育家，"实际教育学"的倡导者。1888年毕业于东京帝国大学。历任文部省书记官、普通学务局长、高等师范学校校长、文部省副部长、京都帝国大学总长、帝国教育会会长等职。1917—1926年，先后创办尊重学生个性、以学生为学习主体的成城小学和成城中学，推动新教育运动在日本的兴起。尤其在创办成城学校时，聘请美国教育家帕克赫斯特来日本介绍道尔顿制教学，对日本教育界的影响更大。
④ 吉良侊. 大正自由教育とドルトンプラン [M]. 東京：福村出版，1985：35.

<<< 第二章　日本新教育运动的高涨（1921年—1923年）

欧洲，经由加拿大蒙特利尔，进入北美大陆继续教育考察。①

吉田考察团到达美国后，首先拜访了帕克赫斯特女士主政的儿童大学②学校，深入了解并实际感受了道尔顿制的实施情况，请在此工作的日本人藤井女士将该校与道尔顿制相关的管理文件、教学文件等全部翻译成了日文，为回国后对道尔顿制的宣传掌握了第一手资料。随后，吉田考察团在帕克赫斯特女士的陪同下参观了道尔顿中学，并经帕克赫斯特女士介绍拜会了道尔顿市教育委员会主席摩利·克兰夫人（Mrs. W. Murray Crane），深入了解了道尔顿市政府推广道尔顿制的经验。③

吉田考察团1922年5月回国，历时7个月。先后参观考察了英国的斯特里萨姆女子中学、贝达尔斯中学和美国的儿童大学学校、道尔顿中学，掌握了各校推广实践道尔顿制的第一手材料。回国后，在对这些材料深入分析整理的基础上，出版了两部著作《最新的自学实验：道尔顿式教育研究》和《道尔顿式学习的实际研究》，④详细介绍了道尔顿制在美国本土和英国的实施推广经验，受到当时日本新教育学者的广泛关注。

2. 致力于学习经验并指导实践的泽柳政太郎考察团

1921年10月，泽柳政太郎、小西重直、长田新⑤、伊藤仁吉、下村寿一⑥一行五人组成欧美教育考察团，以"观摩一战后欧美教育发展状况"为主题启程出访欧美。泽柳考察团此次出访历时10个月，先后考察了英国、比利时、荷兰、德国、瑞典、法国、意大利、美国等国家的教育发展状况。⑦

泽柳政太郎出访前，并没有过多关注道尔顿制，而是在英国滞留考察期间，听闻斯特里萨姆女子中学采用了一种全新的教学方式，欣然前往观摩，之后被深深吸引，并在该校滞留两个月，亲身参与了道尔顿制的实践。从教学计划的制订、实验室的布置，到课堂授课方式的观摩，他参与了道尔顿制实施的全过

---

① 吉良侯. 大正自由教育とドルトンプラン [M]. 東京：福村出版，1985：35.
② 这里的"大学"一词指学生按自己的意志进行学习的意思。
③ 吉良侯. 大正自由教育とドルトンプラン [M]. 東京：福村出版，1985：36.
④ 吉良侯. 大正自由教育とドルトンプラン [M]. 東京：福村出版，1985：37.
⑤ 长田新，日本教育家，长野县人。京都帝国大学毕业，1929年留学德国，专攻教育哲学。历任广岛高等师范学校、广岛文理科大学、广岛大学教授和校长。是日本第一个研究裴斯泰洛齐的教育家。
⑥ 伊藤仁吉和下村寿一时任日本文部省官员。
⑦ 吉良侯. 大正自由教育とドルトンプラン [M]. 東京：福村出版，1985：37.

程，并下定决心要将这种全新的教学方式引入到日本，改变日本那种整齐划一的教科书注入式的教学模式。①

泽柳考察团的另一位成员长田新同样是在英国滞留期间，在《伦敦时报·教育特刊》上看到了关于美国儿童大学学校的报道后，开始搜集道尔顿制的相关资料的。考察团到达美国后，长田新与泽柳政太郎、小西重直首先与帕克赫斯特女士取得联系，深入了解了关于道尔顿制的相关理论内容，并在征得帕克赫斯特女士同意后，参与到了儿童大学学校的日常教学和管理当中，学习道尔顿制实施的经验，为日后成城小学成功引进并推广道尔顿制奠定了基础。②

1922年6月，泽柳考察团结束欧美之行，回到日本。在欢迎会上，泽柳政太郎、小西重直、长田新三人就在儿童大学学校参与道尔顿制实践的见闻做了重点介绍。③ 此后，三人还利用成城小学每个月一次的校内研究会时间，将自己的考察见闻和在儿童大学学校实践的经验向成城小学的老师们进行了分享。老师们对此怀有极大的兴趣，而且还吸引了众多外校教师来成城小学参加研究会，④ 求取道尔顿制的实践经验。成城小学的年轻教师赤井米吉表现出了对道尔顿制的浓厚兴趣，不仅在校内研究会上认真聆听三位考察团成员的报告，经常向三位考察团成员进行拜访请教，并且还主动搜集大量的关于道尔顿制的相关资料，进行深入细致的研究。1922年至1923年间，赤井米吉先后翻译出版两本帕克赫斯特女士的著作《儿童大学的实况》和《道尔顿制式儿童大学的教育》，为道尔顿制在日本的宣传和推广起到了重要作用。⑤

（三）帕克赫斯特的"东游布道"为道尔顿制的发展铺平了道路

如果说欧美教育考察团对道尔顿制的引入是给日本的教育界注入了新鲜的"血液"，那么道尔顿制的创立者帕克赫斯特女士的来访则催化了这种"血液"在日本教育界发挥作用。

1924年4月，帕克赫斯特女士应成城小学泽柳政太郎和大阪每日报社邀请，来日本进行了访问演说活动。帕克赫斯特女士首先与已经试行道尔顿制的成城

---

① 吉良侒．大正自由教育とドルトンプラン［M］．東京：福村出版，1985：38.
② 吉良侒．大正自由教育とドルトンプラン［M］．東京：福村出版，1985：38.
③ 吉良侒．大正自由教育とドルトンプラン［M］．東京：福村出版，1985：38.
④ 李文英，李伟．日本成城小学的道尔顿制及其影响［J］．河北大学学报（哲学社会科学版），2014（4）：63.
⑤ 吉良侒．大正自由教育とドルトンプラン［M］．東京：福村出版，1985：38.

小学的教师们进行了深入交流，将其教育理念和教育方法改革的经验介绍给了成城小学的教师们，并受到当时日本文部大臣木千枝的接见。在与文部大臣会见时，帕克赫斯特女士详细介绍了道尔顿制中关于"自由"的具体体现，说明了道尔顿制只是学习方法上的改革，并没有破坏当时日本的国家主义教育政策，① 因此得到了政府的支持，允许开始在全国范围内推行道尔顿制学习方法的改革。随后，帕克赫斯特女士先后访问了东京、仙台、富山、高冈、金泽、福井、京都、奈良、大阪、神户、冈山、松山、福冈、熊本、鹿儿岛、名古屋等地，除了进行公开演讲宣传道尔顿制外，还深入各地小学、中学与教师和学生们互动，向他们介绍道尔顿制实施的优势，以及解决实施过程中遇到的相关问题。帕克赫斯特女士的第一次访日活动历时将近两个月，足迹遍布日本北部和西部的19个县市近40所中小学，② 为日后道尔顿制在日本全国的推广奠定了坚实的基础。

帕克赫斯特女士的第二次访日是1925年访问中国结束后，归国途中在日本做的短暂停留。此次访问仅在大阪做了一场演讲，但听众多达1500余人，演讲内容主要是解答道尔顿制在具体实施过程中遇到的诸如实验室的开放、教师提前准备的内容、教师的指导程度等各种现实问题，并就新教材的设计与选用、教师自由研究时间的设定等问题与会场教师进行了互动。③ 此次访问活动仅历时三天，却帮助教师解决了众多的实际问题，极大地增强了教师进行教学方法改进的信心，在一定程度上为道尔顿制的实施扫清了障碍。

二、"八大教育主张讲演会"的召开

"八大教育主张"讲演会在日本教育史上占有非常重要的地位，会上提出的"八大教育主张"成为日本大正时期教育思潮的中心，将日本新教育运动推向高潮。④ 此次讲演会在任何一本关于日本教育史的教科书中都会提及，但这并不是讲演会举办之初的正式名称，而是八大教育主张在社会上引起强烈反响后，才冠以此名。

---

① 李文英，李伟. 日本成城小学的道尔顿制及其影响 [J]. 河北大学学报（哲学社会科学版），2014（4）：63.
② 中野光. 大正自由教育の研究 [M]. 名古屋：黎明书房，1998：89.
③ 吉良侯. 大正自由教育とドルトンプラン [M]. 東京：福村出版，1985：63.
④ 王桂. 日本教育史 [M]. 长春：吉林教育出版社，1987：220.

1921年8月，日本学术协会举办"教育学术研究大会"，从1日到8日，每天一人，轮流讲演。每天下午6点至晚上11点举行，会场位于东京小石川大塚窪町的东京高等师范学校讲堂，能容纳2000人左右，场场爆满。① 讲演者及其教育主张分别为：及川平治的"动的教育论"、稻毛诅风的"创造教育论"、樋口长市的"自学教育论"、手塚岸卫的"自由教育论"、片上伸的"文艺教育论"、千叶命吉的"一切冲动皆满足论"、河野清丸的"自动教育论"和小原国芳的"全人教育论"。②

八位讲演者中，提倡"自由教育"的手塚岸卫、提倡"分团教育法"的及川平治和提倡"全人教育论"的小原国芳等人，当时虽然已经经常在各类教育杂志上发表文章，并在各种讲演会上发表讲演，但他们的平均年龄只有42岁，被称为"新晋人气学者"。③ 其他五位虽然当时已经拥有公职，但在新教育改革运动的研究中还都处于理论层面，最年轻的稻毛诅风只有34岁。因此，8位讲演者被称为持有教育改革主张的"新人"，但他们日后都成为了日本新教育运动的领导者和推动者。而当时日本新教育运动的代表人物，被称为"新教育运动实践旗手"的木下竹次、北泽种一、西山哲治、中村春二④等人悉数没有出现。⑤ 实际上，此次讲演会的目的是通过举办新式讲演会的方式对抗已经形式化了的官制讲习会⑥。因此，此次讲演会也被称为"革命讲习会"。⑦ "八大教育主张"讲演会的组织筹划、召开推进、影响宣传处处都能体现筹划者的真实意图。

(一)"八大教育主张"讲演会的筹划

1. 尼子止的提案

此次讲演会的最初创意出自于日本学术协会会刊《教育学术界》的主编尼

---

① 橋本美保. 大正新教育の思想[M]. 東京：東信堂，2015：165.
② 王桂. 日本教育史[M]. 长春：吉林教育出版社，1987：221.
③ 橋本美保. 大正新教育の思想[M]. 東京：東信堂，2015：168.
④ 木下竹次创建的奈良女子高等师范学校附属小学、北泽种一创建的东京女子高等师范学校附属小学、西山哲治创建的帝国小学校、中村春二创建的成蹊小学校，都是在日本新教育运动的影响下开办的新式小学，被视为实践日本新教育主张的典型案例。
⑤ 上田祥士，田畑文明. 大正自由教育の旗手[M]. 東京：小学館，2003：47.
⑥ 官制讲习会，即为官方组织的在职教师培训会。
⑦ 橋本美保. 大正新教育の思想[M]. 東京：東信堂，2015：180.

子止①。在1921年3月的杂志编辑会议上，尼子止提出刊发"新人专辑"的构想，专辑的内容要求新颖独特，要让全社会认识教育学界的"新人"、了解教育学界的最新动态，将新教育思潮成果介绍给社会的各个阶层。经会议讨论，决定在1921年8月，利用暑期时间举办"教育学术研究大会"，但这不仅仅是单纯的讲演会，而是参会会员可以对讲演者提出质疑和批评，能够进行讨论交流的"研究集会"。②

2. 讲演者的选定和会场的确定

尼子止的提案获得通过后，以日本学术协会为主体成立了大会筹备组织机构，准备工作首先从讲演者的选定和邀请开始。尼子止亲自选定了8位讲演者，但当时8位讲演者作为教育学界的"新晋人气者"，都被全国各地的暑期讲习会聘为讲师，工作任务繁重，接到日本学术协会的邀请后，只有千叶命吉和稻毛诅风二人当即表示接受邀请，其余6人均没有做出明确答复。经过尼子止本人和日本学术协会的数次面谈与电报邀请，终于全部承诺准时出席。③

尼子止没有邀请拥有大学教授地位④和拥有众多学术论著的著名教育学者，而是邀请了拥有教育改革主张的"新人"，主要是为了体现他的"能够直接面对面进行质疑和交流"的主张，如果选定教育界位高权重、德高望重之人的话，会给台下的参会人员一定压力，这种质疑和交流势必难以实现。在他看来，邀请教育实践家或者实践研究家，比邀请教育理论家更符合大会筹办的意图。关于尼子止筹划此次讲演会的真实意图，我们在1921年4月筹备会议的讲话中可以看出："……要在教育界创造一种提升学术研究的方式，要在讨论和交流甚至质疑中提升学术水平……要站在日本人的立场上去研究欧美的教育学说，要体现日本人自己的价值，要让全世界听到日本人的声音……"⑤ 由此可以看出，尼子止是站在一个对社会现实进行批判的立场上来筹划此次讲演会的，而他所

---

① 尼子止，1880年出生于大分县。从大分县师范学校退学后，经考试合格被录用为乡里小学校教师，后担任校长。1900年到东京日比谷小学任教。1905年到下关商业学校执教3年后再度进京，担任神田小川下学校的训导，并从明治末期开始担任杂志《教育学术界》的编辑，大正初期担任杂志编辑主任，后任主编。1916年创建日本学术协会。1937年4月去世，享年59岁。尼子止是日本著名的教育新闻记者和教育评论家，其学术范围涉及体育游戏的教授实践、教育制度、教育政策、政治外交等多个方面。
② 橋本美保. 大正新教育の思想 [M]. 東京：東信堂，2015：169.
③ 橋本美保. 大正新教育の思想 [M]. 東京：東信堂，2015：169.
④ 片上伸当时虽然已经是早稻田大学的教授，但只有37岁。
⑤ 橋本美保. 大正新教育の思想 [M]. 東京：東信堂，2015：170.

针对的社会现实就是官制化和形式化的讲习会以及全盘全面吸收欧美教育经验的教育思潮。当然,最主要的还是这8位讲演者的教育主张和从事的教育实践活动更符合当时的社会需求和日本新教育运动的潮流。

讲演者全部确定出席后,尼子止与《教育学术界》杂志的其他编辑分别负责与每一位讲演者单独接洽,商定讲演的顺序、日期和内容。同时,获得东京高等师范学校的承诺,将能够容纳2000人的讲堂确定为讲演会的会场。为确保万无一失,还成立了会务组织机构,安排固定工作人员负责会场服务,其中会场内安排30名,参观环节①安排15名。②

3. 会员的募集和大会的宣传

1921年5月的《教育学术界》杂志上刊载了关于召开"教育学术研究大会"的预通知:"原来的讲习会讲听分离,流于形式,难以达到学术提升的目的。为了提升学术研究的能力和水平,将于今年8月上旬在东京召开第一届教育学术研究大会,会期十天左右。"同时刊载的还有8位讲演者的简介。③

1921年6月的《教育学术界》杂志开始刊载正式参会通知,将讲演会定位为"革命的讲习会",并刊发了参会会员注意书,内容如下:"每位参会会员需要缴纳3日元会费,根据提交申请的先后顺序从前往后安排座位,帮助东京以外的参会者安排住所,报销单程路费。会议举办期间,每天上午组织文化考察,预定参观考察明治神宫、新宿御苑、文部省、帝国大学、博物馆、动物园、印刷局、电话局、户山学校、报社等机构;每天晚上,讲演和讨论结束后,会进行1小时左右的文艺演出。"④

同时,对8位讲演者的讲演题目和登场顺序进行了详细介绍。

日 期	题 目	讲演者	职 务
8月1日	"动的教育"概要	及川平治	兵库县明石女子师范学校主事⑤
8月2日	真实的"创造教育"	稻毛诅风	创造社社刊《创造》主笔⑥
8月3日	"自学教育"的基础	樋口长市	东京高等师范学校教授

---

① 根据会议议程安排,在讲演讨论之余,安排了对东京市内的参观活动。
② 橋本美保. 大正新教育の思想 [M]. 東京:東信堂,2015:170.
③ 橋本美保. 大正新教育の思想 [M]. 東京:東信堂,2015:171.
④ 橋本美保. 大正新教育の思想 [M]. 東京:東信堂,2015:172.
⑤ 学校主事,即为学校负责人。
⑥ 报刊主笔,即为报刊首席编辑或者首席记者。

续表

日　期	题　目	讲演者	职　务
8月4日	"自由教育"的精髓	手塚岸卫	千叶师范学校主事
8月5日	"艺术教育"的倡导	片上伸	早稻田大学教授
8月6日	冲动满足和"创造教育"	千叶命吉	广岛县师范学校主事
8月7日	"自动主义"教育	河野清丸	女子大学校主事
8月8日	"文化教育"的主张	小原国芳	成城小学校主事

东京发行的主要教育杂志也都刊载了教育学术研究大会的广告。所有刊载广告的杂志都被确定为此次研究大会的后援单位。

广告刊发后，日本学术协会平均每天收到 50~60 份参会申请，最多的一天超过 100 份。到 6 月 20 日，收到的参会申请已经超过 1200 份，甚至还收到了来自海外[①]的申请。收到的参会申请数量远远超过了会议的接待能力，组委会不得不在 7 月的《教育学术界》刊发"满员入会谢绝"的紧急通知，并组织专门人员给 1000 余位递交参会申请的教师邮寄了谢绝参会致歉信。[②]

（二）"八大教育主张"讲演会的举办

1. 讲演会的开幕和主持人的选定

大会开幕当天早晨，组委会开始接待参会人员报到。东京高等师范学校讲堂前挤满了报到人员，长长的队伍一直排到高等师范学校前的车站处。大会开幕前，已经有 2000 余人进入了会场，场内座无虚席。[③] 18：00，大会准时开始，尼子止登上主席台宣布为期 8 天的研究大会正式开幕。

开幕仪式上，尼子止宣布大会开幕并致辞。随后，讲演会主持人团队的大濑甚太郎和吉田雄次分别致辞。[④] 此次讲演会之所以受到如此追捧，不仅仅是因为讲演内容的创新和讲演形式的变革，还在于讲演会汇集了 8 位高人气"新人"，更在于组委会邀请到了 8 位教育界"大咖"级人物担任每天讲演的主持人。他们分别是东京高等师范学校教授、文学博士大濑甚太郎，东京帝国大学教授、文学博士吉田雄次，东京帝国大学教授、文学博士春山作树，庆应义塾

---

① 海外申请，指的是朝鲜、满洲等海外殖民地。
② 橋本美保．大正新教育の思想［M］．東京：東信堂，2015：172．
③ 橋本美保．大正新教育の思想［M］．東京：東信堂，2015：174．
④ 橋本美保．大正新教育の思想［M］．東京：東信堂，2015：174．

大学教授小林澄兄，东京帝国大学助教授①入泽宗寿，东京帝国大学助教授阿部重孝，东京府②视学③松原一彦，《教育学术界》主编尼子止。④

8位主持人拥有极高的社会地位和社会知名度，每年都会受邀参加多场讲习会，日常工作十分繁忙。所以，他们并不会每天全员到场，而是根据他们的时间来主持大会，但是可以确保每天会有1~2位主持人到场。⑤

2. 讲演会的推进

大会每天下午六点准时开始。讲演者首先就各自的教育主张进行讲演，然后接受参会人员的质疑并与其进行交流讨论。但8月5日片上伸的讲演8：00在庆应义塾大学讲堂举行，8日小原国芳的讲演也在上午举行。每位讲演者的讲演时间控制在两个半小时左右，只有片上伸进行了三个多小时的长篇讲演。讲演完毕后，安排了一个小时到一个半小时的交流讨论时间，一般安排6~8位参会者进行质疑提问，但7日的河野清丸只安排了3位，6日的千叶命吉则安排了15位。讨论交流后还有一个小时左右的文艺表演，一直持续到11：00结束。另外，在会议召开期间，每天上午还安排了3个文化考察队，分别对东京城内的学校、官厅、工厂、报社、公园等地进行参观考察学习。⑥

最后一天，小原国芳的讲演和讨论在上午进行，讨论结束后举行了闭幕式。闭幕式后，日本学术协会的官员和大约50位参会者还举办了一场"会员谈话会"，会上通过决议成立"教育研究同志会"，选举松原一彦、田渊巌、真行寺朗人3人为执行委员。⑦

会后，以执行委员的名义在《教育学术界》8月刊上发表题为《教育研究同志会启航》的文章，介绍了同志会成立的经过和《同志会章程》，并呼吁人们加入同志会。根据《章程》，同志会的目的是为了进行教育学术研究，提升教师的学术研究水平；入会会员每年缴纳6元50钱的会费；成为会员后，参加同志

---

① 助教授，根据日本《学校教育法》的规定，助教授的主要工作是协助教授开展工作。但实际上，助教授都能独立指导学生和从事研究工作，具有准教授的资质和能力。
② 东京府，当时日本的行政区划名称与现在不同，现称东京都。
③ 视学，日本各府县设立的官职，主要负责对各府县内各级教育机构的巡视、督导和检查工作。
④ 中野光. 大正自由教育の研究[M]. 名古屋：黎明书房，1998：147.
⑤ 中野光. 大正自由教育の研究[M]. 名古屋：黎明书房，1998：147.
⑥ 橋本美保. 大正新教育の思想[M]. 東京：東信堂，2015：176.
⑦ 上田祥士，田畑文明. 大正自由教育の旗手[M]. 東京：小学館，2003：148.

会举办的研究会和讲演会，可以减免部分参会费用；同志会的会刊为《教育学术界》。①

根据会后主办方公布的数据显示，此次讲演会来自全国府县的参会人员共计2060人。参会人数排名前五位的分别是神奈川县158人、三重县91人、兵库县91人、福冈县85人、北海道厅80人，参会人数较少的县分别是德岛县7人、石川县6人、桦太厅②4人、冲绳县1人、浦盐斯德③1人。④从各地参会人数分析，有两个显著特点：其一，东京府的参会人数只有65人，在全国排名比较靠后；其二，来自朝鲜、中国台湾地区、桦太厅、浦盐斯德等海外殖民地的参会人数不多，分别为31人、20人、4人和1人，⑤但具备一定代表性，表明大会的影响力扩展到了海外殖民地地区。由此可见，当时东京府作为全国政治、教育中心，传统的教育模式和学术氛围占据统治地位，具有变革性质的讲演会和教师培训会不太受官方支持；这种革命性的教育主张和教师培训模式在远离权力中心的地区比较受欢迎，而且也应该首先在这些地区萌芽发展和壮大。

3. 讲演会的评价

此次讲演会参会人数之多，涉及范围之广是史无前例的。虽然讲演会引起了强烈的社会反响，但是《教育学术界》之外的教育类杂志却很少对此次盛会进行宣传。主要原因在于这次讲演会是以改革为目的的，对现有的讲习会进行了深刻的批评，倡导社会改变现有的讲习会模式，建立一种全新的在职中小学教师培训方式。因此，讲演会理所当然地受到了保守势力和现有利益获得者的批评。广岛高等师范学校教育研究会会刊《学校教育》刊文指出"尼子止通过此次大会获得了巨额的金钱收益"；《教育思想学说人物史》的作者、教育评论家藤原喜代藏发表言论指出"出版商尼子止妄图把八种教育主张建成引领大正教育界的最高指导原理"。⑥

---

① 橋本美保. 大正新教育の思想 [M]. 東京：東信堂，2015：177.
② 桦太厅，是日本治理库页岛时期设立管理当地的地方行政官厅。
③ 浦盐斯德，即今天的海参崴。
④ 橋本美保. 大正新教育文献資料集成（第一卷）八大教育主張 [M]. 東京：日本図書センター，2016：493–512.
⑤ 橋本美保. 大正新教育文献資料集成（第一卷）八大教育主張 [M]. 東京：日本図書センター，2016：493–512.
⑥ 橋本美保. 大正新教育文献資料集成（第一卷）八大教育主張 [M]. 東京：日本図書センター，2016：420.

但同时，参加过此次大会的教育学者发出了完全不同的声音。吉田雄次评价此次大会是前所未有的"革新讲演会"，"将代表当前社会教育思潮的八种新教育主张聚集一堂，实乃大正教育界的一大幸事"①。松原一彦指出："八位讲演者的教育论充满了新意，也代表了教育界发展的潮流，而且将讲演与质疑讨论相融合的开会方式也是一种创新。"② 大濑甚太郎也刊文指出："这种独立设置质疑应答时间的讲习会是与普通的讲习会有本质区别的，它能够解决广大在职教师的实际困惑。"阿部重孝认为此次讲演会打破了以往暑期讲习会的固有形式，对教育界的贡献是不容小视的。③ 入泽宗寿发表观点指出："听者之积极、讲者之真诚、会场气氛之热烈，已经很久没有在在职教师讲习会上出现过了。"④ 春山作树评价尼子止的提案是一个"天才的提议"⑤。小林澄兄指出："原来的上级指派的教师讲习会毫无生机可言，培训完全流于形式，参会教师没有任何收获。"⑥

另外，普通参会人员也曾对此次讲演会发表过自己的观点。群马县的高坂仲重郎认为："从前的讲习会只是一味地听，没有任何新意，总是让人感到困倦，而且要缴纳巨额的费用，收获却很少。组织者和讲师都极其不负责任。"⑦ 东京府的松井藤市认为："从前是在县郡长官和视学的监督下参加自己并不感兴趣的讲习会，此次讲习会是在基于参会者共同爱好的基础上将大家从四面八方汇集到一起的。"⑧ 熊本县的笹原英三郎认为："从前的讲习会，教师们总是满

---

① 橋本美保. 大正新教育文献资料集成（第一卷）八大教育主张［M］. 東京：日本図書センター，2016：423.
② 橋本美保. 大正新教育文献资料集成（第一卷）八大教育主张［M］. 東京：日本図書センター，2016：423.
③ 橋本美保. 大正新教育文献资料集成（第一卷）八大教育主张［M］. 東京：日本図書センター，2016：427.
④ 橋本美保. 大正新教育文献资料集成（第一卷）八大教育主张［M］. 東京：日本図書センター，2016：427.
⑤ 橋本美保. 大正新教育文献资料集成（第一卷）八大教育主张［M］. 東京：日本図書センター，2016：428.
⑥ 橋本美保. 大正新教育文献资料集成（第一卷）八大教育主张［M］. 東京：日本図書センター，2016：429.
⑦ 橋本美保. 大正新教育文献资料集成（第一卷）八大教育主张［M］. 東京：日本図書センター，2016：467.
⑧ 橋本美保. 大正新教育文献资料集成（第一卷）八大教育主张［M］. 東京：日本図書センター，2016：472.

怀希望和憧憬而来,带着疑惑和抱怨离开,会上没有任何收获,唯独这次的讲习会让大家将听课过程中的疑惑逐一解开,可谓满载而归。"①

(三)"八大教育主张"讲演会的影响

从上述评价看出,从前的教师讲习会存在诸多弊端,流于形式,起不到应有的作用,没有效果可言。日本学术协会举办的此次讲演会,从形式上,改变了以往讲习会的弊端,给大家耳目一新的感觉;从内容上,将当时教育界的8种全新教育主张作为大会的议题,给旧有的教育主张一定冲击,将新教育的主张宣传到了日本各地。所以,有的学者将此次讲演会称为"革命讲演会",将8位新秀学者的讲演称为"新人的革命宣讲"是不无道理的。那么,此前的教师讲习会究竟是什么形式的呢?此次讲演会又会对其带来什么样的冲击呢?

讲习会开始于1890年前后,20世纪初达到鼎盛,是在师资不足的社会背景下,面向中小学师资开展的研修活动,在一定程度上确实提升了中小学教师的执教能力和业务水平。当时,讲习会除了文部省和府县自治体教育主管部门可以举办外,各种教育关系协会、大学、师范学校也可以举办。进入大正时期后,文部省和各府县自治体相继颁布命令,要求中小学在职教师必须定期参加讲习会培训,使中小学教师的在职培训带有了一定的强制性。②由于夏季讲习会举办期间,正值暑期,教师没有授课压力,时间充足,所以夏季讲习会受到在职教师的青睐,逐渐成为在职中小学教师培训的主要形式,得以推广。

根据文部省1919年的调查数据显示,当年全国共举办夏季讲习会1248场,(其中公设370场、私设878场),参加培训的教师达到153245人,而当时全国共有小学教师178450人,中学教师7219人。③可以说,绝大多数中小学教师都有参加夏季讲习会的经历,再加上冬季讲习会和其他形式的讲习会,几乎每位教师当年都参加过至少一次讲习会的培训。

面对广阔的市场需求,以营利为目的的私设讲习会大量出现,数量上甚至超过公设讲习会。文部省成立专门的管理机构,加强对各类讲习会的监管,还曾经以书面通知的形式要求各类讲习会必须要接受视学官的指导,在培训内容

---

① 橋本美保.大正新教育文献資料集成(第一卷)八大教育主張[M].東京:日本図書センター,2016:473.
② 山本正身.日本教育史[M].東京:慶応義塾大学出版会株式会社,2014:230.
③ 山本正身.日本教育史[M].東京:慶応義塾大学出版会株式会社,2014:239.

上也做了严格的规定，必须要与政府的主流方向一致。同时，要求讲习会结束后要对参训教师进行考核，成绩必须通知所在地行政长官。在文部省的管理和指导的强化之下，讲习会逐渐"官制化"，而且成为了一个上意下达的工具。

教育学术研究大会与原来旧式讲习会的对抗，不仅体现在内容和形式上，在会议举办时间上也同样有所体现。教育学术研究大会的举办时间为8月1日至8日，当时也是全国夏季讲习会举办的高峰期。例如，最具权威性的帝国教育会[①]举办时间为8月1日至18日；茗溪会[②]举办时间为8月1日至6日；东京女子高等师范学校儿童教育研究会举办时间为8月1日至6日；文部省还分别于7月25日至8月4日在广岛高等师范学校、8月1日至7日在东京高等师范学校举办了"修身教育"和"历史地理"科目的小学教师讲习会等。能够在夏季讲习会举办的高峰期，从全国募集2000多位教师参会，能够充分体现教育学术研究大会在内容和形式上的独特性和创新性是深受广大中小学教师欢迎的。可以说，此次盛会的成功举办，给传统的官制化、上意下达式的讲习会体系带来了一定的冲击，在原有讲习会的完整体系上撞开了一道裂痕。

日本新教育运动在日本教育改革史上占有非常重要的地位，正是这次讲演会上提出的8种新教育主张为这场教育革新运动指明了方向，将这场改革运动推向了高潮。樋口长市等人会后根据会议纪要编辑出版《八大教育主张》一书，使8种新教育主张在社会广为流传。后来的学者也将这场教育学术研究大会称为"八大教育主张"讲演会。

三、日本新教育理论成型确立的代表人物及其教育主张

第一次世界大战后，随着国际间文化教育交流的兴盛，欧美各国资产阶级教育学说不断涌入日本，使得日本教育界受到很大的冲击。这一方面引起了对传统的现存教育制度的不满，另一方面日本也从外来教育思想中受到启发而探寻全新的教育理念。日本教育学者在总结多年实践教育经验的基础上，极力主张创造本国的新教育学说，阐述自己的教育观点和教育理论，并创刊《教育学

[①] 帝国教育会，隶属于文部省的、具有全国性质的教育协会组织，主要致力于教育学术研究和在职教师的培训工作。

[②] 茗溪会，前身为1884年东京师范学校毕业生组织的同窗会，后来与东京农业教育专门学校同窗会、东京体育专门学校同窗会合并，主要致力于中小学教师的培训工作，时至今日依然发挥作用。

术界》杂志，发表了许多关于新教育学说和新教育理论的文章。最终总结出了以"八大教育主张"为代表的日本新教育思想。"八大教育主张"也成为了日本新教育运动的思想中心。

(一) 樋口长市和自学教育论

樋口长市是日本明治后期至昭和前期著名的教育学者。1871年出生于长野县南安云郡（今松本市）梓村，1887年梓小学高等科毕业后成为临时教员，就职于梓小学分校。1890年考入长野县师范学校，在学期间考取小学教师资格证书。1894年长野县师范学校毕业后，任职长野县南安云郡高等小学校训导，1895年进入东京高等师范学校文科就学，1899年毕业后就任大阪府师范学校教谕，1902年就任东京高等师范学校附属小学校长。1903年就任东京府师范学校教谕兼任该校附属小学校长，1906年转任东京高等师范学校教谕兼任该校附属小学第三部（特别学级）部长。1919年受文部省委派赴美国、英国、法国留学，主要考察学习欧美国家特殊教育的开展情况，1921年回国。[1]

樋口长市在1919年出国留学前夕，出版了他的教育代表作《自学主义教学法》，明确阐述了他的教育观点。他认为，旧教育是顺应主义教育，不能充分发挥儿童内部的各种能力，压抑儿童的聪明才智，只许儿童消极地顺应和学习国家规定的课程。当时的日本如果想培养具有独创能力的人，必须积极开展创作主义教育。他的自学主义教育思想主要强调三个方面：第一，自学主义教育思想是针对旧教育主张的知识万能论提出来的，极力主张要充分发挥儿童内部的各种能力，要引导儿童进行独立自主的学习；第二，自学主义教育思想极力反对万能主义的教授方法，竭力提倡自主学习方法，尊重儿童自主学习精神，儿童获得知识不是外部的直接灌输，而是要利用儿童内部的潜力、自主能力获得知识；第三，自学主义教育思想反对心理学的主智主义学说，提倡以意志为主的学说，以儿童意志为中心开展教育，在尊重儿童意志的前提下，引导儿童自主学习有用的知识。[2]

樋口长市在欧美留学期间受到美国进步主义教育运动和欧洲新教育运动理念的洗礼，并继续就自己的研究方向"自学主义教育"展开进一步的研究。回

---

[1] 橋本美保，田中智志. 大正新教育の思想—生命の躍動 [M]. 東京：東信堂，1915：258.

[2] 小原国芳. 八大教育主張 [M]. 東京：玉川大学出版部，1976：91–111.

国后，年仅 30 岁的樋口长市应邀参加"八大教育主张讲演会"，并以《自学教育论》为题在讲演会上宣讲了自己的教育主张，一举成名，成为日本新教育运动高潮时期的代表学者。

"八大教育主张"讲演会后，樋口长市作为东京高等师范学校教授致力于新教育思想的宣传推广研究，1924 年 5 月接受文部省委派，和广岛高等师范学校教授长田新一起作为文部省临时视学官到长野县进行教育巡视，引发"川井训导事件"，亲眼见证了日本国家权力当局对新教育运动的镇压。1925 年转任东京聋哑学校校长，此后长期从事特殊教育和比较教育领域的理论和实践研究工作，主要代表作品有《特殊儿童的教育保护》（1924 年）、《欧美的特殊教育》（1924 年）、《比较教育》（1928 年）、《生活教育学》（1935 年）、《现代教育学大系——比较教育制度论》（1936 年）、《特殊教育学》（1939 年）等。①

（二）河野清丸和自动教育论

河野清丸是日本较早接受并宣扬"蒙台梭利教育法"的教育学者之一。他出生于1873 年，1911 年毕业于东京帝国大学，1912 年应日本女子大学创立者成濑仁藏的邀请担任日本女子大学附属丰明小学校长，成为成濑仁藏极力倡导的"自学自动主义"教育方针的有力实践者。河野清丸主政日本女子大学附属丰明小学期间，潜心研究幼儿教育理论、深入实践"自学自动主义"教育方针，将早年接触的"蒙台梭利教育法"与"自学自动主义"教育方针相结合，充分汲取二者之精华，提出了"自动教育论"的构想。此后，河野清丸不断深入研究和调研实践，在教育杂志发表关于"自动教育论"的论文，与相关教育学者进行辩论提升，终于在 1919 年发表了他的成名作《自动教育法原理与实践》，1923 年又出版了另一代表作《自动教育论》。②

在"八大教育主张"讲演会上，河野清丸以《自动教育论》为题阐述了他的自动学习理论。他的教育理论以"自我主观意识第一"的哲学思想为理论基础。他强调自我行动在知识、技能形成过程中的作用。他认为发扬和继承人类文化并不是教育的目的，因为人类文化都是我们自我主观认识构成的，而这种

---

① 橋本美保，田中智志. 大正新教育の思想—生命の躍動 [M]. 東京：東信堂，1915：258 - 259.
② 橋本美保，田中智志. 大正新教育の思想—生命の躍動 [M]. 東京：東信堂，1915：324 - 327.

构成又是自动的。如果按照这种看法，自动的实质是文化的本体。所谓文化、知识等的构成，不是个人构成的，而是由超个人构成的。因此，自动就是用主观的自我动作创造知识、技能或者文化。创造的主体不是个人，而是超个人。教育就是帮助受教育的人，使其自然性达到理论化的程度，也就是本能和冲动能使自体从其善而不从其恶，使自然性各得其所，通过理论化统一自我。这种自我的主观认识构成了自动创造的文化。

河野清丸还进一步阐述了教育的方法问题。他强调指出：我们的教育方法从儿童自身的观点出发，必须通过自我创造才能达到教育的目的。如何让儿童通过自我创造达到教育目的并非是一朝一夕的事情，必须一步一步行动之后才能实现。无论任何时候都要养成自觉地为实现目的而办理事情的习惯和心理倾向。所养成的习惯或者心理倾向终究会在自己身上产生目的，指导自身实现目的绝对是有可能的。但是自动教育论过度强调通过自我主观创造实现教育目的，忽视了学校教育在人才培养中的道德作用。这种教育思想理论是不折不扣的主观唯心主义教育信条。[①]

（三）手塚岸卫和自由教育论

手塚岸卫出生于1880年，1896年从大宫寻常高等小学毕业后，开始从事教育实践活动，时年仅16岁。手塚岸卫1898年进入枥木县师范学校就学，1902年毕业后即就任枥木县寻常高等小学训导。1905年进入东京高等师范学校国语汉文科学习，1908年毕业后就任福井县师范学校教谕，在这里结识了篠原助市[②]，开始接触与自由教育的相关理论知识并被深深吸引。后来，手塚岸卫出任群马县第一师范学校教谕，同时兼任该校附属小学校长。1917年转任京都女子高等师范学校教谕并兼任京都府地方视学，恰在此时篠原助市也到京都居住，两人再次相遇，并在日常工作中对自由教育的相关理论进行了深入交流，手塚

[①] 小原国芳. 八大教育主张［M］. 東京：玉川大学出版部，1976：113-148.

[②] 篠原助市（1876—1957），日本大正、昭和时期著名的教育家，爱媛县人，1916年毕业于京都大学哲学系，1917年任奈良女子高等师范学校讲师，1919年任东京高等师范学校教授，1922年留学欧美，1923年任东北大学教授，1930年任东京文理科大学教授，同时兼任文部省督学和调查部部长，1941年任东京文理科大学名誉教授。职业生涯主要致力于德国教育思想的研究，以批判哲学为基础提出文化主义教育论，对日本大正新教育运动产生过积极影响。第二次世界大战后，提出从民主主义的角度开展新教育活动。主要代表作有《理论教育学》《教育学》《教授原论》《训练原论》《欧洲教育思想史》等。

岸卫也对自由教育的相关理论有了更加深入的了解。1919年，手塚岸卫出任千叶师范学校教谕同时兼任附属小学校长，篠原助市则受聘为东京高等师范学校教育学教授，在篠原助市的建议下，手塚岸卫开始在千叶师范学校附属小学进行自由教育的实践活动并取得了良好效果，前来参观学习的各地教育工作者络绎不绝。此时，手塚岸卫开始在实践的基础上总结自由教育的相关理论经验，并在1921年"八大教育主张"讲演会上，以"自由教育论"为题阐述了自己的教育思想。[1]

手塚岸卫的自由教育思想是建立在篠原助市的"批判教育学"理论基础上的，他认为现代教育应该是依靠儿童自我内部自由发展而达到理想境地的。手塚岸卫以篠原助市的教育学原理来指导教育实践活动，认为过去教育的最大弊端是过于统一化，使儿童陷于被动状态；教学方法过于注入式；过于干涉儿童和约束儿童的个性发展，把形式主义的教授方法视为无所不能的；过于重视浅薄的实用主义，在教学过程中完全是以教师为中心，而没有把儿童放在中心地位。旧教育逼得儿童走投无路，把学生赶进了狭窄的死胡同。[2]

在手塚岸卫看来，真正的教育和学习应该给学生充足的时间和空间去预习、复习。因为学生只有依靠自己的力量去开拓自己，才能使自己得到真正的进步。按照他的这种教育主张，学校应该取消学年考试和学生成绩单，主要看学生自学自习的能力。

手塚岸卫竭力主张给予学生自由，通过自由学习来唤起学生的自觉性。自学主义的彻底性在于对知识技术的自学自习、对道德训练的自律自制、对身体养护的自强自育。自由教育的理性活动意义在于得到自由教育的结果，目的在于创造真善美的价值，在学校使学生养成自学的习惯，使其达到自由协调发展。[3] 他还提倡自由教育的思想是地地道道的儿童中心主义教育思想的翻版，这在当时的新教育运动中产生了一定的影响力。同时也受到上层统治阶级皇国主义思想的抵制和传统教育思想的批判，认为他过于重视儿童的自学自习、自强自育，而忽视了学校教育中教师的主导作用。[4]

---

[1] 橋本美保，田中智志. 大正新教育の思想—生命の躍動[M]. 東京：東信堂，1915：279–282.

[2] 王桂. 日本教育史[M]. 长春：吉林教育出版社，1987：222.

[3] 王桂. 日本教育史[M]. 长春：吉林教育出版社，1987：223.

[4] 小原国芳. 八大教育主張[M]. 東京：玉川大学出版部，1976：113–148.

手塚岸卫又在1925年发表了关于在千叶师范学校附属小学开展教育实践活动的著作《自由教育实践》，更加系统地阐述了自由教育的相关理论和实践事宜。①

(四) 千叶命吉和一切冲动皆满足论

千叶命吉是日本明治后期至昭和前期著名的教育学者。1887年出生于秋田县，1905年毕业于秋田县师范学校，历任爱知县第一师范学校训导和奈良女子高等师范学校附属小学训导，1920年出任广岛师范学校附属小学校长。千叶命吉在奈良女子师范学校附属小学和广岛师范学校附属小学任职期间，曾经大力提倡稻毛诅风的"创造教育论"，并在1919年发表了他的成名作《创造教育理论与实践》。他一方面倡导创造教育的相关理论，另一方面在广岛师范学校附属小学付诸教育实践活动，相继发表著作《创造教育自我表现的学习》《独创学概论》《教育现象学》和《独创教育十论》等。②

千叶命吉在1921年的"八大教育主张"讲演会上以《一切冲动皆满足论》为题发表了自己的教育教育思想和教育主张，呼吁教育界重视儿童的独创性。千叶命吉在教育实践中，从先验主义立场出发，形而上学地验证他的"一切冲动皆满足论"的教育思想。他所说的"一切冲动"是指"生物体内固有的力量，是生命单纯的原始表露"，他也曾明确指出"一切冲动"是日本固有的神道思想，随着神的冲动而冲动是有意义的冲动，同时这也是日本固有的思维方式。他认为做好自己爱好的事情，只有认真彻底地做，才能真正做好。"一切冲动皆满足论"是满足儿童预想做的与一切冲动相连带的事务。换句话说，对儿童的冲动和欲望要始终根据爱好情况给予满足。当然，自然主义也有不完善性，但可以以善为指导，利用他律来克服以教师为中心的理想主义的不全面性。对儿童爱好的事务尽量给予满足，儿童的创造性就产生于一切冲动皆满足的瞬间感动，使其真、善、美得到健康发展。他还认为真正彻底地做成了自己爱好的事务，在道德上也就完善了。由于道德的完善，企图做丑恶事的可能性就会消失，做善事就是自动良好品质的表露，应该有所希望。③

---

① 王桂.日本教育史 [M].长春：吉林教育出版社，1987：222.
② 橋本美保，田中智志.大正新教育の思想—生命の躍動 [M].東京：東信堂，1915：300－310.
③ 王桂.日本教育史 [M].长春：吉林教育出版社，1987：223.

在这种教育观点指导下，千叶命吉提出了"问题中心主义"的教育方法，即一旦儿童遇到了问题，要立即通过和教师相互交谈的方式加以解决。他认为这种教育方法，既以教师为中心，又以儿童为中心，在日常的教育教学过程中，教师不应该对学生进行过多的指导，但也不应该过于放任自流。这实质上就是统一主义或者创造主义的教育方法。他把日常教学分为了"领会资料""发现问题""解决问题""创造性表现"四个阶段，借以达到教育的真正目的。关于儿童班级管理的问题，他主张不设置班主任，由儿童自己管理自己，实行自治管理。①

1922 年，千叶命吉辞去职务，赴德国柏林大学留学，专门研究独创学。1928 年回国后入职立正大学，担任讲师。1929 年创立日本独创学会，继续呼吁教育界重视对儿童独创性教育，此后主要代表作品有《独创主义教育价值论》和《独创教育学》。② 另外，千叶命吉为了实现教育革新而系统地提出了"创造教育十论"，其中包括"教育现象论""教育本体论"等著名观点，并且深刻批驳了旧教育对讲授、训练等环节的分类。③

（五）稻毛诅风和创造教育论

稻毛诅风（又名稻毛金七），1887 年出生于山形县东置赐郡漆山村（今山形县南阳市）的农民家庭。小学毕业后担任临时教师，并靠自学通过考核获得教师资格证书。1906 年在没有接受中学教育的情况下，破格进入早稻田大学预科学习。1912 年毕业于早稻田大学哲学系，在大学期间服兵役两年。大学毕业后，进入中央公论社，成为一名杂志记者。后来辞去杂志记者工作，创办杂志《教育实验界》，并担任主编。④

稻毛诅风在担任杂志《教育实验界》主编期间，一直致力于"创造教育"的相关研究，对"创造教育"有非常透彻的认识。1921 年受邀参加"八大教育主张"讲演会，并提出"创造教育论"，受到日本新教育学者的普遍关注。他在1922 年出版了自己的成名作《以创造为中心的教育观》，明确表达了自己的教

---

① 王桂. 日本教育史［M］. 长春：吉林教育出版社，1987：224.
② 橋本美保，田中智志. 大正新教育の思想—生命の躍動［M］. 東京：東信堂，1915：310.
③ 小原国芳. 八大教育主張［M］. 東京：玉川大学出版部，1976：167-216.
④ 橋本美保，田中智志. 大正新教育の思想—生命の躍動［M］. 東京：東信堂，1915：236.

育思想和教育主张；后来又相继出版了代表作《创造教育之理论与实际》《创造本位之教育观》《创造教育论》。其中在《创造教育论》一书中，稻毛诅风明确提出了创造教育的相关理论，该书由序论、创造教育的背景、概念、原理、本质、目的、动力、方针等八章组成。在该书的第一部分序论中，他提出："人生之本质为创造，人性之本质为创造性"；"教育须以此创造为原理，始为真有价值者，才能完全贯彻其使命。故以创造主义之人生观为背景，即此教育之特色"。这奠定了他着眼于整个人生观变革的创造教育理论的基调，并在此基础上阐明了他的创造教育原理观、本质观、目的观、动力观和方针等。这种与创造主义人生观相一致的创造教育，是着眼于人的创造性培养的全面教育，"为创造之人（即被教育者），为提高全体人类或全体人生之价值起见，以其根本属性的创造性为根源，以被教育者之人格的创造性为直接目的，以文化之创造为间接目的，以人格之创造性为主要动力"，教育的过程是人的创造本性自觉的过程，注重学习者的身心感受和境界修养。①

稻毛诅风把一切近代教育思想都概括到了创造教育的概念之中，以创造教育的原理说明一切教育现象和制定教育规划。他倡导的创造教育理论主要有两个方面：第一，人生是创造的；第二，假定人生是有创造性的。前者就是教育目的论和理想论的依据，后者就是教育方法的基础。在他看来，人生的目的就是创造价值，受教育者的本性也是创造的。因而，教育目的和教育方法都必须以创造作为教育的全部根本原则。这种创造性在最初是冲动的，但是这种冲动是以发展为宗旨的。创造的自由性是保持在自身中的力量的创造性，创造的结果就是超越自己。教育的直接目的是创造卓越的人格，它的终极目的是创造优秀的文化价值。受教育者以全人格为对象，其主要动力是创造性，为了达到教育目的，就是要使教育得到最有效的发挥，以这种创造性自律活动作为主要教育手段。②

这种教育主张的理论基础是近代教育思潮主流的理想主义自由教育观，也就是根据自身的力量创造人的价值。这种价值就是真善美的价值，即形成人生活下去的人格价值。他的教育思想受到康德和柏格森等人哲学思想的影响。稻毛诅风的创造教育论的目的和方法是从他的哲学观点演变而来的。教育目的在于创造性，

---

① 江瑶. 我国创造教育发展的回顾与前瞻 [J]. 黑河学院学报，2013（2）：64 – 65.
② 王桂. 日本教育史 [M]. 长春：吉林教育出版社，1987：224 – 225.

关于创造和创造性的构成要素是基于心理分析产生出来的。他的哲学思想基础是彻底的先验论，他的创造教育理论具有浓厚的理想主义教育色彩。①

稻毛诅风在1924年远赴德国留学，先后在柏林大学和弗莱堡大学学习哲学和教育学。1926年回国，1927年入职早稻田大学担任讲师，1931年晋升为教授。②

（六）及川平治和动的教育论

及川平治是日本战前著名教育家，日本新教育运动的代表人物。1875年出生于宫城县，1897年毕业于宫城县寻常师范学校，1905年通过文部省中等教员资格考试，1907年就任兵库县明石女子师范学校教谕，同时兼任附属小学校长。及川平治担任明石女子师范学校附属小学校长期间倡导的"分团式动态教育法"成为日本新教育运动早期的代表性理论，1912年和1915年相继出版著作《分团式动态教育法》《分团式各科动态教育法》，受到当时新教育学者的广泛推崇，③先后再版25次之多，他本人在日本教育界的影响力也越来越大。后及川平治在此基础上将该理论进一步发展，在1921年的"八大主张讲演会上"提出"动的教育论"成为日本新教育运动高潮时期的代表性教育理论。

及川平治一直致力于打破教师中心主义的整齐划一式的教学模式，重视儿童个性和自发性的儿童中心主义教育模式的实现。他批判以国定教科书为前提的课程改革潮流，倡导尊重儿童生活经验的"儿童本位主义教育"。及川平治认为教育应该激发儿童的学习意欲、学习动机，实际地通过做来学习有生活价值的东西。他还认为教育的根本就在于重视儿童的生活经验与直接经验，把中心置于儿童自身的判断与自主性、自律性上，就能使儿童自身掌握建构题材的能力。这种教育不是整齐划一的"静态教育"，而是"动态教育"。在寻求多样性、个别性的动态教育中适应多样性和个别性，将集体分团，展开分团式教育。但是这种超越了国定课程与教科书框架的改革倡导同样受到政府的干涉与镇压。④

及川平治认为学生能力的差异应该成为教学计划的基础。过去的教育忽视儿童适应环境的能力，一律按照儿童年龄编班授课，强求修完统一的课程，并规定统一的毕业年限。这些规定大大抑制了儿童智能的发展，限制了儿童的积

---

① 小原国芳. 八大教育主張[M]. 東京：玉川大学出版部，1976：53-90.
② 橋本美保，田中智志. 大正新教育的思想—生命的躍動[M]. 東京：東信堂，1915：236.
③ 久保義三. 現代教育史事典[M]. 東京：東京書籍，2001：484.
④ 钟启泉. "合科学习"与"分团式动态教育法"[J]. 基础教育课程，2016（12）：87.

<<< 第二章 日本新教育运动的高涨（1921年—1923年）

极性。他要求唤起儿童的兴趣和要求，通过儿童的活动，使其得到学习效果。采取分团式教育法或者个别教育法进行讲授，能够启迪儿童的智慧。他还强调学生自学自习，认为自学自习是学习上唯一的好方法，教育者应该根据学习情况加以辅导，训练儿童独立研究的能力。总之，及川平治的"动的教育论"是以进步是永恒真理为前提的，其基本精神主要包括：教育应该培养儿童的艺术观点；教育应该培养儿童具有突破现状的精神；教育应该培养儿童具有试做的观点；学习应该成为自觉的最崇尚的事情；教育应该成为享乐的连续进步的事业。①

（七）小原国芳和全人教育论

小原国芳是终身致力于"全人教育"理论研究的教育家，是日本玉川学园和玉川大学的创始人，也是日本近现代教育史上著名的教育家，他的教育思想不仅在日本有名，对全世界教育的发展也产生了巨大的影响。小原国芳1887年出生于鹿儿岛县。年幼家贫，只能考入官费的电信学校，毕业后成为了一名电信技术工人。但是依靠自身的奋斗和坚持不懈的学习，他后来又相继考入鹿儿岛师范学校、广岛高等师范学校和京都大学文学院哲学系教育学专业。毕业后，就职于广岛高等师范学校，热衷于初等教育事业的发展并积极提倡艺术教育，②1919年接受泽柳政太郎的邀请担任成城小学校长，融入到日本新教育运动的潮流当中。

小原国芳在1921年的"八大教育主张"讲演会上第一次提出"全人教育论"，即刻受到日本新教育学者的重视，在日本教育界引起轰动。小原国芳为了实践这一教育理论，在结合成城小学办学经验的基础上，在东京郊外创办了玉川学园，经过多年的经营，终于把玉川学园办成了一所包括幼儿园、小学、中学、大学的综合教育机构。③小原国芳多次出国讲学和考察，向世界各国介绍日本的新教育运动，他也是日本新教育运动中晚期的重要代表人物。小原国芳根据多年的教育实践经验，著述了许多有价值的教育著作，其中包括《教育改造论》《全人教育论》《思想问题和教育》《自由教育论》《理想的学校》《道德教授革新论》《教育立国论》《师道》《伟大之母》《母亲教育学》《教育与我的

---

① 小原国芳．八大教育主張［M］．東京：玉川大学出版部，1976：13-51.
② 周鸿志．小原国芳的全人教育论及其别具特色的教学原则［J］．北京师范学院学报（社会科学版），1991（2）：73.
③ 周鸿志．小原国芳的全人教育论及其别具特色的教学原则［J］．北京师范学院学报（社会科学版），1991（2）：73.

一生》等。①

小原国芳提倡的"全人教育"不是偏智教育,是人本主义教育,是以人的绝对价值和手段价值为根本的教育。小原国芳提出"全人教育论"的时候,汲取了近代欧美教育思想中用"全面发展来对抗近代社会人格之片面模糊"的思想精髓,他的着眼点不仅在教育目标上提出了"全人"和"全人格"的理想,而且在实现"全人格"的广度和深度上都有所考虑。② 小原国芳提倡的全人教育不是狭隘的教育,而是真、善、美、圣和谐发展的教育。他认为,人的文化生活由学问、道德、艺术、宗教、身体和生活六个方面组成。学问的理想在于真,艺术的理想在于美,生活的理想在于富,身体的理想在于健。从这六个方面的价值看,真善美圣四者具有绝对价值,而健和富则具有手段价值,这六个方面必须要和谐发展,缺一不可。③ 小原国芳对人的教育所包含的六个方面做过如下的解释。

一是关于学问的教育。小原国芳认为,当时日本的教育有填鸭式教育、死记硬背式教育、为了考试而激烈竞争的教育、为显身扬名的教育,甚至还有专为考试如何作弊的教育,这些都不是真学问而是学问的歪曲。他主张教学不单纯是教授而应该着眼于学习;不是教师强加给学生而是学生应该自己掌握知识;学习质量的提高不是依靠数量的加大而是应该产生爱好和唤起学生求知的热情,让学生掌握钻研学问的方法。小原国芳还认为求真学问必须具备惊奇感和疑问心。正因为对宇宙的神秘产生了疑问,伽利略、牛顿等人才产生了求知欲和探求心。而填鸭式教育、死记硬背的教育和为考试而作弊的教育都是急功近利的,会把求知欲和探求心挤进"死胡同",也就求不到真学问。④

二是关于道德教育。小原国芳认为道德的理想在于善,人生要成为开拓者和具有为人类服务的精神,这就是善,而善可以分为他律道德和自律道德两类。他律道德又可以称为权力说,它将恶善标准置于人性以外,置于人的本性之外的权力之上。自律道德则相反,在人的本性中寻求道德标准。必须有人生开拓

---

① 王桂. 日本教育史[M]. 长春:吉林教育出版社,1987:226.
② 李谊,周婷. 小原国芳全人教育思想的理论架构及其渊源[J]. 湖南行政学院学报,2006(3):82-83.
③ 王桂. 日本教育史[M]. 长春:吉林教育出版社,1987:226-227.
④ 李谊,周婷. 小原国芳全人教育思想的理论架构及其渊源[J]. 湖南行政学院学报,2006(3):83.

者和为人类服务的精神,这就是善。小原国芳坚决反对日本文部省偏重智育的思想,主张单独设置道德教育课程。他认为道德教育的任务在于使学生做到下列几点:懂得人格价值的尊严,尊重自身的人格,也尊重他人的人格;寻求可靠的人生观,并且是能够超越喜、怒、哀、乐、苦和一切感情的人生观;深刻懂得善、恶、苦的意义,懂得对罪恶忏悔的崇高性;了解道德生活的重要性,明白欲望和理性的纠纷,懂得认识的矛盾;塑造学生成为美好、正直、可靠和始终一贯的人。他反对空洞的说教,主张人格感化和"师生亲密",十分重视教师的言传身教。①

三是关于艺术教育。小原国芳认为艺术教育的理想在于美。美育是挽救人类道德不可或缺的组成部分,人在崇拜美的过程中自己逐渐成为完人。他所说的美不是外表上和形式上的美,而是灵魂上的美,他认为美育是挽救人类道德不可缺少的组成部分。他主张要吟咏和玩味名著名文,鉴赏好的绘画和音乐。特别是演剧,对具体人格修养有着巨大的力量,演剧是综合性的艺术,是艺术的高峰。因此,他主张学生要以"学校剧"的形式接受艺术教育,所谓"学校剧"就是适合儿童欣赏水平和由儿童自己演出的戏剧,都是一些富于温情、友爱、正义、诚实、自我牺牲和科学幻想的内容,对形成儿童的艺术爱好,具有很大的魅力。②

四是关于宗教教育。小原国芳认为宗教教育的理想在于圣,在学校教育中只进行智、德、美的教育是不够的,还必须通过宗教教育把三者统一起来,以真正实现全人教育的目的。为此,小原国芳把宗教生活放在全人教育体系的顶端,认为进行宗教教育能避免在学校教育中只重视智育,而忽视德育、体育的倾向。③

五是关于身体教育。小原国芳认为体育的理想在于健,在于全民的健康,在于体育的国民化和普及化。他认为体育的目标不应该是奖旗、奖章和创纪录,而应该是培养强韧的体力、协调的身体、灵活的动作以及长寿的生命。在学校教育中,他认为体育课应向学生传授生理学的知识,使学生了解进行体育活动是人自身的需要。小原国芳还认为体操是体育活动的基础,并聘请丹麦人到玉

---

① 李谊,周婷. 小原国芳全人教育思想的理论架构及其渊源[J]. 湖南行政学院学报,2006(3):83.
② 李谊,周婷. 小原国芳全人教育思想的理论架构及其渊源[J]. 湖南行政学院学报,2006(3):83.
③ 李谊,周婷. 小原国芳全人教育思想的理论架构及其渊源[J]. 湖南行政学院学报,2006(3):83.

川学园教授体操，后来他汲取丹麦体操、芬兰体操、瑞典体操以及柏林的"表现体操"和维也纳的"自然体操"之精华，创造出了著名的玉川体操。①

六是关于生活教育。小原国芳认为生活教育的理想在于富，但是他反对为追求财富而富，反对"为富不仁"。他认为全人教育的富是为了实现真、善、美、圣四个绝对价值的手段，而不是为了发财致富的目的。他非常赞赏一些实业家为了支持教育和学术的振兴，不惜拿出巨额资金办文化教育事业。小原国芳认为，这些实业家才算是真正懂得财富的价值，因为"只有教育投资才是最好的投资"②。为了实现生活教育的理想，小原国芳还根据"做中学"的现代教育思想，提出了劳作教育，就是要学生通过自己对现实生活的切实体验，以丰富自己的头脑，成为具有适应各种生活能力的人。在小原国芳看来，劳作教育是一个极其广泛的概念，既包括一般意义上的劳动教育，也包括学生开展的创作性活动。它是保证全人教育真、善、美、圣、健、富几个方面和谐发展的主要途径。

小原国芳的全人教育理论学说不仅是理论上的研究，还在于在他毕生教育活动中加以实践。他担任玉川学园校长期间，为学校制定了12条教育信条，即全人教育、尊重个性教育、自学自律、提高效率的教育、确立学习基础的教育、尊重自然、师生间的温情、劳作教育、对立的合一、加强满足他人与人生开拓者的教育、书塾教育、国际教育。这些教育信条是玉川学园和玉川大学的办学精神和一贯的工作指导原则。他还亲自规划学园的建设，四处筹措资金、聘请教师、招募学生、接待学生家长、到国外学习先进的教育经验、在百忙之中为学生讲课等。可以说，小原国芳为了实现全人教育的理想而奋斗了终生。③

（八）片上伸和文艺教育论

片上伸（又名片上天弦）与其余7位"八大教育主张"的倡导者身份略有不同，他的主攻研究领域并不是教育学，而是文学。片上伸是日本著名的文艺教育思想家和文艺评论家，原为早稻田大学俄国文学研究室主任、教授。1884年出生于日本爱媛县，1900年考入东京专门学校（今早稻田大学）哲学英文学科，并在在学期间与后来的大作家秋田雨雀、相马御风等人合作组建了文学研究会，可以

---

① 李谊，周婷. 小原国芳全人教育思想的理论架构及其渊源［J］. 湖南行政学院学报，2006（3）：83.
② 李谊，周婷. 小原国芳全人教育思想的理论架构及其渊源［J］. 湖南行政学院学报，2006（3）：83.
③ 小原国芳. 八大教育主張［M］. 東京：玉川大学出版部，1976：253-298.

说这是他走向文坛的第一步。事实上也正是因为有了这样一个积累，1909年毕业后，片上伸顺利进入了当时颇具文坛影响力的《早稻田文学》杂志社，担任记者兼编辑。从此在文坛崭露头角，发表了很多颇具影响力的文章，如《人生观上的自然主义》《未决绝的人生与自然主义》《生的要求与艺术》等。从这几篇文章的题目可以看出，此时的片上伸主要还是在为日本自然主义文学运动摇旗呐喊。直至1915年10月，片上伸作为早稻田大学公派留学生在莫斯科生活过两年半的时间之后，其文学观与心境才开始发生变化。此间他亲身见证了那场震撼世界的俄国十月革命，这一经历给他带来极大的触动与影响。回国后片上伸就开始背离此前一直热衷的自然主义文学运动，而开始关注无产阶级文学。①

片上伸于1921年参加了北原白秋和山本鼎等人主编的《艺术自由教育》和《文艺教育论》杂志的工作。他在文艺评论过程中，直接或者间接地阐述了对教育的看法。他在"八大教育主张"讲演会上以《文艺教育论》为题，发表了自己对教育的独到见解。可以说，片上伸是大正民主时代，以文艺教育评论为基础，有力地推进了自由主义教育的发展。

片上伸认为文艺教育的宗旨在于用文艺对人进行有意义的教育，但是文艺未必立即就会产生教育效果。文艺教育主要依赖文艺思想对人进行教育，通过文学、绘画、音乐、舞蹈、演剧等形式对人进行预想的教育。然而，并不是所有的文艺形式都能表现出文艺思想，关键在于依赖文艺作品的思想对人进行教育。他曾经在"八大教育主张"讲演会上特别强调过通过文艺作品的思想对人进行教育。他认为学校课程中的修身、伦理等道德教育科目是借助文艺作品及其他艺术形式对人进行教育。如果文艺作品不能进行积极的思想教育，它就背离了文艺作品的意义。

他还认为，文艺教育能对人的道德生活给予微妙的、精深的、根本的、永久的感化作用；依赖文艺的力量使教育事业成为最根本的综合性事业，并批判了现实的职业考试教育和部分教育的现状以及空虚无生命力的教育内容。他主张通过文艺教育培养对人间生活有宽宏大量又有细微容让力的人，具有自伸自愈生命力信念的人。这是片上伸提倡文艺教育的意义所在。但实际上只凭文艺作品的力量，是无法完成上述任务和目的的。②

---

① 陈朝辉．片上伸在中国［J］．鲁迅研究月刊，2013（7）：62．
② 小原国芳．八大教育主张［M］．東京：玉川大学出版部，1976：149–166．

综合分析以上内容来看，作为日本新教育思想核心内容的"八大教育主张"，其内容是相当丰富和厚重的，涉及了教育领域的众多方面，在日本教育史上意义深远。它是在批判日本传统教育的基础上形成和建立起来的，其主要观点是：旗帜鲜明地反对和批判传统教育的教师中心、教科书中心和课堂中心论，积极倡导儿童中心的思想。坚持和主张教育要尊重儿童的个性、发展儿童的天性、挖掘儿童的潜能、鼓励儿童去做自己喜欢的事情、培养儿童的学习兴趣和创造力，进而实现儿童的全面发展。①

在关于教育功能和教育作用方面，"八大教育主张"都批判了日本传统旧教育的做法，提出了各自的新观点。樋口长市的"自学教育论"认为日本当时的教育带有教师中心和模仿主义倾向，这样的教育模式不可能培养出日本所需要的具有创造力的人才；手塚岸卫的"自由教育论"指出日本传统的学校教育太过于死板，过于强调教师本位主义，严重干预了儿童的个性成长和发展；稻毛诅风的"创造教育论"则认为人生的目标就是创造价值，教育的全部目的就是创造，应该在创造上下功夫；千叶命吉的"一切冲动皆满足论"强调的就是要千方百计地满足儿童的特殊要求，鼓励儿童去做自己喜欢的事情，只有认真去做才会做好，创造就是在这种冲动得到满足的瞬间发生的。及川平治在"动的教育论"中也指出日本过去的教育忽视了儿童个性的培养，压抑了儿童的个性，削弱了儿童的智力成熟；小原国芳在"全人教育论"中指出教育的功能和作用最有利的体现就是最大限度促进儿童真、善、美、圣的和谐发展，实现全人教育的理想；河野清丸在"自动教育论"中指出教育应该把促进儿童的天性发展作为目标，让儿童愉快、自动地去学习，自觉自动地成长，这也是教育应该发挥的作用；片上伸的"文艺教育论"则认为教育的作用在于借助文艺，并通过文艺进行人的教育，反映了他作为一名文艺教育评论家的特有气质和风范。②

在关于教育的方法和途径方面，"八大教育主张"在批判日本传统教育的弊端时，都提出要发展儿童的天性和个性，发挥儿童的潜能，培养儿童的创造力，促进儿童全面和谐发展，而且还提出了不同的教育方法和教育途径。"自学教育论"提出要发挥儿童的主观能动性，让儿童自主、自发、自动地学习，教育应关注到儿童本身的这些渴望。"以儿童自主意志为中心开展教育活动，在关注儿

---

① 关松林. 应用与影响：杜威教育思想在日本 [J]. 教育研究，2010 (6)：99.
② 关松林. 应用与影响：杜威教育思想在日本 [J]. 教育研究，2010 (6)：99 – 100.

<<< 第二章 日本新教育运动的高涨（1921年—1923年）

童需求的前提下，引导儿童学习有用知识。""自动教育论"强调儿童自己主动发挥作用去创造知识、技能。教育的方法就是从儿童自身观点出发，去进行儿童的自我创造。"自由教育论"主张教育方法必须根据儿童的自我努力去进行自我教育，教师只是引导和充实这种教育。让儿童养成学习上的自律性，培养对待学习的责任心。"创造教育论"的表述则更加直白："创造教育，用一句话来说是以创造卓越个性人格为直接目的，以创造优秀的文化价值为终极目的……以创造性为主要动力，以自律活动为主要手段的教育。""一切冲动皆满足论"还提出"问题中心主义"的教育方法，其观点是让儿童自我管理，教师加以指导，避免放任自流。"动的教育论"则认为，儿童自学自习是唯一的好方法，教育应依此来训练儿童的独立学习能力，因为"学生能力的差异是教育计划的基础"，教育如果离开了这个基础，将一事无成。"全人教育论"在批判日本传统教育时指出，教育不单是传授知识，也不是教师简单地把知识塞给学生，而是要求学生发挥主动性。"文艺教育论"主张通过文艺来培养人，因为文艺是实现教育功能、发挥教育作用的重要手段，是训练和培养人对生活进行观察、评价等态度精神的重要力量。①

在关于教育的内容和任务方面，"八大教育主张"不仅关注教育功能的强化、教育作用的发挥，而且更关注通过实施什么样的教育内容去完成教育任务。"自学教育论"认为教给儿童有用的知识是教育的重要任务。这种有用的知识既是教育的任务，也是教育的内容，都是儿童成长和发展过程中需要的学问。"自由教育论"则认为，让学生凭借自己的自律去开拓人生是教育内容的最高境界，也是教育的根本任务。"创造教育论"认为教育的全部根本任务就是创造，通过创造来实现学生自己超越自己，教育的内容必须依此而展开。"动的教育论"认为教育的根本任务在于促进儿童连续不断的发展与进步，在教育内容的设计上，要特别注意培养儿童的艺术态度、开拓精神和进步意识。"文艺教育论"认为，教育的本质在于借助文艺进行人的教育，特别是通过文艺精神进行人的教育；教育内容的设计应切忌"空虚无实"。"全人教育论"坚信教育的内容应是和谐发展的学问，包括真、善、美、圣四个方面，此外还有道德、艺术、宗教、身体和生活等几个方面，而教育的任务就是要使上述诸方面达到最高境界，即道德要善、艺术要美、生活要富、身体要健。②

---

① 关松林．应用与影响：杜威教育思想在日本［J］．教育研究，2010（6）：100．
② 关松林．应用与影响：杜威教育思想在日本［J］．教育研究，2010（6）：100．

在关于教育的兴趣和动机方面,"八大教育主张"的提出者多数是杜威教育思想在日本的实践者,他们都很清楚,实践的效果如何关键在于儿童,在于儿童积极性的充分调动和发挥。①"自学教育论"相信一般的普遍的动机,这种动机可以长久、持续,而反对特殊的动机论。"创造教育论"相信冲动,因为冲动,特别是初始状态的冲动,可以增加儿童的创造性,从而带来儿童的发展与进步。"一切冲动皆满足论"也认为冲动是一种力量,也是一种动机,这种力量会给儿童带来满足感,教育应该鼓励儿童去做自己感兴趣的事情,感兴趣就会产生动机,而有了动机,就会促使事情最终完成。"动的教育论"极力主张唤起儿童的兴趣和要求,使儿童的学习充满兴趣和需要,并且在活动中进行。"全人教育论"认为,学习的质量不在于学生掌握知识的多少,而在于更多地培养学生的爱好,达到唤起学生求知愿望的目的。"文艺教育论"则认为借助文艺来实施教育过程是有根据的,因为文艺对学生来说,容易引起兴趣和爱好,有了兴趣和爱好,教育的实施就会变得更加顺畅和更加有意义。②

"八大教育主张"虽然在表述上有所不同,但其反映的教育观点是基本相同的,它勾勒出了日本教育思想新框架与未来发展蓝图。

第三节 日本新教育学校的空前繁荣

经过20余年的发展,日本新教育运动所倡导的理念已经深入人心,而且无论是教育理论还是教学方法都已经有了一定的积累。这一时期,日本的教育学者大多开始回顾日本新教育理论和教学方法的发展历程,从中吸取经验和教训,总结出科学的教育理论和教学方法。前文提到的"八大教育主张"就是8位教育学者在吸收欧美新教育理论的基础上,结合其在日本的传播历程和实践经验,凝练其精华而总结出来的,既具有欧美新教育理念的特色,又兼具日本"本土化"的气息。在教学方法方面,日本教育学者也根据新教育运动期间的实践经验,提出了适合日本学生特点的方法,主要包括及川平治提出的"分团式动的教育法"、泽柳政太郎提出的"道尔顿制式学习法"、山本鼎提出的"自由化教

---

① 关松林.交流与融合——杜威与日本教育[M].北京:教育科学出版社,2008:90-93.
② 关松林.应用与影响:杜威教育思想在日本[J].教育研究,2010(6):101.

育法"、手塚岸卫提出的"自学主义教育法"和木下竹次提出的"自律教育法"。这些教学方法是众多新教育学者多年实践的结果,在日本新教育运动教学方法改革当中扮演了非常重要的角色。

科学的日本"本土化"教育理论的指引和合理的教育方法的指导,再加上欧美新教育运动最新成果的引入,使得这一时期日本参与到新教育运动当中的学校"井喷式"增长。据统计,从1921年到1924年初,日本全国共有230余所学校投入到新教育运动改革当中,既包括新建的新教育学校,也包括在原有学校的基础上引入新教育理念进行改革的学校;既包括全校性引入新教育理念的学校,也包括部分年级或部分课程引入新教育理念进行教学方法改革的学校。其中对日本新教育运动发挥作用最为明显的除了原有学校继续推进新教育实践活动外,还有新建的19所新教育学校①,它们分散于日本全国各地,不仅深入贯彻实践新教育的理念主张,对周边的学校还产生了辐射作用。

一、一般公立小学新教育改革实践的深化

由于前期新教育实践活动产生良好效果的影响和杜威、帕克赫斯特的来访,国家权力暂时消除了对新教育思想的顾虑,转为默认性的支持。所以这一时期,一般公立小学的新教育实践尤为突出,除了已经进行新教育改革实践的学校继续深入改革外,还有大量学校新加入到改革实践的队伍当中,甚至有的城市以教育主管部门的名义动员全市所有小学进行新教育改革实践活动,比较典型的有福冈县的大牟田市和长崎县的壹岐岛,两地分别有9所和16所公立小学校同时进行新教育改革实践。

(一)福冈县神兴寻常高等小学的改革实践

神兴寻常高等小学位于福冈县神兴村,该村是一个人口不足400人的小村落,却养成了一种重视教育、人人向学的民风。神兴寻常高等小学的位置被认为是村子里面最为优越的位置,面朝大海,土质肥沃,水质甘甜,四周种植着各种花草树木,四季常青,鸟语花香,是一个自然环境非常优越的校园。由于该村村民人人向学,重视教育,所以将学校视为本村最为神圣的地方,该校校园也就成为了全村村民接受教化的中心,学校校舍也成为了全体村民的学习场所。

1922年,力丸健象赴任神兴寻常高等小学校长。由于当时"八大教育主

---

① 具体学校状况见附表2。

张"讲演会刚刚召开,日本新教育运动正处于高潮时期,政府当局还比较支持新教育运动的改革,所以力丸健象就任之初,着手开展的第一项工作就是按照新教育的理念对神兴寻常高等小学进行改革实践。

由于村民给予了该校非常优越的自然环境和非常神圣的地位,所以力丸健象的新教育改革实践活动首先倡导的就是"亲近自然、爱护自然、保护自然"和"尊重劳动、热爱劳动"的理念。力丸健象带领全体教师和学生,在村民的帮助下,继续美化和绿化了校园环境,开辟了茶园、蔬菜园、柑橘园、桑园等农场实验园,为将来教学实践活动的开展做了充足的准备,并通过劳动活动的实践,引导学生培养"尊重劳动"和"热爱劳动"的意识。

另外,由于当时日本农村小学的毕业生,平均只有20%能够升入上一级的学校继续学习,其余约80%的学生基本上都继续从事农业生产工作。所以,力丸健象的第二个改革理念就是倡导"直观教育"和"实用教育"。他要求学校教师对神兴村及其周边村落的生产实际进行调查,根据当地的生产生活实际需求制定教学计划和开设教育科目,将学生在学校的学习内容与学生走出学校后的实际需要联系到一起,并且在日常的实际教学过程中,要求教师带领学生走出教室,走进茶园、蔬菜园、柑橘园等农场实验园,让学生接受最直观的教育教学和最直接的教学实践。

在教育教学方法上,力丸健象注重引导学生"自求自学"和要求学生就学习过的内容或学习感受进行发表,意图通过这种方式引导学生养成善于思考的意识和能力。所以,在全校范围内,设置了"星期四发表会""学级发表会"和"月次发表会"。要求每个星期四在学习小组内部举行小范围发表会,学生们就每周的学习收获、学习感想或者某个专门的问题在同学面前进行发表,同时还要求每个学习小组成员对同学的发表按照优劣进行排队;学级发表会每两周举行一次,让"星期四发表会"上表现优秀的学生,在全班同学面前进行再次发表,彼此交流学习经验和学习所得,同时还要接受在场同学的问答;月次发表会是组织各班选出比较优秀的学生,每个月利用朝会的时间进行新的发表,同时还要接受不同班级同学的问答交流,甚至有时还会有教师参与问答环节。[1]

---

[1] 橋本美保. 大正新教育文献資料集成(第四卷)日本の新学校2 [M]. 東京:日本図書センター,2016:389-399.

(二) 神奈川县田岛寻常高等小学的改革实践

田岛寻常高等小学位于神奈川县川崎市,1923年在时任校长山崎博的带领下,投入日本新教育运动的改革浪潮中,开始进行新教育改革实践活动。由山崎博主导的这场新教育改革实践活动最显著的特征就是秉承"体验式教育"和"个性化发展"的教育方针。

山崎博在实践"体验式教育"方面主张知情合一的体验作用和全一生活的指导作用,他认为对学生的体验教育必须是全方位和立体式的教育,要让学生的体验达到知与情的融合、主观与客观的交融,让学生从思维与行动上、概念与直观上、抽象与具体上得到全方位的体验,才会达到教育的预期效果和预期目的。主张通过精心设计的教学课程,在教师的引领下,学生亲身实践,调动多种感官参与,自主思考,领悟所学理论知识,形成和发展自身认知能力。体验教育关注学生的亲身参与,注重个体知情意行的全方位的人格发展。同时,山崎博还强调日常教学过程中要重视学生的自主性,要求以学生为中心,通过学生的自主体验,来促进学生的发展。将此理念运用、实施到日常教育教学中,必须摒弃传统教学中枯燥乏味的教学模式,在教学内容、教学方法上都要有所创新,达到两者的完美结合,实现学生知情意行的全面发展。山崎博认为体验教育存在于生活,需要不断地引用和挖掘之后,才会发挥越来越大的作用。因此,在日常的教育教学过程中,他要求学校的教师们创设教育物境,在物与理的融合中引导学生去体验;创设教育情境,在特定的环境中引导学生去体验;将教育融入日常生活当中,带领学生在真实的环境中去体验,

另外,山崎博除了重视改革实践外,还非常重视实践之后的总结与归纳,他在主导该校的新教育改革实践期间,还根据实践的经验相继出版了诸多著作,主要包括《体验教育的理论与实践》《日本文化教育学》《个性教育的理论与实践》《日本田岛新教育的发展》《各科教授实际案例》《各科学习的形式和生活指导》《游戏学习的实际》《全国体验学校教授训练实施经营》《儿童生活算术》《修身实例选集》等,为日本新教育运动留下了一笔宝贵的财富。[①]

(三) 长崎县壹岐岛16所小学的改革实践

长崎县壹岐岛是远离日本本岛九州岛的一个海外岛屿,面积约130平方千

[①] 橋本美保. 大正新教育文献資料集成(第四巻)日本の新学校2 [M]. 東京:日本図書センター,2016:179-187.

米。虽然该岛远离日本本岛,但是与外界的联系却十分频繁,所以当日本新教育运动的改革之风在日本本岛刮起之时,壹岐岛也受到新教育运动的影响,开始接受新教育思想的传播,并逐步开始推进新教育的改革实践活动。

对壹岐岛新教育改革运动影响最大的是泽柳政太郎的成城小学,或者说壹岐岛的新教育改革实践完全照搬的是成城小学的实践模式。当时壹岐岛上共有16所寻常高等小学,为了便于教育的发展,各学校在当地教育主管部门的主导下,基本上走的是联合发展的道路;并接受岛上财阀熊本利平的资助,16所学校每年联合选拔一名优秀教师到东京进行研修学习,而研修学习的目的校就是泽柳政太郎创办的成城小学。所以,壹岐岛上的教育理念与泽柳政太郎的教育理念是完全一致的,岛上16所学校的教育实践也基本上是在跟随成城小学的发展步伐。当成城小学成功引进道尔顿制,并结合它的办学实际将其发展为"道尔顿制式自主学习模式"开始在全国推广经验后,这种模式也理所当然地传到了壹岐岛。尤其是在1921年"八大教育主张"讲演会后,日本新教育运动进入高潮阶段,进行新教育改革的学校"井喷式"增多,壹岐岛上的16所学校也开始照搬成城小学的模式进行新教育改革实践活动。这16所小学分别是武生水町的盈科小学校、柳田村的柳田小学校、鲸伏村的鲸伏小学校、渡良村的渡良小学校、沼津村的沼津小学校、香稚村的胜本小学校、新城小学校和霞翠小学校、箱崎村的箱崎小学校和濑户小学校、那贺村的那贺小学校、田河村的芦边小学校和田河小学校、志原村的志原小学校、石田村的石田小学校、初山村的初山小学校。由于16所学校属于联合发展办学模式,所以全部照搬的是成城小学的模式,具体的实践方式在此不再赘述。由于岛上资源的匮乏,在相关学习室的布置和教材教具的准备甚至师资配备方面,16所小学存在资源共享的情况。①

二、(高等)师范学校附属小学新教育改革实践的深化

这一时期,除了已经进行新教育改革实践的学校外,日本全国府县的师范附属小学基本上全部进行了新教育改革的实践活动,数量之众、规模之大、教育方针之多均达到了顶峰。

---

① 橋本美保. 大正新教育文献资料集成(第四卷)日本の新学校2[M]. 東京:日本図書センター,2016:429-432.

<<< 第二章　日本新教育运动的高涨（1921年—1923年）

（一）东京女子高等师范学校附属小学的改革实践

东京女子高等师范学校附属小学位于日本新教育运动的核心区域，所以它开始接触新教育思想，或者开始新教育理论研究的时间是比较早的，但是该校开始进行改革实践的时间则要稍晚一些。提到该校的新教育改革实践必须要和北泽种一联系起来，是他主导了东京女子高等师范学校附属小学新教育改革实践活动的开端。

北泽种一1880年出生于长野县，先后就学于长野县寻常师范学校和东京高等师范学校，毕业后就职于福井县师范学校。在那里，他结识了一批日本教育界的精英人物，他们日后都成为了日本新教育运动的代表人物，主要有日本战前教育界的代表性人物篠原助市、自由教育的倡导者手塚岸卫、自发教育的倡导者三好得惠、东京女子高等师范学校附属小学新教育研究者藤井利誉等人。1910年，北泽种一接受藤井利誉的邀请，到东京女子高等师范学校附属小学就职，此后10年间，他一直辅佐藤井利誉进行新教育理论的相关研究工作。北泽种一早期的新教育理念主要受德国的劳动教育理念影响较深，但一直都停留在理论研究的层面，没有涉及新教育的实践活动。直到1920年，日本新教育运动的研究在日本教育界愈演愈烈，北泽种一也开始有了进行新教育实践的意愿。当时，由于东京女子高等师范学校附属小学校长藤井利誉跟随教育考察团赴欧美考察，该校暂时由北泽种一代理校长职位，为他的实践意愿创造了条件。[①]

1920年，北泽种一在东京女子高等师范学校附属小学创立儿童教育研究会，并创刊发行会刊杂志《儿童教育》，杂志主要刊发欧美新教育运动实践开展的案例经验。同年，北泽种一正式接任藤井利誉担任该校校长，开始在该校设置特别学级进行新教育改革的实验实践活动。1922年，北泽种一跟随政府教育考察团赴欧洲进行教育考察，在欧洲，他接触到了真正的新教育实践活动。1924年回国后，开始在东京女子高等师范学校附属小学全面进行新教育改革实践活动。[②] 此时，北泽种一的新教育理念受比利时新教育家德可乐利的"生活学校"理念影响较大，开始在该校的新教育改革实践中引入"德可乐利制教育法"，即在教育教学过程中通过"观察""联想""表达"三个步骤来完成教学过程。

首先是观察。"生活学校"的所有教学都从观察开始，观察就是儿童对事

[①] 橋本美保. 大正新教育の思想[M]. 東京：東信堂，2015：426-428.
[②] 橋本美保. 大正新教育の思想[M]. 東京：東信堂，2015：428.

物、地点、人物等的直接感知，这是儿童的第一手直接经验，也是儿童发展智力、了解环境的一种途径。在"生活学校"里，日常教学可以充分利用校园里的花园、动物、植物等资源，让儿童进行观察，甚至经常将儿童带出校门，让他们观看一些富有趣味的地方和人们，收集他们感兴趣的物品。其次是联想。联想是指在教学过程中，儿童从直接观察的事物出发，将直接的经验进行综合、分类、比较、概括，将通过观察获得的知识与儿童已有的经验联系起来，使他们建立事物之间的联系和发现现象之间的共同性和差异性。联想是与观察紧密相联的。北泽种一认为利用这些联想可以使儿童认识到过去的经验与观察所得资料之间的关系，可以进一步扩大儿童的经验，激发儿童的想象力和探索事物奥秘的好奇心，使儿童逐步了解事物的必然性。最后是表达，表达就是儿童把由观察和联想得到的知识应用于实践的行动。"生活学校"中表达分为两大类：第一类为具体的表达，如泥工、剪纸、绘画、绘图以及各种手工活动。此外还包括儿童搜集和展览物品、图书、玩具等活动，手工作业课尤其受到重视。此外，北泽种一还提倡发表，即让儿童就某个问题进行发表演讲。"生活学校"里从一年级开始，每个星期都进行一次发表会，发表的题目可以让学生自己选择，学生以口头表达的方式进行。从二年级开始，教师就要求学生撰写演讲提纲，按提纲进行演讲。到四年级时，学生的演讲范围扩大，每三个星期进行一次，学生在这三个星期内要努力钻研，尽可能收集足够的资料，以备演讲时采用。北泽种一以兴趣为中心来组织课程，以整体化为原则来进行教学实践，打破了旧学校的传统，发挥了儿童的自主性和创造性，对于课程研究、教学方法研究以及儿童教育研究都有一定的贡献。[①]

（二）东京府女子师范学校附属小学的改革实践

东京府女子师范学校附属小学的新教育实践活动肇始于 1923 年，在时任校长木下一雄的主导下进行。当时该校的改革理念主要体现为"尊重儿童发展，实行学生自治管理，通过游戏式或者娱乐式的方法开展日常教学活动"。

木下一雄主导的东京府女子师范学校附属小学的新教育改革实践实行完全的学生自治制度，教师引导学生成立自治组织，其成员不论年长年幼，学级高低，全部拥有表决权。该校在课程设置方面，实行四星期课程制度，即学生不

[①] 周红安，郑颖．德可乐利的"生活学校"儿童教育实验述评——兼析德可乐利教学法的特点［J］．沙洋师范高等专科学校学报，2005（2）：89-91．

是固定不变地一个学期或者一个学年学习一门固定课程，而是每一门课程的学习时间均以一个月为限。每个学生可以选择两种注重知识的课程、一种实用类课程，不过也有权拒绝选修任何学科而专心注重个人的独立工作。学校每月末会召开课程结束会议，在会上，凡已经完成四周课程的学生需要向学生自治管理组织进行汇报发表。对低年级的学生，学校采取以兴趣为中心的综合性的教学方法，更加灵活，不拘泥于某一种形式。该校学生上午大部分时间用于智育学习，下午的时间主要用于游戏或者娱乐性的户外活动。该校还经常性举办艺术节，文化生活异常丰富，多体现为寓教于乐的理念。[①]

三、新式私立小学的飞跃发展

受"八大教育主张"讲演会的影响，越来越多的日本教育学者热衷于创办新式学校，加入到新教育实践活动当中，使得这一时期日本的新式私立小学呈现飞跃发展的势头。这其中既有像成城小学这样影响力巨大的私立小学深入发展，也有像儿童村小学这样的创立者接受新理念后新建的私立小学，还有像明星学园、玉川学园这样的创立者在新教育实践学校积累了经验后新建的私立小学。

（一）东京府成城小学的深入发展

这一时期的成城小学在泽柳政太郎的带领下得到了长足的发展。1922年6月，以泽柳政太郎为团长的成城小学欧美教育考察团回国，带回了道尔顿制，并开始在成城小学教师群体中进行宣传。道尔顿制崇尚自由、自主学习的理念给大家带来了一种全新的感觉，教师们也都开始寻求找到一种新的教学方法来改革那种教科书注入式的教学模式。1922年11月，成城小学校内研究会决定开始在实验教学课上试行道尔顿制。随着教师们理论研究的不断深入和实践经验的不断增长，逐渐开始在其他学科试行道尔顿制。历史课教师上里朝秀曾表示："道尔顿制的试行让多数学生对历史课产生了兴趣，学习劲头十足，学生那种充满天真感和求知欲的眼神让老师产生了极大的成就感。"成城小学机关杂志《教育问题研究》还专门开辟专栏"学习指导方案研究"，供教师们就道尔顿制的试

---

① 橋本美保．大正新教育文献資料集成（第四卷）日本の新学校2［M］．東京：日本図書センター，2016：366.

行发表感想和分享经验，为本校道尔顿制指导方案的制定提供教师交流平台。①

经过一年多的试行，教师们积累了一些经验，也发现了一些问题。恰逢此时，道尔顿制的创立者帕克赫斯特女士，应泽柳政太郎和大阪每日报社邀请访问日本，除了在日本进行巡回讲演外，还为成城小学的教师们解决了实际问题，共同商讨制定了相关课程的学习指导方案。1924年9月，成城小学开始正式实施道尔顿制。全校取消固定课程表和班级；将教室改为特殊学习室和普通学习室，前者供历史、地理、美术和理科学习用，后者供国语和数学学习用；学习室放置各门课程的参考书籍，供学生自主学习时查阅；教师把各门课程的教学内容制成学习大纲和学习指导方案，按月份提前发给学生；学生根据自己的实际情况和教师制定的学习大纲、学习指导方案，制订自己的学习进度表，进行自主学习；在自主学习过程中，学生如果遇到疑难问题，可以通过"学生互助研究"和"师生共同研究"的方式解决。②

成城小学引入道尔顿制取得良好的实践效果后，产生了非常大的辐射作用。在它之后，富山县师范附属小学、福井县师范附属小学、爱媛县师范附属小学、福井县三国小学等相继将道尔顿制融入到本校的日常运营当中。③ 随着新教育运动的发展和道尔顿制在日常教学中的应用不断成熟，实践应用道尔顿制的学校也不仅局限于初等教育领域，熊本县立第一高等女学校成为中等教育实践道尔顿制的开端。

（二）东京府池袋儿童村小学的创建

野口援太郎1924年在东京府池袋区创建的儿童村小学完全秉承了美国进步主义教育家杜威的教育思想，被认为是杜威教育思想影响日本的标志和佐证，是日本的"自由教育"发展到顶峰的标志。学校教师不足10人，学生约有50名，分三个年级。这所学校虽然规模不大，到1936年解散共历时12年，历史也比较短暂，但是却以办学理念清晰、办学特色明显、教学方法灵活而享誉日本教育界，其影响力不可低估。

首先，儿童村小学在办学理念上主张以儿童的生活为基础，一切教育教学

---

① 李文英，李伟. 日本成城小学的道尔顿制及其影响［J］. 河北大学学报（哲学社会科学版），2014（4）：64.

② 李文英，李伟. 日本成城小学的道尔顿制及其影响［J］. 河北大学学报（哲学社会科学版），2014（4）：65.

③ 吉良侠. 大正自由教育とドルトンプラン［M］. 東京：福村出版，1985：85.

活动均依此展开。当时,日本的普通学校使用的是国家统一审定编写的教科书,教师的任务就是把教科书指定的内容教给学生,学生机械被动地接受知识,复习时也是死记硬背。而在儿童村小学,却是另外一番景象,他们遵循杜威的一些主张。从结构上看,该校与其他学校完全不同,学生是学习的主体,以学生为中心,教师是指导者,在学生需要时去指导,平时提倡学生自学,教师要为学生创造良好的学习环境,让学生自由自在地学习。

其次,儿童村小学在对学校的理解上也有独到之处,那就是让儿童在学校里觉得轻松、愉悦,而没有被束缚的感觉。在学校创立之初,创办者并不同意使用"学校"二字,因为"校"含有管理、约束、统治的意思,所以最初是以"儿童村"为校名递交的申请,但是没有得到政府批准。其理由是在《小学校令》里规定的:凡初等教育机关都必须使用"小学校"三个字。最后,只好使用了这三个字,将学校命名为"儿童村小学校"。

最后,在教学内容上,儿童村小学非常重视自然与社会的学习,提倡艺术教育。从教育史上看,日本战前的公共教育课程以读、写、算为主,科学与艺术教育不受重视,课程的开发一直属于薄弱环节。而儿童村小学却十分重视科学和艺术等方面的教育,而且在传授知识的方式上也有较大不同,教师批判向学生灌输知识的方法,不顾政府的约束和条框,积极和学生一起创造新文化。教师鼓励学生们通过作文观察自身的生活和社会生活,培养学生的科学性、创造性及思维方法。这种新式教育得到了社会及广大学生、家长的欢迎与支持。①

(三)东京府明星学园的创建

明星学园的创立者赤井米吉是日本新教育运动中后期的著名代表人物。1887年出生于石川县,1907年毕业于石川县师范学校,1912年毕业于广岛高等师范学校。先后担任爱媛县师范学校教谕和秋田县师范学校附属小学校长,1922年应泽柳政太郎的邀请进入成城小学担任教师。当时成城小学刚刚引入道尔顿制,赤井米吉对此非常感兴趣,多方搜集道尔顿制的资料,潜心研究道尔顿制的精髓,翻译出版了多部关于道尔顿制的著作,并且担任道尔顿制的发明者帕克赫斯特女士访问日本时的随从翻译。赤井米吉是一位精力旺盛、锐意改革的年轻教师,在成城小学工作期间深入学习了欧美新教育思想和新教育理念,

---

① 关松林. 交流与融合——杜威与日本教育 [M]. 北京:教育科学出版社,2008:81-82.

对道尔顿制的具体操作也有了非常透彻的认识，同时也产生了自己的理想和抱负。1924年2月，他毅然决然地离开成城小学，与照井猪一郎、山本德行、照井元三位教师一起在东京郊外创建明星学园。①

明星学园创建之初只有学生21人，教师4人。学园秉承"真实、勤劳、协同、自觉"的教育方针，主张尊重每个儿童的个性，使其长处得到最大限度的发挥；自主自立，重视儿童自主性，培养儿童自立态度；自由平等，提倡儿童之间、师生之间、教师之间的彼此平等，提倡自身与他人的自由，不受外来的强制性的束缚。学园选址在东京郊外，周围人迹罕至，就是为了便于学生可以接触真实的自然，教师带领学生进行勤劳作业，创建校舍，实现了"真实"与"勤劳"的教育方针。随着学园的不断壮大，相继建立中学部和高等女学部，学生人数最多时达到240余人，教师达到20人，但是学园的教育方针没有改变，建校之初开辟的"农场"作为学生接近自然、勤劳作业、协同合作的实验场始终得以保留。②

在教材方面，学园反对教科书国家审定制度，主张根据实际需要编订实用性教材和乡土化教材，学园组织教师编纂了自然科教材、美术科教材和数学科教材。在学习方法方面，学园主张学生自学和全班共学相结合的方式，即每个学生根据自己的实际情况制定自己的学习计划，自行安排自己的学习进度，但是每周会有固定的时间是全班学生共同学习的，大家可以就某些共性问题进行讨论或者请教教师。在学习时间方面，学园摒弃了全国统一规定的课上45分钟、课下休息15分钟的规定，而是根据教材的实际和学生学习效果的实际执行灵活的上课时间，每天只有早晨上课和中午下课、下午上课和傍晚下课共计4次铃声，中间全部为上课时间，但是学生可以在教师的指导下灵活执行。关于学习场所方面，打破只有教室才是学习场所的固有意识，操场、农场、森林、工场、街道等全部都可以成为学生的学习场所和研究场所，当然，教室里面配备的设备和书籍是最完备的。③

---

① 久保義三．現代教育史事典［M］．東京：東京書籍，2001：479.
② 橋本美保．大正新教育文献資料集成（第四卷）日本の新学校2［M］．東京：日本図書センター，2016：450．
③ 橋本美保．大正新教育文献資料集成（第四卷）日本の新学校2［M］．東京：日本図書センター，2016：456-464.

第三章

日本新教育运动的衰落（1924年—1941年）

第一节 日本新教育运动衰落的背景

一、国家权力的膨胀和经济危机的爆发对教育的束缚愈加严重

20世纪20年代中后期至第二次世界大战结束，是日本军国主义势力最为猖獗的时期，也是日本疯狂地发动对外侵略战争的时期，更是日本国家权力极度膨胀的时期。这一时期，日本天皇总揽政治大权，是神圣不可侵犯的；内阁总理大臣（首相）受天皇的任命，辅佐天皇施政，推行帝国主义侵略政策；在天皇和首相之下还有以军事、警察、司法等机关为主体的，由百万官吏、军人和警察组成的庞大的统治阶层。日本国民的权利被限制在很小的程度，基本人权和政治自由均得不到保障。日本国民被称为"日本臣民"，要求信奉天皇，毫无保留地支持"国家发展"。臣民的权利被限制在"法律允许的范围之内"，无论是言论、集会、结社的自由，还是思想和宗教信仰的自由均要根据法律行事，稍超越法律范围就要受到严厉的制裁。可以说，在法西斯主义的统治下，日本国民毫无自由可言。日本的国家权力在对国民统治不断膨胀的同时，统治阶级内部的矛盾也在不断加剧。1931年以后，日本内阁总理大臣连续更迭，若槻礼次郎、犬养毅、高桥是清、斋藤实、冈田启介、广田弘毅等代表的各方势力你方唱罢我登场，但这都是统治阶级内部斗争的结果，无论是哪一势力执政，对国家权力的掌握和对国民的管控都没有丝毫的放松。

随着经济危机的加深，为日本垄断财阀服务的军阀，依据财阀的要求，开始依赖发动侵略战争来摆脱经济危机。当时，与"新兴财团"有密切联系的

"少壮军人"法西斯集团在日本军队中起着主导作用。这个"少壮军人"法西斯集团打着维护"皇道"的旗号,在国内公开建立法西斯独裁统治,要求取缔议会、解散政党,排除政党在政府中的地位和作用,对外采取扩大侵略战争的策略,进一步使日本军国主义法西斯化。在经济上,日本垄断资本主义经济直接受世界经济危机的袭击,当时的日本貌似强大,实际上危机重重,国民经济越来越军事化。国内资源匮乏、市场狭小,对国际市场的依赖性不断加大,加上国内工农阶层生活水平极端低下,日本的经济危机越发严重。一向依靠国外市场发展起来的日本工商业在世界市场日益萎靡的时候,遭受到致命打击。日本农业也陷入严重危机状态,农产品价格急剧跌落,加上苛重的地租和赋税,农民生活异常贫困,有的地方甚至出现饥饿和人口死亡的状况。

由于经济危机的影响,日本国内阶级矛盾不断尖锐化,失业工人在日本共产党的领导下,广泛开展罢工等工人运动,1932年,日本国内有十万工人举行罢工。农民暴动也日益增多,许多地区的农民经常烧毁地主的庄园,与警察发生武装冲突;农民运动的高涨,有直接转化为革命行动的趋势。由于经济危机的不断加深和国内矛盾的不断尖锐,日本帝国主义的法西斯统治也愈发严重。①

日本法西斯政府在复杂的国际国内形势下,在思想领域采取严格的舆论限制政策,不断加强天皇的专制统治,进一步把天皇神格化,使天皇成为具有无比尊严的统治者。天皇敕令成为至高无上的命令,强制国民绝对服从。天皇制成为统治国民的指导思想,培养国民具有盲目的忠君爱国的信念(天皇至上、信奉天皇、尽忠天皇),以皇国主义思想统一国民意识,借以维护天皇制国家政权。在教育领域,则继续把《教育敕语》奉为圣旨,将其赞为万世不易的神典和国民教育的基石,并作为至高无上的命令,要求国民绝对服从,尽忠报国。由于日本政府的强制宣传,日本大多数国民好像喝了麻醉剂,不问理由无条件地服从,并以为国事献出个人生命作为最高尚的美德。《教育敕语》作为日本教育的总纲领在战争中得到进一步贯彻执行。② 在学校教育目的中,增加了在国民思想中培养忠君爱国思想情操的内容,不断强化军国主义的教育方针,并向政府提出建议,要在帝国大学和其他适当的大学设置"皇学研究所"。昭和初期,日本军国主义为了进一步加强法西斯思想统治,在学校开始进行思想镇压,

---

① 王桂. 日本教育史[M]. 长春:吉林教育出版社,1987:235.
② 梅根悟. 世界教育史大系Ⅱ—日本教育史[M]. 東京:講談社,1975:31.

监督学生的思想动态,限制学术研究的自由,强制推行对教师言论和教学内容的管制。从1924年至1925年末,相继解散了全国25所文部省直辖高等学校的社会科学研究会等学生团体。1926年逮捕了以京都大学学生为中心的关西学生社会运动领导人,制造了所谓的"学联"事件。①

在这一时期,日本政府不断加强国家主义,疯狂地推行法西斯主义,残酷地实行独裁统治,严格控制思想舆论,对教育、文化等领域的束缚越发严重,日本国内笼罩着一种恐怖的气息。

二、军国主义势力的扩张使日本学校教育发展"畸形化"

20世纪30年代开始,日本军国主义势力异常猖獗,他们为了摆脱经济危机和解决国内矛盾而变本加厉地扩大战争。日本军国主义势力首先在中国东北制造一系列事端,制造发动侵略战争的借口。1931年9月18日,日本军国主义势力开始军事行动,首先占领了沈阳,几天之后,占领了整个"南满"地区。由于蒋介石中央政府的不抵抗政策,数日之内日本侵略军席卷了整个中国东北地区,三千万东北人民沦陷于日本军国主义的残暴统治之下,变成了"亡国奴"。此后,日本侵略军又接连发动战争,不断扩大对中国国土的侵略和占领。1935年日本取得对河北和察哈尔两省的控制权,占领华北地区。1937年7月7日,日本侵略军对中国发动了大规模的全面进攻,发动了举世闻名的"卢沟桥事变",进一步扩大了侵略中国的战争。日本帝国主义连年发动侵略战争,造成国内经济、军事、社会等各方面的困难。当时的日本内阁力图把国家的一切经济力量导入完全服从侵略战争的轨道上。1937年至1938年,日本政府颁布一系列"非常法案",目的在于使日本经济军国主义化,并将日本变成一个军事法西斯的营垒。由于缩小非军事工业的生产,失业人数不断增加;不断补充兵源,大量征集士兵和军粮马匹等,也造成农业生产低落,广大农民生活陷入痛苦的深渊。与此同时,日本法西斯政府加紧镇压反战运动和迫害进步势力,采取一切野蛮行动,压制工农运动,取缔无产阶级政党,封闭左翼工会组织,解聘大中学校的进步教师,严禁进出版物的发行,大量逮捕反战分子。

日本帝国主义在扩大对外侵略战争和镇压国内进步势力的同时,还强化了

---

① 尾形裕康. 日本教育通史[M]. 東京:早稻田大学出版部,1960:282.

政治思想统治，教育开始军国主义化、法西斯化，在教育上推行军国主义教育①政策，把学校教育纳入到了战争的轨道上，将教育作为侵略战争的工具，使其为战争效劳，在全国确立了军国主义教育体系。20世纪30年代初开始，日本政府和军部极力推行军国主义教育政策和教育内容，在学校教育中大力灌输军国主义教育思想。1933年文部省设立临时教育调查部，为推行军国主义教育政策和内容出谋划策，制订章程方案。为培养"皇国臣民""尽忠天皇"，加强了对各级各类学校教育教学思想的审查，于1935年成立"教学刷新评议会"。随着国内外形势的发展，日本政府和军部为了加强对学校的军国主义教育思想统治和对各级各类学校的控制，竭力推行军国主义教育政策，于1937年撤销文教审议会，设立教育审议会。颁布《教育审议会官制》，要求文教事业的发展必须与国内国际形势的发展相吻合，为尽力培植"国本"，明征国体，灌输军国主义教育思想，着手全面审议教育制度和教育内容，推行军国主义教育政策，达到军国主义教育目的。教育审议会是内阁总理大臣直接管辖的咨询机关，1938年以后相继通过了一系列教育改革相关的文件和报告。② 日本政府以教育审议会的报告为基础，对教育制度进行了全国改革，实质上是确立法西斯军国主义教育体制的基础，日本进步学者把它称为学制发展史上稀有的划时代的反动化。

（一）军国主义教育体制下的学校教育

日本政府为了满足军国主义扩张的实际需要，大力推行培养军事后备力量的军国主义教育，加紧对各级各类学校教育的控制，不断强化军国主义思想在学校教育中的统治地位，强制灌输军国主义的教育内容和教育方法，提倡"武士道"精神，强迫学生接受军事训练，为侵略战争输送兵力。

1. 颁布推行国民学校制度

1941年3月，根据教育审议会的决定，颁布《国民学校令》，将小学的初等教育机构改为国民学校，提出了学校教育的目的、培养目标以及课程设置和修业年限等。根据规定，国民学校的目的是以皇国之道为准则，实施初等普通教育，给国民以基础训练。国民学校分为初等科和高等科，初等科的修业年限为

---

① 所谓军国主义教育，是指日本政府和军部为了加紧向外发动侵略战争，把国家置于军事控制之下，实行法西斯独裁统治。在教育上大力灌输军国主义思想，信奉天皇至上的权威。为了培养"忠臣良民"，将全部教育从培养目标到教育内容以及教育方法，皆纳入战争的轨道，建立为侵略战争服务的教育体制。

② 王桂. 日本教育史[M]. 长春：吉林教育出版社，1987：242.

六年，高等科的修业年限为两年，作为义务教育阶段。教学科目有国民科、数理科、体育科、艺术科等，国民科包括修身、国语、国史、地理，数理科包括数学和理科，体育科包括体操和武道（女生可以免修），艺术科包括音乐、习字、图画、手工等。高等科还增设了外语科、实业科和其他必要学科。在学校教育目的中，赤裸裸地写上了实施"皇国之道"的教育，在体育科中增设了武道教育内容，借以加强军国主义教育，实施法西斯专制统治。在小学教育中强调灌输忠君爱国的思想，强制小学生在仪式和朝会上背诵《教育敕语》和历代天皇的名字。① 在小学教育中还非常重视军事体育教育，以便为日本帝国主义对外发动侵略战争，培养广泛的军事后备力量。从小就开始实行住宿制，以便进行军事训练，培养军人的忠节、礼仪和武勇的思想品德。

2. 青年学校的义务教育制度

日本政府和军部为了全面推行军国主义教育政策，加强了青年的义务教育，将实业补习学校和青年训练所合并为青年学校，并借此机会将青年补习教育和军事教育结合起来。青年学校的教育目的就是以日本国体本义为宗旨，在职业和实际生活上对青年加以训练，将青年培养成为具有皇国主义精神的臣民，这实质上是在为战争培养后备力量。军部还专门制定了《青年学校规程》和《青年学校规程要领及实施注意事项》，规定在青年学校实行义务教育制度，要求年满12周岁至19周岁的男青年，负有修完青年学校课程的义务。青年学校里除了补习课程外，还给予学生实际生活和军事的训练，并进行培养忠诚的皇国臣民的思想教育。②

3. 初中教育的综合化

日本政府为了加强军国主义教育，灌输皇国精神，采纳教育审议会的建议，制定了《中等学校令》（又称为《初级中学令》），并实行"中等教育综合制度"改革，将原来的中学校、高等女子中学校、实业学校全部改称为中等学校，按照同一标准进行改组。中等学校的教学本义是学习皇国之道，培养中坚有为的皇国国民，凡国民学校初等科毕业入学者的修业年限为四年，凡国民学校高等科毕业入学者的修业年限为三年。在教学科目方面，规定初级中学设有国民科、数理科、体育科、艺术科、实业科、外语科等；原高等女子中学除设有上述科

---

① 王桂. 日本教育史［M］. 长春：吉林教育出版社，1987：243.
② 王桂. 日本教育史［M］. 长春：吉林教育出版社，1987：244.

目外，还增设家政科；原实业学校的男生班开设与初级中学相同的科目，女生班开设与原女子高级中学相同的科目。①

4. 高中教育制度改革

日本教育审议会提出的对高级中学的教育改革宗旨与初级中学的教育改革宗旨相同。其教育本义为学习皇国之道，实施精神的高级普通教育，培养国家的有用之人。高级中学分为文科和理科，修业年限一般为三年，与旧制的高中相比没有变化，但在特殊情况下允许设置七年制高中和女子高中。关于学科设置，采用与国民学校和初级中学相连贯的方针，设有国民科、数理科、自然科、制图科、外语科和体育科等。②

5. 大学教育方面

在日本教育审议会对大学教育改革的建议中，明确提出大学是国家的最高学府，大学的教育本义是为适应时代的发展，力求扩充和设置必要的学部和学科。大学的使命是以国家观念为基础，发扬学术报国的精神，备齐教学和研究设施，开拓学术界未开辟的新领域。大学教授必须是人格高尚和见识卓越的人，允许设立女子大学，学部组成和修业年限、入学资格等与原来的旧制大学没有区别。

这一时期，日本政府为了适应战时需要，满足对人才的需求，增设了许多大学。1928年大阪高等商业学校升格为大阪商科大学，1929年改组了公立熊本医科大学，其后又改组爱知和大阪两所医科大学为帝国大学的医学部。据统计，当时帝国大学为7所、官立大学为12所、公立大学为2所、私立大学为26所，与大正末期相比都有所增加。③

当时的大学教育改革，除了增加大学数量外，还在大学增设了预科，其目的在于为培养能够具有皇国主义思想和对国家有作为的人物打下基础。截至1941年，官立大学设置预科4所、公立大学设置预科2所、私立大学设置预科26所，预科的修业年限为2年，初中毕业入学者预科为3年。另外，大学教育改革还全面改革了大学教学内容，在战时体制下，由于侵略战争的扩大，为满足军事需求而大力扩充军事工业，因此扩大和充实了大学的工科院系。1938年，

---

① 王桂. 日本教育史[M]. 长春：吉林教育出版社，1987：245.
② 王桂. 日本教育史[M]. 长春：吉林教育出版社，1987：246.
③ 王桂. 日本教育史[M]. 长春：吉林教育出版社，1987：246.

官立大学增设了航空、机床等新学科；1939年，增设了盛冈等7所高等工业院校；尤其是私立大学的理科系和专科学校的理科系，在教学内容上有很大变化，还有些专科学校改为工科学校，以适应战时工业的需要。①

6. 专科学校教育改革

日本教育审议会于1940年9月提出了《关于专科学校改革纲要》，明确规定专科学校是在中等教育的基础上，为充分体现皇国精神和学习专门技术知识而设立的教育机构。学校的教育宗旨是为适应东亚和世界形势完成皇国使命，由国家实行各种专门教育。②

由于日本政府的高度重视，专科学校得到了很大的发展，学校数量从昭和初期到中期有了显著增加。截至1941年，官立专科学校为29所、公立专科学校为9所、私立专科学校为109所，其中有的是大学附属的专科部，有的是按照新计划创立的专科学校，还有的是对旧有学校进行改革设立的专科学校。在专科学校中，实业专科学校数量居多，截至1941年，官立专科学校中高等工业学校为25所，高等商业学校为11所，高等农业学校为13所，高等商船学校为2所，高等水产学校为1所；在公立学校中，高等工业学校有1所，商业专科学校有3所；在私立学校中，工业专科学校有3所，商业专科学校有13所，兽医专科学校有3所。高等专科学校招收中学毕业生和实业学校毕业生，修业年限为三年，毕业生多数直接参加各行业工作。③

7. 师范教育制度的改革

日本教育审议会在关于修改和完善师范教育的意见中指出：师范教育的目的就在于培养师资力量，师范教育必须以重视皇道训练、培养下一代国民能成为担负重任的人物为宗旨。遵照这个宗旨，为了提高师范教育质量，规定学校的各种设施都应该成为培养人才的场所，使人们认识到皇国之命和国民教育的重要性。作为时代先觉者的教师更应该培养信奉天皇制的信念，师范教育必须彻底贯彻皇国主义精神。由于普通义务教育年限延长、迫切要求提高师资质量以适应军国主义的要求，审议会于1943年颁布了《改正师范学校令》，全面改革师范教育，将师范学校提高到与专科学校相同的地位。同时，将府县设立的

---

① 王桂. 日本教育史[M]. 长春：吉林教育出版社，1987：247.
② 王桂. 日本教育史[M]. 长春：吉林教育出版社，1987：247.
③ 王桂. 日本教育史[M]. 长春：吉林教育出版社，1987：248.

师范学校一律改为官办学校,为国民学校高等科毕业自愿入学者设置两年预科,为在职教师和师范毕业生设立教育研究科。1944年将青年学校教员养成所改为官办学校,称为青年师范学校,男青年以职业科为主,女青年以家政科为主,修业年限均为三年。师范学校的学生全部实行住宿制,学习生活费用一律由政府负担,在学校实行"学行一体"的训练,灌输皇国之道,培养忠于天皇的教师。师范学校毕业生绝大多数从事中小学教育工作,因此设立与国民学校相同的科目,其中有国民科、教育科、数理科、实业科、家政科、体育科、艺术科和外语科等。[1]

(二)军国主义教育体制的本质特征和危害性

20世纪30年代初叶,日本政府和军部为扩大侵略战争,大力推行培养军事后备力量的军国主义教育制度,加紧对各级各类学校教育的控制,强化军国主义教育思想在学校教育中的统治地位,强制灌输军国主义的教育内容和教育方法,提倡武士道精神,培养忠良臣民,强迫青年学生接受军事训练,为侵略战争输送兵力。这种军国主义教育具有明显的特征,同时也暴露出了它的本质性和危害性。它毒害了日本人民和日本青少年一代,也给全世界带来了深重的灾难。

1. 军国主义教育的本质特征

日本军国主义教育在教育实践中充分暴露出了它的本质特征,概括起来主要包括以下几个方面。

第一,日本军国主义教育建立了适应天皇制的,以培养忠良臣民为教育目标的军国主义教育体制,也就是皇国主义教育制度。昭和前期,日本军国主义教育扩充越演越烈,在学校教育中,继续以《教育敕语》为指导思想,宣扬皇国之道,鼓吹为侵略战争服务。当时,无论小学、中学、大学都必须虔心诚意地尽忠天皇。小学教育成为培养帝国臣民的基础;中学教育成为修习皇国之道,按其本义扶助皇运,培养中坚有为的皇国臣民;大学教育作为帝国的最高学府,其使命则以皇国观念为基础,发扬学术报国精神,发展学术与文化,培养国家"栋梁之材"。为使没有受过基础教育的青年接受义务教育,建立了青年学校,实施职业技术和实际生活训练,将青年培养成为具有皇国主义精神的侵略战争

---

[1] 王桂. 日本教育史[M]. 长春:吉林教育出版社,1987:249.

<<< 第三章 日本新教育运动的衰落（1924年—1941年）

的后备力量。昭和前期，日本确立了完整的军国主义教育制度。①

第二，日本军国主义教育使各级各类教育的教学内容、课程设置和教育方法全面皇国主义化，即各学科课程都贯穿皇国主义精神。强调学校教育的基本任务是以皇国精神为基础，陶冶人格，涵养德性，培养青少年一代成为俯首帖耳的听任军国主义摆布的忠良臣民。要求小学和中学一律采用国定教科书，小学"修身"课程公开鼓吹惟神之道，引导学生要为"大东亚圣战"灭己奉公，尽忠报国。②"国语"课程也充满了军国主义教育内容，大量灌输皇国主义教育思想，宣扬武士道精神。日本历代天皇、历代将相武士、近代殖民地法西斯侵略军人传记故事和有关宗教迷信的故事都充当了"国语"教材内容。③

第三，日本军国主义教育对青少年实行"劳役式"的职业教育。日本帝国主义者美其名曰"重视职业教育"，实际上这种教育是为侵略战争培养后备力量，尽管打着为青年实施义务教育的幌子，建立青年学校，实则对青年实行职业技术和军事训练。把实际生活和军事训练结合起来，既实行了青年义务教育，又进行了军事训练，为侵略战争储备了军事后备力量。此外，在中等教育中增设了实业学校，扩大了职业技术教育。实科课程主要有农业、工业、商业、兽医、商船等，学生通过实科教育学习和职业技术训练为扩充军力和从事军工生产打下基础。④

第四，日本军国主义教育普遍采用实用主义教育政策，在教育方法上实行绝对服从的教育方法。第二次世界大战期间，日本军国主义者在学校实行强制性的"勤劳奉仕"劳动制度。1943年日本内阁决定实行"学生战时动员体制"，要求中学生和小学高年级学生到军工厂或者田间劳动，有的学校把教室改为"兵工厂"，实行"兵学如一"和"军教如一"的教育政策，并把学校军事训练规范化，使学校逐步变成补充兵源的基地。另外，在普通学校里配备现役军官，加强军事训练。学校军事训练由陆军省严格管理，按照步兵操典进行。第二次世界大战期间，学校成了兵营和精神训练所，教育成为驱使青少年以血肉之躯充当侵略战争炮灰的工具。在教育过程中，实行强制命令主义，培养恪守诺言，绝对服从，兜售武士道精神，崇拜天皇、尽忠报国，为天皇而灭身切腹感到光

---

① 王桂. 日本教育史［M］. 长春：吉林教育出版社，1987：250.
② 梅根悟. 世界教育史大系Ⅱ—日本教育史［M］. 东京：講談社，1975：108.
③ 王桂. 日本教育史［M］. 长春：吉林教育出版社，1987：250-251.
④ 王桂. 日本教育史［M］. 长春：吉林教育出版社，1987：251.

139

荣的精神。①

2. 军国主义教育的危害性和反动性

日本军国主义教育制度是世界上最反动的教育制度。它违背了教育事业发展的基本规律，破坏了学校教育的正常秩序，将学校变成了兵工厂和精神训练所，毒害了日本人民和青少年一代，产生了极大的危害性。②

当时日本学校教育中最严重的问题之一就是"考试地狱"问题。教育当局以考试作为解决校舍不足和入学者增多等矛盾的一种策略，学生由小学升入中学和由中学升入大学一律要经过严格考试，按考试成绩升入上一级学校。许多学生经考试被淘汰，因此形成了"入学难、就业难"的局面。中学毕业后，有的学生既不能升学又不能就业，成为游手好闲的"浪人"。小学生升入上级学校是由学校等级和教学质量决定的，学生考试前的准备是苦恼的，为了准备升学，教师领着学生复习，每周几乎都有考试，期中考试和期末考试更是紧张，学生一直处于精神紧张的状态。在升学考试中，有的学生由于过度疲劳而昏倒在考场，有的学生因没有被录取而走向极端等。考试犹如地狱一般，这就是当时学校教育的真实写照。各种残酷的超越极限的考试严重地摧残着学生的身心健康，考试也成了严重的社会问题。这种问题不单纯是考试方法的问题，而是涉及到了当时的教育制度、教育内容、教育方法和教育体系等一系列的问题。③

三、欧美新教育运动的影响力不断弱化

（一）欧美新教育运动发展受到内外因的双重冲击

早在第一次世界大战前后，美国教育界就有对沃特的葛雷制④的批评，但是对进步主义教育的较为系统、较有影响的批评则始于20世纪30年代中后期，主要来自以永恒主义、要素主义和新托马斯主义为代表的教育保守主义。永恒主义是进步主义教育运动最为严厉的批评者，从20世纪30年代中期开始，以赫钦斯、巴尔、多伦为代表的永恒主义者就从各方面对进步主义教育的理论和

---

① 王桂. 日本教育史［M］. 长春：吉林教育出版社，1987：251-252.
② 王桂. 日本教育史［M］. 长春：吉林教育出版社，1987：252.
③ 王桂. 日本教育史［M］. 长春：吉林教育出版社，1987：253.
④ 1907年，美国进步主义教育家、杜威的学生沃特在印第安纳州葛雷市担任公共学校督学时，推行的一种具有进步主义教育性质的教学制度，史称"葛雷制"（Gary System, Gary Plan）。

实践进行了异常尖锐的抨击,并提出了与之针锋相对的教育主张。与永恒主义者不同,要素主义者的鼻祖巴格莱对进步主义教育运动所代表的教育革新趋势,持一种平和的观点和稳健的态度,既不反对变革,但也小心翼翼地不抛弃那些正在试行并被证明是有效的基本原则和思想。大萧条以后,巴格莱则逐渐放弃了原来的立场,最终加入到进步主义教育运动批评者的行列中。面对保守主义者的多方指责,以杜威为代表的进步主义者进行了回击,杜威与赫钦斯在《社会边疆》杂志上进行了激烈的论战。这场论战虽然最终既没有结果也没有分出胜负,但无疑还是压制了进步主义教育运动的发展势头和扩展影响力。①

实际上,进步主义教育运动发展到 20 世纪 30 年代中后期,所面临的最大问题并不是外界对它的善意或恶意的批评,而是它自身的各种矛盾。这些矛盾主要包括:既重视自由,又强调指导和引导;既重视方法,又对传统的课程内容提出批评;既强调个人,又不断批评当前社会秩序的竞争特点;既重视智力的自由运用,又很少关注智力的组成部分;它通常把学院视作敌人的堡垒,但它的主要职责又是为学院做准备;它主张从做中学,但又逐渐减少了体育活动等。②

由此可以看出,美国进步主义教育运动发展到这一阶段,自身原有的不足已经充分暴露了出来,开始受到内外因的双重冲击,自身的发展也开始逐渐平淡并走向没落,对外的影响也必然每况愈下。

在美国进步主义教育运动每况愈下之际,欧洲大陆的新教育运动也在经受着考验。纳粹政权上台后即对德国新教育家进行迫害③,德军占领欧洲大陆期间,更是对新教育运动进行了残酷的镇压。例如,在德军猖獗的邪恶时期,欧洲新教育协会法国组织转入地下,其主席郎之万④教授在特尔瓦地下室被逮捕,新教育家弗伦尼特几乎在战争一开始就被法国傀儡政府监禁着;法西斯占领波兰后,新教育家科尔察克与 200 名学生一起被囚禁在特列布林集中营,后来在该集中营毒气室被害,此后,那里的新教育联谊会会员被迫转入地下坚持活动;

---

① 张斌贤. 社会转型与教育变革——美国进步主义教育运动研究 [M]. 长沙:湖南教育出版社,1997:190-196.
② 张斌贤. 社会转型与教育变革——美国进步主义教育运动研究 [M]. 长沙:湖南教育出版社,1997:201.
③ 例如,德国新教育家奥斯特赖克 1933 年被纳粹逮捕入狱。
④ 郎之万是法国物理学家,法兰西学院教授,曾任首届巴黎市立理化学校校长,为法国第一位研究相对论的专家。

在丹麦和挪威，尤其是在挪威，不少教师和学生被傀儡政府杀害或者被送进劳动营，自由教育活动被迫转入地下；新教育联谊会荷兰分会在战争期间很少有公开的会议；在比利时，新学校自战争初期就开始遭受迫害，一直处于停滞荒废状态；在中立国瑞士和瑞典，新教育联谊会分部或多或少地正常工作，但也基本上处于自保状态，偶尔能够给予那些从占领国来到安全地带的成员们提供一些基本的帮助。① 可以说，自20世纪30年代开始直到第二次世界大战结束，新教育运动在欧洲大陆一直处于"万花纷谢一时稀"的状态，虽然在英伦三岛新教育运动还处于正常发展状态，但是其影响力尤其是对世界教育的影响力已经不再有以前的辉煌了。

（二）日本国家权力对外来思想的约束愈发严厉

20世纪30年代开始，日本军国主义法西斯势力日益猖獗，逐渐控制了日本的国家权力。这一时期日本国内思想领域还是传统的皇国主义思想占据统治地位，但是从国外传入的思想意识也越来越多，并且开始对日本国民产生巨大影响。当时影响较大的有前苏联的社会主义思想（共产主义思想）、英美的民主主义思想、德国的法西斯主义思想（极权主义思想），这三种思想在日本思想领域展开激烈论战，置于论争漩涡中的日本国民思想开始混乱，舆论也出现了分歧。日本法西斯政府在复杂的国内外形势下，对思想舆论采取了严格的限制政策，每当有国外传来的思想出现时，日本政府为了抵制外来思想的传播，都会大力提倡国民传统思想的修养，倡导不能丢掉传统，以皇国主义思想来压制外来思想，维护天皇制度，甚至有时还会采取法西斯手段进行镇压。②

当时对日本国民产生影响较大的外来思想当属以欧洲和美国为中心的民主思想。在欧美社会中，虽然民主是资产阶级实行阶级统治的形式，自由实际上是资产阶级实现其政治统治的手段，广大劳动群众很少享受这种民主和自由，资产阶级共和国的全套民主机构都被用来麻痹群众的政治积极性和排除劳动者于政治生活之外，但是这种所谓的民主和自由与日本的君主专制政体比较起来，还是存在一定进步性的。所以当这种思想一传入日本，便立刻遭到了建立在皇国主义基础上的政府的反对。日本政府声嘶力竭地叫嚷"国体明征"，并采取各种措施加以限制和排斥，以"忠君爱国"的口号来束缚全体国民的思想。

---

① 吴明海. 欧洲新教育运动的历史研究［M］. 北京：教育科学出版社，2008：46-48.
② 王桂. 日本教育史［M］. 长春：吉林教育出版社，1987：238.

<<< 第三章 日本新教育运动的衰落（1924年—1941年）

在教育领域，以欧美民主和自由思想为基础产生的新教育运动思想同样也受到了日本政府的强烈抵制和镇压。日本军国主义采取法西斯手段在学校进行思想镇压，监督学生的思想，限制学术研究的自由，强制推行对教师言论和教学内容的管制，① 取缔采用新教育思想进行教育改革的学校或者强迫新教育学校按照他们的方式进行教学内容和教学方法的调整。以上一系列专门针对日本新教育运动的压制手段，使得日本新教育运动极大地减少了与欧美新教育运动的联系，也大大降低了欧美新教育运动对日本新教育运动的影响力。

第二节　日本新教育思想的发展日趋平淡

一、日本新教育思想失去了继续发展的外部环境

（一）日常教育经费受到严厉压缩

日本新教育运动改革过程中，新教材的开发、新教室的布置、新方法的探索等需要实施新教育改革的学校投入相当的人力、物力和财力，但由于日本连年发动侵略战争，造成国内财政困难、资金短缺，因此政府开始大量压缩教育经费，给教育领域带来了极大的影响，尤其是对实行新教育改革的学校来说，他们失去了赖以生存和发展的后盾支撑。

过去，日本市町村小学的教育经费完全由市町村行政部门负担，但是由于人口的增加和升学率的增长，造成了地方财政困难，因此地方财政要求国家财政支付一部分市町村的教育经费。据1921年统计，大多数市町村的教育经费占全年财政总经费的40%以上，有的市町村占到了70%以上，甚至有的财政规模较小的市町村占到了90%。根据1918年颁布的《市町村义务教育经费国库负担法》中"教育经费由受益者负担"的相关规定，地方要求中央财政负担部分地方教育经费，以减轻地方财政的负担。在这样的背景下，1927年日本中央财政国库支付地方教育经费为7500万日元，1930年为8500万日元，尽管如此，大多数市町村小学还是感到教育经费严重不足。②

---

① 尾形裕康. 日本教育通史 [M]. 東京：早稻田大学出版部，1960：282.
② 王桂. 日本教育史 [M]. 长春：吉林教育出版社，1987：255.

1931年以后，日本政府加紧扩充军备，不断向外发动侵略战争，加上世界经济危机的影响，造成日本国内出现通货膨胀、物价飞涨，使得教育经费的划拨造成了困难。有时教师的工资都不能按时足额发放，尤其是农村的小学教师，工资福利待遇等更是难以保障。据1932年6月统计，日本农村小学不能按时足额支付教师工资的有2500~3000所，未支付总金额达到5600万日元。① 有的小学教师为了维持基本生活，不得不到校外上课或者从事其他实业工作，还有的农村地区关闭了小学校，让儿童到街上从事贩卖或者做童工，小学生入学率出现率明显下降趋势。

当时由于发动侵略战争、通货膨胀、物价上涨等原因，小学、中学、大学和专科学校的教育经费也越来越不充足，导致学校校舍连年失修、学生伙食质量下降、教科书参考书等极度匮乏，教育教学质量受到极大影响。② 由于新教育运动的开展对学校的人力、财力和物力有相当高的依赖性，所以教育经费的缩减对日本新教育运动的发展产生了巨大的影响，使其失去了赖以生存和发展的"空间沃土"，逐渐走向沉寂。

（二）学生与教师运动遭受疯狂镇压

第一次世界大战后，由于俄国十月社会主义革命的影响，马列主义在日本得到广泛传播，在以东京大学为首的全国的大中小学生中产生了众多的社会主义思想问题研究团体。开始的时候，这些社会主义思想研究团体仅作为简单的学术研究团体，在当时的社会形势下是允许存在的。但是随着社会主义思想的深入研究，学生们不再单纯地从事理论研究，而是与社会主义改革运动相结合，与不断高涨的工人运动和农民运动相结合进行实践探索。1928年在国际共产主义运动的推动下，日本成立了"日本全国工会协议会"和"全国农民协会"，并且在这些进步团体的影响下，以工会和农会子弟为中心成立了"劳农少年团"，与资产阶级和地主阶层展开了斗争。知识分子阶层也产生了群众团体——新人会，这个团体后来对学生运动产生了很大的影响。此外，无产阶级的文化运动也相继开展起来，它通过艺术、社会和自然科学等各个领域对当时的进步学生运动和反对军国主义教育等方面都给予了重要的方向性指导，并且深入到儿童文化领域，成立了"战旗社"，出版刊物《少年战旗》，这些举措在日本的

---

① 王桂. 日本教育史 [M]. 长春：吉林教育出版社，1987：255.
② 王桂. 日本教育史 [M]. 长春：吉林教育出版社，1987：256.

第三章 日本新教育运动的衰落（1924年—1941年）

小学教育中产生了极大的凝聚作用。① 这种文化运动实质上也是政治运动，坚决反对军国主义，主张推翻独裁统治，要求民主政治，所以遭到了日本上层统治阶级的镇压。

日本政府极其憎恨学生和教师运动，采取多种措施加以镇压。1925年公布了《治安维持法》，决定严格制止改变国体和以否定私有财产制度为目的的民间运动。1926年1月，日本政府对违反《治安维持法》的全国左翼学生进行大检举；日本文部省也于同一年禁止学生研究社会科学，命令解散众多的社会科学研究团体。1928年文部省发表了关于思想问题的训令，还设置了学生科，专门负责关注学生的思想动态；在直属学校里，还任命教授为学生工作部主任，将对学生的思想监控与专业技能的学习联系到一起。②

虽然学生和教师的思想受到严格的监控，学生和教师运动也遭受镇压，但是秘密开展自由思想宣传的人并没有绝迹，运动的参加者也由公开转入地下。1927年1月，东京市小学教师本庄陆男带领部分教师创办了文艺杂志《义足》，宣传社会主义思想，日本政府视其为无产阶级文化运动向教师阶层的侵袭，因而坚决加以镇压和禁止。这种镇压和禁止使日本全国具有同样命运和追求的教师团结起来，创立了"全国教师联合会"，在几年之内又相继成立了"青年教育家联盟""教育文艺家协会""教文协会"等组织，并提出了明确目标和组织原则，坚决反对"教育的反动化和机械化"。1929年10月，他们又提出"反对小学兵营化"，并成立了"小学教员联盟"，专门致力于寻求新的教育教学方法，替代旧有的教育教学方法和当时的军国主义教育模式。但是这个联盟刚刚成立，就遭到残酷的镇压，联盟组织者也受到严重迫害，该组织陷入瘫痪状态。③

1930年5月，无政府体系的教师工会组织——启明会的领导人中弥三郎和三木清等人以"无产阶级科学研究所"的名义发表文章公开支持成城小学教师山下爱德治和浅野研真成立的"全日本教师工会筹备会"，并将该组织的组织纲领、章程等文件发送至各小学。但这个组织在组织集合活动的时候遭到迫害，被强制解散，与活动有关联的教师被看作是"赤化分子"，受到重点监视，并被强迫要求转变立场，如果继续持有无产阶级立场，当即会被辞退。但是，同年8

---

① 王桂.日本教育史[M].长春：吉林教育出版社，1987：256.
② 王桂.日本教育史[M].长春：吉林教育出版社，1987：257.
③ 王桂.日本教育史[M].长春：吉林教育出版社，1987：257.

月,被强制解散的教师工会以新的名义成立了"日本教师工会筹备会",在东京、神奈川、长野、埼玉等地吸引了大批教师加入,并且还创办了公开出版物《新兴教育》,建立了合法的机关组织"新兴教育研究所",由山下德治担任所长。1930年9月,该研究所发表《新兴教育宣言》,将教师工会视为全国教师的"城堡",将《新兴教育》杂志视为教师开展运动的"武器",同时明确指出《新兴教育》杂志下设12个研究部,主要包括少年先锋队研究会、学生运动研究会、儿童艺术研究会、教师工会研究会等。此后,《新兴教育》杂志发行至全国各地,甚至包括了朝鲜、中国台湾地区和中国东北地区,并且直接与殖民地的独立运动结合了起来。1931年11月,"教师工会筹备会"召开了教师工会成立大会,采纳了国际教师工会纲领,决定加入"国际教育联盟",提出反对"国定教科书",设立"贫农家长会",坚决支持"劳农少年团"的斗争。虽然在当时的社会环境下,教师工会只能以学校为单位存在,但是为了维护教师和学生的权益而开展的活动始终没有停止。①

而与此同时,日本军国主义者一边对外疯狂发动侵略战争,一边在国内加紧实施法西斯残酷统治,向各进步群众团体挥起屠刀,严厉镇压。1934年1月,在军警的威逼下,日本教师工会中央机关遭到镇压,同年4月被强迫要求发表了《解散宣言》。② 从此,蓬勃兴起的教师工会运动随着法西斯统治的强化,被残酷地镇压了下去。日本军国主义者对国内的新兴教育和进步思想的监控也在不断地强化,使得日本新教育运动的发展和新教育思想的传播失去了继续前行的外部空间。

二、国家权力对日本新教育思想的直接干预

随着教育界民主运动的蓬勃发展和新教育运动的影响力不断扩大,日本国家权力深深感到巨大的威胁和压力,因为自明治维新后,推动日本社会变革的主要力量在很大程度上源自教育,所以日本政府开始采取措施对教育界的变革,尤其是对新教育思想的传播和新教育运动的改革进行严厉的镇压。

1924年8月,文部大臣冈田良平在地方长官会议上指示要加强监督"教育

---

① 王桂.日本教育史[M].长春:吉林教育出版社,1987:257.
② 王桂.日本教育史[M].长春:吉林教育出版社,1987:258.

新主义的鼓吹者",这是文部省最早提出取缔新教育的正式方针。① 1924年9月,在长野县制造"川井训导事件"。针对学生运动,1924年11月,高等学校校长会议要求解散各高等学校的社会研究组织;1925年12月,京都府警察署开始逮捕社会研究组织的学生,制造了"京都学联事件";1926年1月,开始首次使用《治安维持法》,在日本全国逮捕参与社会研究的学生;同年5月,文部大臣冈田良平下达内部训令,要求取缔学生"左倾思想",同时,文部省下令禁止学生研究社会科学;1928年4月,下令解散东京帝国大学的学生组织"新人会",并相继解散了京都帝国大学、九州帝国大学及东北帝国大学的社会科学研究会;全国学生社会科学联合会于1929年11月被迫解散。针对大学教授,1927年1月,文部省要求支持学生运动的劳农党委员长大山郁夫辞去早稻田大学教授职务;1928年4月,京都帝国大学教授河上肇,东京帝国大学副教授大森义太郎,九州帝国大学教授向坂逸郎、石滨知行、佐佐木弘雄等,皆因研究社会主义理论而被迫辞去职务。针对民间教育运动,1928年4月,文部省下令解散了教师工会组织——启明会,并严禁教师以任何形式参加工会组织,否则将被清除出教师队伍。②

　　面对政府的镇压,日本教育领域和新教育学者并没有沉沦下去,1930年前后,教育界的民主运动再次兴起,主要包括"北方教育运动""生活作文运动"和"新兴教育"等。1929年6月,成田忠久等人自秋田县成立"北方教育社",开始在日本东北地区推广生活作文运动,即"北方教育运动"。该运动被认为是日本新教育运动的重要组成部分,它以反对全国整齐划一性的教育为宗旨,呼吁"北方的孩子必须接受北方式的教育"③。1929年10月,小砂丘忠、志垣宽等人创刊《作文生活》,主张儿童的学习应该立足于生活,即"生活作文运动"。1930年8月,民间教育界创立新兴教育研究所,同年9月创刊《新兴教育》杂志,发起"新兴教育运动",该运动主张要"明确批判并实际排斥反动的资本主义教育,科学性地建设与宣传新兴教育"④。上述这些教育运动都是教育界对当时政府教育统治的反抗。

　　当新兴的教育民主运动再次受到民众的关注和追捧时,便再次遭到国家权

---

① 伊崎小生,松島栄一.日本教育史の年表[M].東京:三省堂,1990:114.
② 臧佩红.日本近现代教育史[M].北京:世界知识出版社,2010:183.
③ 宮原誠一.資料日本現代教育史[M].東京:三省堂,1974:389.
④ 宮原誠一.資料日本現代教育史[M].東京:三省堂,1974:352-353.

力的疯狂镇压。1930年3月，文部省下令解散刚刚成立的小学教师联盟（1929年10月成立），1931年3月开始在全国各地整顿教师，1933年月开始镇压长野县的新兴教育运动，共有138名教师被认为"组织参加长野县教育劳动工会"或者"向儿童进行左翼教育"而被处以起诉、惩戒免职、谕旨退职、谴责、继续修职等不同程度的处罚，另有56人被认为"在校内成立左翼组织、向儿童进行左翼教育"的校长被处以免职等处分。① 1933年6月，政府下令《新兴教育》杂志停刊，1937年12月强制命令《生活作文》杂志废刊。日本政府同时还镇压了大学教授对学问的自由研究，1930年5月，东京帝国大学教授山田盛太郎、法政大学教授三木清等人被认为同情日本共产党而受到检举并被迫辞职；1933年4月，文部大臣鸠山一郎要求东京帝国大学总长开除该校法学部教授泷川幸辰，该校法学部39名教授提出辞职声明以示抗议，造成"京大泷川事件"；② 1935年2月，东京帝国大学教授美浓部达吉的"天皇机关说"③ 在贵族院受到攻击，同年4月，美浓部达吉以不敬罪被起诉，其著作被禁止发行。至此，日本的新教育运动受到了国家权力的全面压制，致使一部分新教育思想家和实践家开始"转向"，打着"自由"和"民主"的旗号迎合国家权力的需求和政策；虽然也有部分新教育学者坚持新教育的思想继续实践新教育运动，但是这种自由民主力量终究难以抵挡政府的集权和对教育的干涉，难以回转日本新教育运动走向没落的命运。

三、日本新教育思想自身发展后劲不足

（一）日本新教育思想的实践路径缺乏民众基础

20世纪初，日本借助日俄战争和第一次世界大战获得的巨额收益，工业水平整体得到提升，迅速成为"亚洲工厂"，并快速向"世界工厂"的领域迈进，使社会经济得到空前发展。经济的发展势必会带来教育的飞跃发展，1907年日本重新修订《小学校令》，确立了普及六年免费义务教育制度。原有的国立和公

---

① 宫原诚一. 资料日本现代教育史［M］. 东京：三省堂，1974：367-369.
② 臧佩红. 日本近现代教育史［M］. 北京：世界知识出版社，2010：184.
③ 美浓部达吉（1873.5—1948.5），日本著名的宪法学家、行政法学家，东京帝国大学毕业，1899年留学欧洲，1902年提出"天皇机关说"，主张天皇只是国家行使统治权的国家机关，而主权应该属于全体国民。该学说被日本右翼指控为与"天皇主权说"相对抗，因而犯了不敬罪。

立小学已经难以满足社会的实际需求，因而大批的私人财阀、乡村名士开始"聚众授徒"，创建私立学校。这一时期，欧美新教育思潮流入日本，受到大批日本教育学者的追捧，他们有的留学欧美而亲眼看到了新教育学校的盛况，有的通过相关资料的研习了解了新教育的理念，为了将自己的教育理念和教育理想得以实现，开始创建私立小学，使得日本的新教育小学的数量"井喷式"发展，私立新教育小学也成为了日本新教育运动的主力军。而无论是原有的私立学校还是新教育的私立小学都具备"私立"的性质，那就是学校的运营经费全部依靠自筹，学费是学校一切经费的主要收入来源，所以在这些学校就读的学生都必须要缴纳一定数额的学费。以泽柳政太郎在东京创办的成城小学为例来看，学校自初创到衰落，学费的调整状况如下：1917年为每年36日元，1919年为每月48日元，1923年为每年96日元，1932年为每年96日元，① 而1920年东京市普通劳动者的年均生活费用为235.2日元，1929年则减少到174.5日元。② 也就是说，一个东京市内私立小学的学生一年的学费要占去生活费用的1/3以上到1/2以上，这对于一个普通的劳动者来说是一笔不小的支出。虽然私立小学在招生的时候也会承诺会对低收入家庭的学生减免学费，但是大多数普通收入家庭更愿意选择提供免费义务教育的国立和公立小学。私立小学（包括私立新教育小学）的学生家长大多是大学教师、高级官员、军队军官和实业家等中产阶级或者知识分子阶层，而这些人终究是社会的少数阶层。所以，占据日本新教育思想实践主体的众多的新式私立小学的学生是中产阶级家庭的子女，占社会大多数的普通收入家庭的子女则很少参与，所以说日本新教育运动的实践是缺少广大民众基础的，日本新教育思想的传播也理所当然地缺少民众基础的支撑，缺乏基础支撑的思想理论也将会随着时代的发展逐渐暴露出本身的先天缺陷，进而降低自身延续的后发动力。

（二）日本新教育思想的传播与实践存在妥协性

自明治维新以来，日本教育界同政治思想界的情况相类似，一直就存在着"改革派"和"保守派"的斗争。"改革派"注重对西方文明的吸收和借鉴，不

---

① 李伟.日本新教育运动的一面旗帜——成城小学发展研究［M］.石家庄：河北教育出版社，2016：205.

② 小山昌宏.1920（大正9）年から1930（昭和5）年の大衆社会状況－－昭和初期の都市大衆と農村民衆の生活水準について［C］.東京：東京外国語大学留学生日本語教育センター，2008：110.

但学习西方的科学技术,而且还引进西方的自由和民主精神,这就引起了"保守派"的不安,于是他们开始打着"尊皇"的旗号,祭出封建伦理道德,对学生进行思想教化,在这种斗争中,无疑"保守派"在更多时期处于上风。在与日本新教育思想传播和实践同时存在的教育思想还有军国主义教育思想,它所宣扬的那种"天皇至上""尽忠报国"的理念应该是继承了原来"保守派"的衣钵。史学家汤重南曾经指出:"日本军国主义思想是一个庞杂的思想体系,主要有三个来源,一是武士道,二是日本神道教、佛教和儒教中的思想糟粕,三是贯穿日本近代化发展过程始终的灵魂'皇权''皇国'观念和史观。发展到近代,再加上西方流入的沙文主义和社会达尔文主义,并奉为思想理论基础。因此,日本军国主义是十足的封建主义、殖民主义和帝国主义的腐朽、反动思想糟粕的大杂烩、大拼盘,混乱不堪。"[1] 军国主义思想是一个毒瘤,它把国家与社会作为本体,强制牺牲个人,实行残暴统治,控制思想舆论,在国外推行疯狂的侵略战争,给人民生活带来了极大的痛苦。教育是人类文明的重要基础,它关系到一个国家和民族的未来。而日本军国主义却把黑手伸向了学生,从小学到中学再到大学全部实施军国主义教育,向学生灌输"天皇至上"和"尽忠报国"等具有反动性质的军国主义思想和军国主义教育理念,将学校变成了生产军备物资的"军工厂"和参军参战的"生源地"。在这种大的背景下,一些新教育思想的实践学校出现了对社会时势的妥协性,丧失了创立之初的自主性,失去了当初可以不同于受全国通用的法规政策的牵制的国立、公立学校的"特权",学校课程体系的设置和军国主义教育体系下的国民学校完全相同;教科书统一使用文部省规定的国定教科书;教学方法统一为易于灌输军国主义思想的集体班级授课制。而且学校教育的正常秩序横遭破环,经常更换教师和教学内容,没有统一的教学计划,一切均以文部省的指示为中心,毫无自主性而言,彻底沦落为了日本军国主义发动对外侵略战争的工具。[2]

日本新教育思想传播和实践的妥协性除了表现为对军国主义思想的妥协外,还表现为对传统教育体制的妥协。这种妥协性可以称之为是日本新教育思想与传统教育体制较量的失利,也可以说是新教育思想在日本实践的失败。被视为

---

[1] 汤重南.日本军国主义思想是庞杂的精神糟粕[J].日本学刊,2005(4):7-19.
[2] 李伟.日本新教育运动的一面旗帜——成城小学发展研究[M].石家庄:河北教育出版社,2016:208.

<<< 第三章 日本新教育运动的衰落（1924年—1941年）

日本新教育运动一面旗帜的成城小学后期的发展，尤其是成城小学校校长小原国芳的辞职事件将日本新教育思想的这种妥协性表现得淋漓尽致。成城小学于1922年创建了成城第二中学，1925年这批中学生即将毕业升入高中。时任成城小学主事的小原国芳想要在成城第二中学的基础上建立成城高中和成城大学，将成城小学的办学理念延续下去。但学生家长希望成立七年制高中，为自己的孩子升入东京帝国大学做准备。七年制高中招收普通高等小学毕业生，前四年为初等科学习初中课程，后三年为高等科相当于三年制高中，是进入帝国大学本科的预备班。七年制高中推行以升入大学为目的的应试教育为主。1926年文部省批准成城小学成立七年制高中，命名为"成城高中"，作为升入帝国大学的预备校，撤销原成城第二中学，将其作为七年制高中的前期四年制的初等科。虽说，泽柳政太郎校长在成城高中创建之际提出了"同学彼此间应独立自尊、发挥个性、相互合作；学校应博采众长，体现自学自习与自制自律特色"的校风，但是作为升入帝国大学的预备班，就要同其他高中一样，按照当时文部省规定的高中制度，实施课程设置与教学方法，参加严酷的升学考试竞争。1929年成城高中迎来了第一届毕业生，其中大部分学生考入东京帝国大学等全国有名的国立大学。小原国芳发现成城小学日益脱离原来的办学理念，妥协于现行的教育体制，成为升入帝国大学的预备校。小原国芳校长想要创建"成城高中"和"成城大学"的梦想破灭，不得不于1933年辞去成城小学校长一职。[①]

（三）日本新教育思想后期引领者与前人的理念出现差异

日本新教育思想传播与实践历经了兴起、高潮和衰落等几个阶段，每个阶段都有不同的教育学者对欧美的新教育思想和新教育理念有不同的理解和不同的实践路径，但无论是哪个阶段或者哪位教育学者都是竭尽全力将自己的教育主张付诸实践。虽然在整个日本新教育思想的传播与实践过程中，有众多的新教育学者参与其中，但每个阶段都会出现一位或者几位代表性人物，他们拥有较强的社会影响力，在整个新教育运动中发挥了引领性作用。提到日本新教育思想传播的引领者则必定会涉及泽柳政太郎和小原国芳两位新教育学者。前者毕业于东京帝国大学并获得文学博士学位，曾就职于文部省，任文部省书记官和文部大臣秘书，后又历任东北帝国大学校长、帝国教育会会长、临时教育会

[①] 李伟. 日本新教育运动的一面旗帜——成城小学发展研究[M]. 石家庄：河北教育出版社，2016：206.

议委员、国民教育奖励会会长、文教审议会委员等职,受欧美新教育思想的影响,一手创办了成城小学并将其发展成为日本新教育运动的一面旗帜,在日本教育界拥有非常强悍的影响力,被后人称为"一代宗师,于内是国民教化的最高顾问,于外是日本教育的代表"①。后者毕业于京都帝国大学,是泽柳政太郎的追随者,日本新教育思想传播的著名人物,在"八大教育主张"讲演会上提出"全人教育理论",成为日本新教育运动的著名理论,曾任成城小学主事(校长),后又独立创办玉川学园,成为日本新教育运动的又一个典型实践学校,他也是日本新教育运动由盛转衰时期的引领者。小原国芳虽然一直追随泽柳政太郎从事新教育思想的传播和实践活动,但是两者的办学理念存在差异,造成了各自追随者办学思维的混乱,为日本新教育思想由盛转衰埋下了隐患。

泽柳政太郎主要强调学校的教学质量。他创建成城小学的初衷就是通过成城小学的教育实践实验改造日本的初等教育,招聘的教师都是经层层选拔挑选出来的全国最优秀的志同道合之人。从他的"小学发展应是注重教学质量,而不是盲目的扩张"②的学校论中,可以看出他提倡的是学校扩张应该是建立在教学质量提高基础之上的。而小原国芳的理念则是通过不断扩大学校的办学规模来提升学校的影响力。小原国芳担任成城小学主事期间成立教育问题研究会,创办《教育问题研究》杂志与世人分享成城小学初创时期在教育实践过程中所做的努力,期待大家指导与批评。成城小学通过与其他学校不断的交流,取得了快速发展,尤其是学校规模的扩大。小原国芳又于1922年创建成城第二初级中学,实施自己的全人教育思想,学校创建之时正值泽柳政太郎校长在欧美考察,所以成城中学的创建均是由小原国芳一人操办。1925年他又创建成城玉川小学,成城玉川小学教师大多数是由成城小学教师兼任。1926年又在学生家长的提议下创建七年制成城高中,1927年创建五年制成城高级女子中学。成城小学在小原国芳主事的带领下,相继成立了成城玉川小学、成城第二中学、成城高中、女子高中,完成了成城学园的建设。成城小学虽然规模扩大,可是人的精力有限,小原国芳将大部分精力放到成城初中与成城高中,对成城小学的发展无暇顾及。小原国芳在小学基础上创建初中与高中的本意是好的,是为了学

---

① 小川一樹. 澤柳政太郎の生涯と成城小学校 [M]. 東京:上智大学出版会,2017:114.

② 中野光. 教育空間としての学校 [M]. 東京:EXP 株式会社,2000:16.

生能够在成城小学的办学理念下继续学习，而不希望他们又回到实施传统教育的学校中。①

泽柳政太郎的注重"教学质量"与小原国芳的注重"学校规模"看似矛盾，但是，只要正确处理好质量与规模的辩证关系，就可以保障质量与规模的平衡。泽柳政太郎去世之前，成城小学在质量方面与规模方面基本上取得了平衡，学校规模相对稳定，教育改革实验稳步进行，取得了快速发展。课程、教学与管理各方面均完成了改革，并通过各种方式将取得的科研成果向外界推广。泽柳政太郎去世后，这种相对稳定的局面逐渐被打破，成城小学与成城玉川小学合并，许多元老级的牛込校区的教师对成城小学日渐失去的注重"质量"研究的"泽柳"精神而感到失望，纷纷离开了成城小学；成城学园的形成、学校规模的扩大，学校财政困难也凸显出来。为了摆脱财政困难，成城学园实行学生扩招，扩招而来的学费或许会暂缓学校的财政危机，但是一味地扩招导致了实施11年之久的道尔顿制式自主学习模式的衰退与消失，② 最终也削弱了日本新教育运动的发展态势，使其由盛转衰，最终走向没落。

第三节　日本新教育运动的余响

一、日本新教育学校的延续和"中性学校"的建立

（一）日本新教育学校在妥协和内斗中的延续

1. 日本新教育学校办学理念对社会时势的妥协

自1935年东京大学教授美浓部达吉因"天皇机关说"被认为违反国体而受

---

① 李伟. 日本新教育运动的一面旗帜——成城小学发展研究［M］. 石家庄：河北教育出版社，2016：206-207.
② 李伟. 日本新教育运动的一面旗帜——成城小学发展研究［M］. 石家庄：河北教育出版社，2016：207.

到抨击和日本陆军省军务局长永田铁山遭人刺杀①等事件发生后,日本政府声明要"明确国体"②,并在文部省设置"教学刷新评议会"③,多次召集思想活跃分子较为集中的国立大学和高中的校长及学生管理人员召开"明确国体"的宪法学习会,大力提倡皇道中心主义论。文部省为了加强教育统治,规定中学的国史、修身、公民课的教科书一律采取国定制。政府也加强了对学校的军国主义教育思想统治,1941年3月颁布《国民学校令》,将小学等初等教育机构全部改称为"国民学校",目的在于以皇国之道为准则,实施对国民基础训练的初等普通教育。在这样的时势背景下,参与日本新教育运动改革的公立小学和高等师范附属小学等全部改称为国民学校,无论是教育理念还是教学内容亦或是教育方法,全部与国民学校无异,应该说此时日本新教育运动中的公立小学和高等师范附属小学已经停止了新教育运动的改革实践,转变到了军国主义教育体制之下。参与日本新教育运动的私立小学虽然保留了一定的自主权,但是还是被强制改称为"初等学校",在教育理念和学校的教育方针方面被要求要紧跟时代的步伐,符合社会的实际需求。很多新教育私立小学提出了新的办学理念:全面普及国体观念,强化学生的集体训练,修正以往以自学为主的教学模式,重振研究风气和加强规律性生活的训练以及充实配备必要的教学设备。如此看来,此时的新教育私立小学的教育理念已经发生了很大的变化,从创建之初的"以儿童为中心"的办学理念转变成为"以国家为中心"的办学理念,把阐明"我臣民克忠克孝,亿兆一心,厥济斯美,此乃我国体之精华,教育之渊源亦实存于此"的《教育敕语》奉为圣旨。④ 这也凸显出了日本新教育学校对当时军

---

① 1935年8月12日,日本陆军省军务局长永田铁山被刺死在办公室里。永田铁山之死是日本军部内部派系斗争的结果,因为早在荒木贞夫陆相时代,永田铁山就叫他的助手东条英机联络了十几个中坚干部,每周会商国家改造、陆军统制等事宜,被称为"统制派"。他就任军务局长后,统制派和皇道派的斗争日益炽烈,到1935年7月,陆相林铣十郎面告教育总监真崎甚三郎,要在8月进行定期人事调整时,将他调任军事参议官,先求谅解;真崎表示陆军三长官的任免,属于天皇的统帅权,别人无权调动,僵持了一个星期,结果由于参谋总长载仁亲王支持林铣十郎陆相,真崎才屈服。于是皇道派的武士们就认定这是永田铁山的阴谋策动,所以寻找机会策划了对他的刺杀事件。
② "明确国体"是指1935年日本军部和右翼分子提倡的明确以天皇为中心的国家体制。
③ 教学刷新评议会提出1936年设立教学局,目的在于加强学校的教学工作,按照国体本意振兴改革教学事务,培养国家主义的国民。
④ 李伟. 日本新教育运动的一面旗帜——成城小学发展研究 [M]. 石家庄:河北教育出版社,2016:170-171.

国主义势力当权时势的妥协,开启了日本新教育运动的没落之门。

2. 日本新教育学校课程内容和教学模式的改变

在"以国家为中心"的办学理念的指导下,日本新教育学校的教学内容也由原来的有益于儿童身心成长的课程转变为灌输军国主义思想的课程。自日本发动大规模对外侵略战争以来,政府便加强了对国民尤其是教师和学生思想的控制:要求全国各类学校将天皇和皇后的御照供奉在学校的显著位置,全体师生要每周举行谨奉天皇和皇后御照的仪式,后来又将《教育敕语》下发到各学校,要求学校在举行仪式或者早会的时候,校长要在全体师生面前恭读,学生要背诵《教育敕语》和历代天皇的名号。

文部省强制要求所有国立和公立小学改称为国民学校,将私立小学改称为初等学校,同时各初等学校的教育课程也改成了与国民学校完全相同的课程,教科书也统一使用国定教科书。教学科目有国民科、数理科、体育科、艺术科四种。国民科包括修身、国语、国史、地理;数理科包括数学和理科;体育科包括体操和武道;艺术科分为音乐、习字、图画、手工等。其中修身课公开鼓吹"惟神之道""八纮一宇""灭己奉公""尽忠报国"等宣扬报国精神;国语课程大书特书日本历代天皇、将相武士、军人传记等内容,宣扬武士道精神;手工课对女生特别增设了一门裁剪课程;原有的舞蹈课程取消,改为武士道教育,培养军人的忠诚、礼仪、尚武、牺牲的思想品格,加强军国主义教育;原有的进行情操教育的茶道改为礼节礼仪的训练时间;原有的戏剧与音乐课程均改成了宣传战争的内容。许多新教育学校的教师仍然不愿意放弃最初的办学理念,只好采取阳奉阴违的办法,表面上实施国民学校的教育课程,暗地里仍然按照新教育学校原来的课程上课,但是在日本军国主义教育大力实施的背景下,教师们的这种做法也终究难以进行下去。此时的教学对于学生来说就是经常换教师、经常换内容,学校已经没有统一的教学计划和正常的教学秩序可言,一切都要听从文部省的指示,一旦有什么新的变化就要立即执行。

迫于政治方面的压力,全国各地实施新教育的学校数量在逐渐减少。另外,由于新教育学习模式的实施需要教师在教学大纲、教学计划的制定和教材的编纂和选定上需要付出很大的精力。因此如果教师懈怠,学生则不知如何学习,又缺乏大量的参考教材,只会导致学生学力低下,在竞争激烈的国立、公立升学考试中被淘汰,最终引发学生和家长对新教育教学模式的排斥和批判,致使教学模式又回到了传统的班级授课制上面。在新教育教学模式整体呈现衰退态势的背景下，一些新教育学校的教师们依然没有放弃，继续努力研究与时俱进的新教育教学模式，针对学生的个体和个性差异设置特殊班级，实施个别教学，用于教授外国学生、海归学生、缺课学生、中途转学来的学生、偏科学生等特殊学生群体。但是迫于财政的压力，大部分私立学校都通过扩招来缓解学校的财政压力，但这也给学校的教育带来了很大的变化。学校一味扩招，导致教育管理松懈，学生放纵，不受约束；新生入学缺乏严谨把关，学生素质低下；优秀教师逐渐失去教育的热情，属于课程指导方案的制定，很多新教育教学模式仅是流于形式，没有实质性地展开。① 以上这些直接使得日本新教育学校逐渐走向了没落。

3. 日本新教育学校内部的派系斗争和新教育师资的离职

前文中曾提到过泽柳政太郎和小原国芳在实施新教育改革的过程中，出现过"重质量"和"重规模"的争论，但这并不属于派系的斗争，毕竟两人同属于日本新教育运动的有力推动者，他们只是在推行新教育改革的道路上，就方法的问题产生了不同的意见，而两人的目的是一致的。这里所说的日本新教育学校内部的派系斗争指的是在日本新教育运动衰落的过程中，不再坚持新教育理念和新教育实践并且甘愿向当时的军国主义妥协的一部分教育学者、教师与"不忘初心"希望继续坚持用新教育理念对日本教育进行改造的教育学者、教师之间的斗争。在日本新教育学校出现的这种斗争尤以成城小学内部出现的斗争最为激烈，但它绝不是以一个个案的形式出现的，而是整个日本新教育运动过程当中最具代表性的派系斗争。本文主要以成城小学为例论述日本新教育运动衰落过程中出现的派系斗争和新教育师资离职的情况。

由于日本军国主义势力的不断扩张和国家权力对新教育学校的压制，新教育学校的发展受到很大的限制，运营学校和教育改革需要的人力、财力和物力遇到极大的困难。成城小学虽然是由具有官方背景的泽柳政太郎创建，但此时泽柳政太郎已经去世，由小原国芳继任校长，而小原国芳的影响力远不如泽柳政太郎，所以成城小学也同样面临着各种困难。成城小学在日本新教育运动过程中引以为豪的"道尔顿制式自主学习模式"更是对师资能力、教师配备、教材编撰有极高的要求，对人力、财力、物力的依赖性更大，所以当国家权力对

---

① 李伟. 日本新教育运动的一面旗帜——成城小学发展研究［M］. 石家庄：河北教育出版社，2016：172.

新教育运动进行压制时,成城小学的压力就显得更为明显,也更容易陷入困境。

成城小学创建的道尔顿制式自主学习模式,更加了学生的自主学习时间,这种由"下"而"上"的自主学习模式中,由于学生个人学习认知能力的差异,势必会引起个别学生的掉队,跟不上大多数学生学习的步伐,1928年成城小学将自主学习的时间由原来的4个小时减少到3个小时。1926年文部省批准成城小学成立七年制高中,命名为成城高中,作为升入帝国大学的预备校。1929年成城高中迎来了第一届毕业生,其中多人考入东京帝国大学等全国有名的大学。小原国芳发现成城小学日益脱离了原来的办学理念,妥协于当时的社会时势,成为升入帝国大学的预备校。再加上小原国芳当时自己已经创办了玉川学园,把更多的精力放到了玉川学园的日常运营上,遂于1933年决定辞去成城小学校长的职务。但此举却将成城小学内部派系的斗争引向白热化,由原来的"暗斗"演变成了"明争",最终也彻底葬送了成城小学。

小原国芳做出辞职决定后,1933年4月5日成城学园的全体师生聚集在礼堂"母馆",举行新任校长就职仪式,新任校长三泽纠新的就职致辞之后,前任校长小原国芳进行了辞职致辞。致辞完毕后,一名高中生冲上讲台高声演讲呼吁大家挽留小原国芳校长。台下气氛异常紧张起来,全员立刻解散,学生们均回到各部,高中生交由学生大会处理,学校随即成立调查委员会调查小原国芳校长辞职的经过。同时,教师、家长与学生们分成两派,一派为主张挽留小原国芳校长的"小原派",一派为赞同小原国芳校长辞职的"反小原派",他们针锋相对、彼此争斗,最终引发了学园骚动事件,史称"成城事件"。高中部的所有班级提出对新任校长三泽纠新不信任,拥戴前任校长小原国芳为成城学园的校长及财团法人董事长,拒绝接受"反小原派"的教师们的课。1933年5月成城学园陷入一片混乱状态。高中生从5月17日起临时停课,反对三泽纠新担任成城学园的校长,学园立即召开教职工会议,批准了以三泽纠新校长为首的43名教师的辞职申请。这一骚动事件从5月14日持续到6月3日。期间,不仅高中部,就连小学部与女子学部也几乎没有正式上课,有的情绪激昂支持战争,有的情绪低落害怕战争,双方发生了争辩。成城学园的各个学部均陷入了混乱状态。

后来,随着成城学园财团法人的小西重直董事长及小原国芳董事的辞职,其余的财团法人董事也纷纷辞职。在此之前一如既往支持成城学园发展的后援会会长吉冈源一郎也提出了辞职。为了解决成城学园骚动事件,成城学园财团法人成立由皆川治广、小林正直、木村丰吉、副岛網雄、田岛庄太郎、早川芳太郎、鹤田真7人构成的临时董事会，并于6月4日召开第三次临时董事会，在紧要关头做出以下决定：感谢小原国芳校长对成城学园所作出的贡献；希望5月17日辞职的三泽纠新校长等各位教师返回到工作岗位，保证没有提交辞职申请的教职工的地位；拥戴前任校长小原国芳担任成城学园的督导。6月11日在"丸之内工业俱乐部"召开成城学园财团法人评议委员会，商讨董事的任命与学园的善后处理事宜，会议一致通过由广冈惠三、儿玉秀雄、望月军四郎3人担任董事，由儿玉秀雄董事担任董事长，同时作为学园总长处理成城学园的局势。6月12日成城学园的全体师生聚集在礼堂"母馆"，举行新任校长就职仪式，距离上次新任校长的就职仪式仅间隔两月有余。儿玉秀雄校长就任后不久便在目黑区的"雅叙园"举行联谊会，款待成城学园的全体教师，希望大家齐心协力去促进成城学园的发展。就在大家为成城学园发展尽心尽力之际，强烈支持小原国芳的"小原派"4位教师却收到了来自东京市市长的免职通知，引起了"小原派"教师们的极大不满，强烈要求学园总长儿玉秀雄留住4位教师，却遭到了拒绝。在1933年8月29日召开的成城学园财团法人评议委员会上，儿玉秀雄提出辞职，会议任命铜直勇教授为代理校长，并担任财团法人的董事一职。9月9日召开的成城学园财团法人评议委员会选举了今村明恒与川崎军治两人担任董事。9月11日成城学园举行铜直勇代理校长任职仪式，距离上次新任校长的就职仪式仅间隔3个月。

　　自小原国芳校长辞职离开成城学园后不到半年的时间里，学园的校长先后由三泽纠新、儿玉秀雄与铜直勇3人担任，学园的财团法人董事会成员也先后更换。作为拥有学校决策权的高层人员如走马灯似地换来换去，势必会导致学园的学生及家长人心惶惶，学校的校园动荡不安。1933年9月13日支持小原国芳的170名高中生聚集在高尾山的"三光庄"抗议政府的决策。随后，以小学部为首的各个部的大部分教师纷纷辞职，学生纷纷退学。其中，小学部退学人数最多，达到400人左右，占总人数的2/3。支持小原国芳的教师及家长们带着孩子去了"玉川学园"，而主张成城小学最初的办学理念的教师及家长们带着孩子又创建了新的私立小学"和光学园"。成城学园事件最终因开除了9名闹事学生，处分54名学生得以平息，但成城学园却一直因为学生数量不足，财政困难等问题而逐渐走向衰落。①

(二)"中性"新教育学校的建立

面对国家权力当局的疯狂镇压,日本新教育运动的实践学校除了"委曲求全",通过修改学校名称、修订教育理念、改变教学方法等途径以获得暂时的学校生存空间外,还有一部分新教育学者或者新教育教师另辟蹊径,通过创建"中性"新教育学校,来间接实现自己的新教育理想和创办教育的抱负。

所谓的"中性",主要包括一部分新建的新教育学校在办学理念方面,不再过于强调"自由"和"民主"的理念,而主要体现为亲近自然、锤炼体魄、体验劳动、延伸创造性、和谐发展、全面发展等方面,或者不再在办学理念上过多宣传,而仅在教育教学方法上吸收引进新教育的模式;还包括在办学规模上的"中性",这一时期新创建的新教育学校办学规模普遍比较小,新学校创建者的目的在于实现自己兴办教育的理想,则在办学规模上消除国家权力当局"新教育学校形成规模气候以后会威胁到国家权力安全"的顾虑。这一时期创建的比较典型的"中性"新学校主要包括以下几所。

小原国芳在原有玉川小学基础上扩建而来的玉川学园。1919年年底,小原国芳应泽柳政太郎之邀来到成城小学担任主事一职。他在成城小学期间意气风发、锐意进取,提出了"全人教育"理论。小原国芳在任职成城小学校长之时创建玉川小学,后来离开成城小学而专职致力于玉川学园的发展建设。1929年小原国芳在玉川小学的基础上创建玉川学园。学园创建之初包括幼儿园、小学、初中、私塾共计学生111人,教师18人。玉川学园主要以小原国芳的"全人教育"的教育理念为中心,培养具有真、善、美、圣、健、富六种价值和谐发展的人。为了实现这一教育理念,学园的全体教师将"全人教育、尊重个性、自学自律、高效率教育、尊重自然、注重师生温情"作为教育信条。

古腾创办的昭和学园。古腾1911年毕业于滋贺县师范学校。曾担任滋贺县的岩根寻常高等小学、伴古寻常高等小学与水口高等女学校的教师。1921年离开滋贺县前往东京,应聘为成城小学教师,担任理科课程教学,其间结合成城小学道尔顿制的应用,形成了富有特色的理科教学论。1926年古腾回到滋贺县,与其妻子两人在近江八幡町(现八幡市)创建了近似于私塾性质的私立学校昭

---

① 石橋哲成. 北原白秋と小原國芳:成城事件における関わりを中心に[C]. 東京:玉川大学教育学部全人教育研究センター年報,2014:31-41.

和学园。学园自创建以来学生人数一直不多，1933年学生仅12人，在当时可谓是日本最小的寻常小学。学园的办学理念是：锤炼气魄的教育、精力旺盛的教育、尊重个性的教育、亲近自然的教育、重视科学方法的训练、延伸创造性的艺术教育、体验劳动的教育、家庭主义的教育、体现人道的教育、刚健不屈的教育。

滨野重郎等人创建的清明学园。滨野重郎、渡边熙一、大石孝一、石原荣寿4位教师于1930年4月在东京大田区雪之谷创建了清明学园。清明学园的办学理念是"亲近自然，从自然中学；身体健康，过有规律的生活；培养丰富的情操与自主学习的态度；形成彼此尊重、合作与自治的意识"。为了实现以儿童为中心的义务教育，学园的全体教师将"反复钻研教育课程与不断提升自我"作为教育信条。

小林宗作创建的巴学园。小林宗作1917年毕业于东京音乐学校，同年进入成蹊小学成为一名音乐教师。1923年去欧洲留学，在瑞士音乐教育家雅克·达尔克洛茨创办的达尔克洛茨音乐学院学习音律学。学成归国后应小原国芳邀请来到成城幼儿园，担任成城幼儿园主任。1930年再次前往欧洲留学。1937年接手手塚岸卫创办的自由之丘小学，改名为"巴学园"。巴学园是幼小一贯制学校。巴学园的办学理念是：每一个孩子都具有与生俱来的优秀品质，尽早地发现并让这些优秀的品质发扬光大，将孩子培养成富有个性的人。

成城小学部分教师与学生家长创建的和光学园。1933年在成城小学校长小原国芳辞职引发的学园骚动事件，主张成城小学最初办学理念的7名教师及家长们带着33名孩子在东京世田谷区创建了新的私立学校。1934年4月命名为"和光学园"。学校的办学理念是：班级人数定额，实施个别教育；引导学生自主学习，唤起学生学习兴趣；重视情操教育，宜于陶冶人格；学校位于郊外，宜于儿童健康成长；人格陶冶是和光教育的根本精神。学校十分重视"学生、家长、教师"三位一体的教育模式。[1]

二、日本新教育协会的短暂"中兴"

进入20世纪20年代后，日本新教育运动不断受到日本行政当局和军部的

---

[1] 李伟. 日本新教育运动的一面旗帜——成城小学发展研究[M]. 石家庄：河北教育出版社，2016：203-204.

压制与迫害，部分新教育运动的实践学校和新教育学者、教师产生了畏难情绪，对新教育理念的追求开始动摇，使得日本新教育运动逐渐从内部开始瓦解。为了挽救日本新教育运动的命运，继续推动日本新教育运动的开展和追求自己的新教育理想抱负，部分日本新教育学者在世界新教育联合会的帮助下，于1930年成立了日本新教育协会，野口援太郎任会长、入泽宗寿任副会长。协会通过创办会刊杂志、举办教师研习会等形式，继续推动日本新教育运动的发展，不断加强与世界新教育联合会的互动、寻求国际支持，并通过多种途径缓和与行政当局的关系，试图为日本新教育运动学校争取生存的空间。协会通过各种努力，的确在一定范围内继续推动了日本新教育运动的发展，呈现了"中兴"的局面，但是最终还是难以抵挡当时已经"绑架"了国家权力的军国主义的攻击，带着"无奈"退出了日本教育历史的舞台。

（一）日本新教育协会的成立

20世纪20年代中后期开始，日本新教育运动遭到军国主义势力的残酷压制，整体上呈现日益萎靡的趋势，但尚未完全消失，依然还有新教育理念的执着追求者为了实现自己的教育理想和抱负继续从事着新教育的实践活动，并且逐渐加强了与国际新教育团体——世界新教育联合会的联系，参加相关的学术会议，为日本新教育运动的发展寻找新的发展方向和发展思路。同时，世界新教育联合会也积极为日本的新教育运动的发展出谋划策、提供帮助。

1929年，第三次世界教育大会在英国伦敦召开，日本新教育运动后期的引领人物、日本帝国教育会的专务理事野口援太郎应邀参会。会后，世界新教育联合会相关人员向野口援太郎建议日本成立新教育协会，共谋日本新教育运动发展大计。但是当时野口援太郎兼任帝国教育会专务理事等多个职务，无暇顾及，世界新教育联合会的这个建议被暂时搁浅。直到1930年7月初，东京市富士小学校长上沼久之丞来拜访野口援太郎的时候，提到"针对当前日本教育发展的现状，新教育学者或者新教育实践学校应该走联合发展的道路，共同应对发展过程中遇到的问题"。于是，野口援太郎决定接受世界新教育联合会和上沼久之丞的建议，谋划成立日本新教育协会。①

1930年7月15日，野口援太郎召集赤井米吉、佐佐木秀一、稻毛诅风、山

---

① 永江由紀子. 新教育協会（1930—1941年）の活動内容に関する基礎の考察［J］. 九州大学学術情報リポジトリ，2008（3）：22.

崎博、为藤五郎、下中弥三郎、入泽宗寿、霜田静志、手塚岸卫、志垣宽等人组成筹备委员会。8月4日，筹备委员会主办"新教育大讲演会"，野口援太郎、上沼久之丞、赤井米吉、原田实、稻毛诅风分别以《新教育协会的使命》《世界新教育发展的形势》《日本新教育的现状》《新教育的国际意义》《关于新教育的考察》为题，进行了会议基调演讲，受到参会人员的一致好评。9月3日，召集发起人会议，参会人员除了野口援太郎、入泽宗寿、小林澄兄、北泽种一、原田实、手塚岸卫、志垣宽、上沼久之丞外，还邀请了东京市内14所小学校的校长，会议主要就新教育协会的预算、会刊杂志、夏季讲演会、会员权利与义务、会员募集方式、运营经费来源、协会基础运营等问题进行了专门的讨论。11月20日，再次召集发起人会议，选举野口援太郎为会长、入泽宗寿为副会长，并根据会长和副会长的提名决定了7名常任理事。会议还确定日本新教育协会的办会方针为"普及和推广日本新教育经验"和"加强与海外新教育团体的交流与合作"。至此，日本新教育协会正式登上日本教育历史舞台。[①]

（二）日本新教育协会对日本新教育运动的延续

日本新教育协会成立后，严格秉承确立的两大方针，把协会运营的主要精力放在了日本新教育运动的延续上面，意图首先通过会刊杂志进一步宣传推广新教育的实践经验和世界新教育发展的信息，从主观角度继续普及和推广日本新教育运动；然后再通过举办夏季讲习会和座谈会、研究会的形式广泛募集会员，将全国还在从事新教育实践活动的教师聚集到一起，进行新教育经验的介绍，从客观角度普及和推广日本新教育运动的成果。

首先，关于日本新教育协会的会刊杂志。1930年11月20日的发起人会议上确定日本新教育协会会刊名称为《新教育杂志》，每年发行4期，分别于1月、4月、7月和10月出刊发行，每期杂志固定64页。会议还任命志垣宽为杂志主编。杂志办刊主要秉承协会的两个方针，刊登协会会员关于推广新教育运动或者与海外新教育团体交流的文章。《新教育杂志》第一期刊登的文章标题，就能充分说明该杂志的办刊宗旨。这一期杂志发表的文章主要有入泽宗寿和小林澄兄介绍海外新教育运动的文章《关于世界新教育的信息》和《德国的新教育》，新教育学校富士小学和田岛小学的实践报告和研究会报告——《创造教育

---

① 永江由紀子．新教育協会（1930—1941年）の活動内容に関する基礎的考察［J］．九州大学学術情報リポジトリ，2008（3）：22-23．

的指导原理》《特设生活科作业科的研究》和《公开指导研究会概况》。从第三期开始,每期固定设立"新教育信息"专栏,由上沼久之丞担任专栏执笔,相继发表了《加拿大新教育考察报告》《爪哇对日本新教育的咨询》《澳大利亚新教育团体的介绍》等。此时上沼久之丞除了担任杂志专栏执笔外,还专门负责新教育协会与海外新教育团体的交流工作。后来随着新教育协会的发展和投稿数量的增多,1933年2月,杂志更名为《新教育研究》,每年发行4期,每期固定页码由64页增加到96页,同时每年增加发行8期协会发展简报。会刊杂志的发行的确增加了新教育协会的影响力,宣传了新教育的实践经验,也向国内介绍了世界新教育运动的发展最新情况,受到广大新教育学校和新教育教师的极大欢迎。①

其次,关于日本新教育协会会员招募和举办的讲习会、座谈会和研讨会。日本新教育协会的影响力不断扩大,又给"左右徘徊"的参与新教育运动的教师们燃起了希望,纷纷加入新教育协会,继续实现自己的教育理想和教育抱负。从会员的数量看,协会创立之初的1930年11月,共招募会员550名;1932年3月末,会员数量上升到610名;协会成立1周年之际,会员数量超过1000名;1932年4月,会员数量突破1200人。从会员所属地域看,协会成立之初,招募的特别会员和普通会员主要来自东京和神奈川地区,后来逐渐扩大到从东北地区到九州地区的日本全境,甚至还有会员来自中国东北地区伪满洲国、中国台湾地区、朝鲜等海外殖民地地区。从会员隶属的基层组织看,最初只有会员较多的日本东北地区的宫城县和秋田县②成立了新教育协会地方分会,负责对会员资格进行管理,督促会员正确履行自己的义务和向会员宣传推广介绍新教育发展的成功经验与最新动态,后来随着形势的发展和会员数量的不断增加,日本全国几乎每个府县都成立了新教育协会地方分会。③

根据协会制定的章程,新教育协会每年举办一次夏季讲习会、每月举办一次座谈会、不定期举办专题研究会。夏季讲习会一般是全国性质,新教育协会负责组织邀请知名的新教育学者或者新教育实践家给参会会员介绍相关的新教

---

① 永江由紀子. 新教育協会(1930—1941年)の活動内容に関する基礎的考察 [J]. 九州大学学術情報リポジトリ, 2008 (3): 23 – 25.
② 会员最多的东京和神奈川地区的会员直接由新教育协会总会负责管理。
③ 永江由紀子. 新教育協会(1930—1941年)の活動内容に関する基礎的考察 [J]. 九州大学学術情報リポジトリ, 2008 (3): 23 – 24.

育理念和新教育发展状况或者新教育的实践经验；座谈会一般会以主题的形式召开，范围可以是一个或者若干个府县，也可以是全国性质，参会会员可以就提前获知的主题准备相关研究成果在会上发表或者与参会会员交流；研究会主要是就某个专题内容或者某个具体问题，召集特定的人群进行一定的讨论和交流。例如，1931年在静冈县御殿场小学举办了第一次夏季讲习会，包括朝鲜、中国台湾地区等海外殖民地的会员在内，共有来自全国各地的300余名会员参会。确定会议主题为"自力更生与新教育"，入泽宗寿、小林澄兄、阿部重孝等人做了主旨演讲，原田实、赤井米吉、小原国芳等人进行了特别演讲，田岛小学和浅草小学还就本学校新教育的实践情况向参会会员做了研究发表。1933年的夏季讲习会在海外殖民地伪满洲国举行，又称为"日（伪）满新教育会议"。此次会议是唯一一次在日本本土以外举办的夏季讲习会，约150名日本国内会员和约300名伪满洲国的会员、教师参会。参会者除了聆听了以"日（伪）满永远亲善与新教育"为主题的几场演讲外，还实地参观了旅顺、抚顺、奉天等地的教育发展情况和新教育实践情况，促进了新教育协会在海外殖民地地区的辐射力。[1]

（三）日本新教育协会与世界新教育联合会的交流

日本新教育协会非常重视与世界新教育联合会和其他国家新教育团体的交流工作。在协会成立之初就委任上沼久之丞专门负责与海外新教育团体的交流工作，并在会刊杂志上开辟专栏《新教育信息》，专门刊登其他国家新教育发展状况和日本与他国的交流活动。另外，日本新教育协会从未缺席过世界新教育联合会举办的国际会议，而且还在参会之前专门组织座谈会，就国际会议的议题内容进行专门的讨论，形成统一的意见，以便在国际会议上发表"日本的声音"。例如，1932年4月，在世界新教育联合会第六次国际会议召开前夕，日本新教育协会专门组织召开座谈会，专门就此次国际会议的主题《教育与持续发展的社会》组织专家学者和教师代表进行研讨，最后形成决议性文章《由教育进行社会改造》，并选派羽仁原子、山崎博、大志万准治、神原喜久治4人参加在法国举办的世界新教育联合会第六次国际会议，将日本新教育的"声音"带

---

[1] 永江由紀子. 新教育協会（1930—1941年）の活動内容に関する基礎的考察[J]. 九州大学学術情報リポジトリ，2008（3）：26-27.

到法国。①

日本新教育协会除了定期参加世界新教育联合会举办的国际会议外，还在1935年4月接受世界新教育联合会的委托，承办过一次泛太平洋新教育会议。此次会议邀请到了美国、加拿大、新西兰、墨西哥、菲律宾、印度、爪哇等国家参会，会议目的是"加强新教育思想和新教育经验的交流""增进太平洋沿岸国家民众的友谊和理解"。会议共设置了22个分会场，内容涉及"公立新学校的运营""私立新学校的运营""学前教育""家庭教育和女子教育""初等教育""中等教育""艺术教育和音乐教育""手工教育和劳动教育""师范教育""新教育哲学""儿童和宗教""变化的社会和新教育""体育""农村生活和农村教育""电影教育""广播和教育""特殊教育""国际合作中的教育""学校考试和新教育"等。另外，在这次会议上，日本新教育协会加入世界新教育联合会，成为联合会正式会员单位，日本新教育协会更名"日本新教育协会暨世界新教育联合会日本分会"。野口援太郎利用主持会议的机会，重点说明了"新教育"与新兴教育和自由教育的差异，意图向到会的日本文部省官员强调新教育思想并不是"危险的思想"，为日本新教育运动的发展赢得一定的生存空间。②

（四）日本新教育协会的解散

日本新教育协会的多年运营和野口援太郎等人的共同努力，的确为日本新教育运动的发展创造了略微宽松的环境，使得日本新教育运动呈现了短暂的"中兴"局面。但是随着时间的推移，原来在日本新教育协会发挥"中流砥柱"作用的手塚岸卫、稻毛诅风、上沼久之丞等人或者老去或者隐退，协会的"管理层"几乎都换成了春日部环、大塚忠实、木村不二男、藤田正俊等较为年轻的面孔。这些年轻面孔虽然都是公立小学校的青年训导，但毕竟没有阅历上的优势和威望，导致了日本新教育协会的影响力不断下降。例如，1937年日本新教育协会的夏季讲习会，与日本帝国教育会举办的第七次世界教育会议的日期冲突，很多日本教育领域的专家学者甚至新教育协会的会员教师都选择了参加

---

① 永江由紀子. 新教育協会（1930—1941年）の活動内容に関する基礎的考察[J]. 九州大学学術情報リポジトリ, 2008 (3): 24-25.
② 永江由紀子. 新教育協会（1930—1941年）の活動内容に関する基礎的考察[J]. 九州大学学術情報リポジトリ, 2008 (3): 28-29.

帝国教育会的国际会议,自愿放弃了参加新教育协会夏季讲习会的机会。可见,此时的日本新教育协会已经不再有往日的辉煌。①

另外,1939年由青年训导们主导的日本新教育协会毅然接受文部省的教育改造意见,在新教育小学中引入与日本国民学校完全相同的教科课程体系,以代替新教育小学原有的课程体系。国民学校是完完全全的军国主义教育体系中的初等教育机构,新教育协会接受国民学校的教科课程体系也就意味着接受了军国主义教育体系。青年训导们的这种做法引起了新教育协会原有资深前辈的不满,造成了新教育协会内部分裂。而此时日本新教育协会会长野口援太郎和副会长入泽宗寿均已迟迟暮年,面对新教育协会的分裂已无"回天之力"。②

1941年,日本新教育协会会长野口援太郎去世后,日本新教育协会即宣告解散,在近代教育史上轰轰烈烈的日本新教育运动也退出了历史舞台。③

三、军国主义学校对日本新教育教学方法的利用

随着日本国内经济危机的爆发和军国主义势力的扩张,以崇尚自由、解放天性为核心的新教育运动受到了以天皇制为核心的国家主义教育体制的压制而走向没落,新教育运动过程中产生的"道尔顿制式自主学习模式""分团式动的教学法""合科式教学法"等教育教学方式方面的成果,经过近十年的实践后,也逐渐暴露出了固有的缺点。但是,历史发展有时又充满了难以预测的发展,当新教育运动的一些成果在普通学校教育中逐渐失去光辉的时候,却在军国主义学校中找到了位置。在军国主义教育机构中引入新教育成果的教学方法,当属永野修身④在海军

---

① 永江由紀子.新教育協会(1930—1941年)の活動内容に関する基礎的考察[J].九州大学学術情報リポジトリ,2008(3):29-30.
② 永江由紀子.新教育協会(1930—1941年)の活動内容に関する基礎的考察[J].九州大学学術情報リポジトリ,2008(3):31-32.
③ 久保義三.現代教育史事典[M].東京:東京書籍,2001:439.
④ 永野修身(1880—1947),日本海军元帅。出生于高知县藩士家庭。1900年毕业于海军兵学校,日俄战争中任海军重炮队中队长。日本海军舰队派的主要人物,对美开战的"急先锋",太平洋战争时期日本海军的头号人物,力主先发制人占领南方。1944年转任天皇首席顾问。日本投降后被捕,在战后审判时病死。

<<< 第三章 日本新教育运动的衰落（1924年—1941年）

兵学校①的实践最具代表性。虽然时间不长，却在日本近代历史上产生了深远的影响。

（一）海军兵学校对道尔顿制的引入和"永野方针"的提出

20世纪20年代正值新教育思潮风靡全世界之际，道尔顿制受到日本新教育学者的青睐，经由吉田惟孝、泽柳政太郎等人的宣传和实践，被引入到日本，对当时日本的新教育运动产生了巨大的影响。但随着日本国内经济危机的爆发和军国主义势力的扩张，以崇尚自由、解放天性为核心的新教育运动受到了以天皇制为核心的国家主义教育体制的压制而走向没落，道尔顿制也经过近十年的实践后，暴露出了对人力、财力、物力依赖过重等缺点，逐渐失去了往日的光芒。而恰在此时，道尔顿制却受到海军兵学校永野修身校长的推崇，被引入到海军兵学校。道尔顿制在海军兵学校仅实施了三年，却在日本的近现代史上产生了深远的影响，虽然在推进教学方法改革和延续新教育运动的影响等方面起到了积极作用，但它也在军国主义势力的扩张方面产生了推波助澜的作用，为日后日本军国主义给包括中国在内的亚洲各国带来的灾难埋下了隐患。

1. 海军兵学校引入道尔顿制的原因

永野修身早年毕业于海军兵学校，1928年12月就任海军兵学校校长。在对全校师生的第一次训话中，他除了介绍了海军的历史、海军对于海洋国家日本的作用、海军兵学校"古今无比、东西第一"的建设目标外，还一语中地指出："当前学校学习氛围呆板僵化，学生完全按照教师的思路去机械性地学习，缺乏主动自学的意识，毫无向上进取心，已经丢掉了学校早年的自启自发精神。"在与时任海军大臣财部彪②进行多次沟通后，永野修身决定在海军兵学校引入道尔顿制，③并以此为基础，结合海军兵学校的实际情况，对海军兵学校的管理模式和教学方法进行改革。永野修身之所以选择将道尔顿制引入海军兵

---

① 海军兵学校，因校址位于广岛县江田岛市，故又名江田岛海军兵学校，隶属于海军省。学校建立于1869年，其目标是培养优秀的海军军官，建设一支强大的海军力量。该校除了对学员进行艰苦、扎实的军事技能训练外，还在思想上进行军国主义思想和"武士道精神"的灌输，从1876年至1945年，该校一共为日本海军培养出12433名毕业生，这些人大多成为日本军国主义对外扩张的急先锋。该校在1945年日本战败后被撤销。
② 财部彪（1867.5.10—1945.1.13），1889年毕业于海军兵学校，参加过中日甲午海战和日俄战争，曾三次出任日本海军大臣。
③ 吉良侊．大正自由教育とドルトンプラン［M］．東京：福村出版，1985：252.

学校进行改革，应该主要基于以下几点原因。

首先，永野修身曾经在1913—1918年和1920—1923年两次出任日本驻美国大使馆武官，在此期间还在哈佛大学留学，对美国教育界的情况非常熟悉。永野修身驻美期间正好是进步主义教育思潮席卷全美，帕克赫斯特完成她的实验室计划并在道尔顿市公立中学开展实践的时期，同时也与日本欧美教育考察团访问欧美、引进道尔顿制的时期相吻合，他对道尔顿制的内涵应该有比较透彻的领悟。再加上道尔顿制所提倡的解放天性、崇尚自由的理念与永野修身早年在海军兵学校接受的自启自发式教育模式有诸多相似之处，所以他对道尔顿制应该有一种自然的亲近感。

其次，20世纪20年代末，受经济危机的影响，日本国内矛盾开始激化，军国主义势力不断扩张，政府开始担心新教育运动所倡导的以道尔顿制为代表的自由教育思想会动摇以天皇制为中心的国家主义教育体制，开始压制新教育学校的发展。同时，道尔顿制经过近十年的实践，其固有的弊端也开始显现出来，例如实施道尔顿制需要教师在教学大纲、教学计划和教材选定方面付出较大精力，实验室的布置和改善需要学校投入一定的财力和物力等。基于当时的社会现实环境来看，文部省所属的中小学校已经不具备继续实施道尔顿制所需要的人力、财力和物力了，它已经失去了往日的光芒。在永野修身写给海军大臣财部彪的报告中，除了对道尔顿制在日本的实践情况进行客观陈述外，还写道："海军兵学校教师水平可以和东京帝国大学相媲美，而且还拥有雄厚的军费做后盾；道尔顿制仅仅是进行教学方法的变革，如果加强对学生的道德教育，是不会对天皇的权威构成威胁的。"① 由此不难看出，永野修身是对道尔顿制的实施和本校的实际情况进行过考察和分析之后，认为海军兵学校的人力、财力和物力完全可以应对实施道尔顿制所需，才提出在海军兵学校引进道尔顿制的。

最后，永野修身和成城学园小学部（成城小学）主事小原国芳多年相识，而且私交甚好。成城小学是日本新教育运动的一面旗帜，早在1921年泽柳政太郎引入道尔顿制的时候，小原国芳就已经开始追随和辅佐泽柳政太郎，他见证了成城小学引入和实施道尔顿制的全过程。可以说，他对道尔顿制的精髓领会非常深刻，也积累了非常丰富的实施道尔顿制的经验。永野修身开始着手引入道尔顿制的时候，曾经带领海军兵学校的副官高桥荣吉、普通学部长山下他家

---

① 吉良侯．大正自由教育とドルトンプラン［M］．東京：福村出版，1985：254．

松、理化学科长小林贤藏、水雷科长大熊政吉、第一分队监事大西新藏等一行六人专门拜访过小原国芳,就学生学习室的布置、各科指导大纲和参考书的准备、教师解答学生问题的技巧、学生互助小组的组建、学生体质训练和学习时间的分配等问题与小原国芳进行了深入的探讨。① 可以说,在得到小原国芳的支持和指导后,永野修身才最终决定将道尔顿制引入海军兵学校。

2. 海军兵学校道尔顿制的转型——永野方针的提出

1929年4月,永野修身在经过前期的考察和分析的基础上,并经过海军大臣财部彪的同意后,决定在海军兵学校引入道尔顿制。但是永野修身对道尔顿制的引入,并不是照搬道尔顿制原有的实施模式,而是以道尔顿制理论为基础,结合当时日本社会形势和海军兵学校的实际情况,对道尔顿制进行了转型应用,提出了该校专属的《海军兵学校教育方针》。由于《教育方针》是在永野修身的主持下颁布并实施的,处处体现了永野修身在海军兵学校的管理理念,所以又称为"永野方针"。永野修身在开始实施道尔顿制之初,将《教育方针》及其相关事项的说明编印成小册子,分发给全校教师人手一份。②

永野修身倡导的教育方针主要包括三个方面:重视对学生意志品行的陶冶,不断提升学生的人格品质;要重视学生个性的发展,增强学生特有的才能;加强学生身体素质的锻炼,培养学生自发奋进的精神。③ 结合日本当时的社会环境可以看出,该教育方针置于首要位置的、所谓的重视对学生意志品行的陶冶和提升学生的人格品质应该就是培养学生对天皇的效忠精神和军国主义所需要的"武士道精神",然后才是重视学生的个性、发挥学生专长等关于教学方法上的规定。所以,永野修身对道尔顿制的引入实施,是经过转型才应用的,是在加强了对学生思想控制的基础上实施的自由主义教学方法的改革。

在对《教育方针》进行的相关说明中,永野修身首先对赫尔巴特教育学派倡导的教师是教学过程的主体、学生处于被动接受的位置、教师对全体学生进行无差别的注入式教学模式进行了批判,并指出这种教学模式是造成海军兵学校当前状况的根源,然后提出要在海军兵学校的日常教学当中采纳现代教育学说理念。④ 提倡反对主知主义的自启自发论和自发活动论,主张在坚持陶冶学

---

① 吉良侊. 大正自由教育とドルトンプラン [M]. 東京:福村出版,1985:255.
② 吉良侊. 大正自由教育とドルトンプラン [M]. 東京:福村出版,1985:264.
③ 吉良侊. 大正自由教育とドルトンプラン [M]. 東京:福村出版,1985:264.
④ 吉良侊. 大正自由教育とドルトンプラン [M]. 東京:福村出版,1985:265.

生的意志品行、加强道德教育的基础上，培养学生善于独立发现问题和通过自己的努力解决问题的能力，并将这种能力的养成作为一种良好习惯保持下去，走出学校大门之后，在不同的环境当中，依然能够发现新问题和寻求解决问题的新方法，能够自主自觉地提升自己。提倡反对整齐划一主义的天才教育论，反对用统一的方式对学生进行注入式的知识灌输，主张教师要发现学生的个体差异、充分尊重学生的个性，懂得"因材施教"，而且要鼓励学生充分发掘自己的长处，并将其发挥到极致，要让每位学生都能够掌握一项独特的技能。要改变过去那种以教师为中心的教学方式，坚持以学生为中心进行教学方法的改革、教学场所的布置和教科书的修订。同时规定无论是讲授理论知识的教授，还是负责技能操作的教官，都可以在坚持该方针的基础上，根据学生的实际情况，对教学方法进行合理的调整，确保每位海军兵学校的学生都能够成长为优秀的海军军官，真正实现海军兵学校"古今无比、东西第一"的目标。

3. 道尔顿制（永野方针）在海军兵学校的强制推广

海军兵学校实施道尔顿制主要是接受小原国芳的指导，模仿成城小学的经验展开的。取消了课程表和固定班级、固定教室的设置，取消全部的集中讲授课程，采用班级混编的模式，在军事理论课程和实践操作课程上，根据学生的不同需求进行团队组合，由理论课教授和实践课教官制定学习大纲和学习指导方案，提前发放给学生，学生根据自己的实际情况制定适合自己的学习计划和学习进度表，学生根据不同课程的需要到不同的学习室去查阅相关的参考书和参考资料，完成自己的学习计划。学生的学习计划一经确定，便不允许更改，如果遇到特殊情况，必须与教授或者教官进行沟通协商后，方可做出修订。海军兵学校还有一项创举，就是增设了"自选作业"的时间。每周周一、三、四、五下午体能训练前的一个半小时时间为学生自由研究时间，学生可以在自己的学习计划之外，就自己感兴趣的内容进行自由研究，如果遇到难以解决的问题，可以随时与教授或者教官进行沟通和交流。①

海军兵学校道尔顿制的实施虽然借鉴了成城小学的实施经验，也提倡以学生为中心的教学方式，但是永野修身恰恰忽略了最应该重视的本校学生的实际情况。帕克赫斯特在美国创立的道尔顿制也好，泽柳政太郎和小原国芳在成城小学引进实施的道尔顿制也好，他们的实施对象一般为小学生，尤其是刚刚接

---

① 吉良侊. 大正自由教育とドルトンプラン [M]. 東京：福村出版，1985：267.

<<< 第三章 日本新教育运动的衰落（1924年—1941年）

受初等教育的特定人群，他们还没有接触过原有的传统教育，犹如一张白纸，施政者可以根据实际的需要对他们进行"随意的勾画"。但是海军兵学校的学生已经超出了当初帕克赫斯特创立道尔顿制时对学生设定的年龄界限，也就是说海军兵学校的学生已经接受过了传统教育模式下的初等教育和中等教育，经过多年的实践，他们已经对赫尔巴特式的教育方式习以为常，忽然间由原来教师统一注入式的灌输教学改变为完全的自启自发、自觉自习的学习模式，难免会使学生产生迷茫和懈怠。因此，在1929年6月，永野修身在对学生的训话中，要求学生尽快适应当前教学方法的改革，强制要求学生在学习室里面自学，必须培养自己的自启自发、自觉自习的学习习惯，并要求全体教师全力配合改革的推进，例如，要求军事理论课程的教师在给学生准备教科书的时候，除了必要的图示可以印刷在教科书中外，其余不得出现任何文字性的说明，全部以白纸的形式出现在学生面前，要求学生在图书馆、学习室等地方通过自学的方式、查阅相关的资料和参考书，在白纸部分做好学习笔记，而且并将学习笔记作为考核的主要内容之一。

随着道尔顿制式教学改革的不断推进，其中也暴露出了越来越多的问题，例如相同的知识点或者难点，对于大多数同学来说都难以理解，而大家的学习计划不同，去和教授、教官沟通请教的时间也就不同，那么教授或者教官则要就一个问题重复数遍，需要教师们投入较多的时间和精力，所以，这种改革也开始受到一线教师的抵触。在1929年11月的全校教师集会上，教师代表与永野修身进行了激烈的辩论。永野修身执意要继续强制推行教学改革，而当时只有普通学部长山下他家松一人全力支持他的改革，其余的教师代表则要求停止改革，恢复原来的教学模式，海军兵学校一时陷入了混乱状态。最后，永野修身以"军令"的形式强制要求全体教师必须要按照既定方针进行教学改革，不允许出现任何抵触言行，但也允许了个别课程可以设置集中讲授环节，将集中讲授与学生自学相结合起来，但任课教师在集中讲授之前，必须要经过他的允许方可进行。①

由此可以看出，海军兵学校引入并实施的道尔顿制，无论是对学生而言，还是对教师来说，都是一种强制性的改革。1930年6月，永野修身离开江田岛

---

① 吉良侯. 大正自由教育とドルトンプラン［M］. 東京：福村出版，1985：270.

海军兵学校，升任军令部次长，道尔顿制也在海军兵学校逐渐消失，[1] 但是改革过程中倡导的自启自发、自学自习精神，以及"自选作业"时间等措施却得以保留，以一种能够让学生和教师都能接受的方式继续在海军兵学校发挥着作用。

（二）海军兵学校引入新教育运动成果产生的影响

1. 推动了对传统教学方式的批判，加快了日本教学方式的变革

道尔顿制强调要让学生拥有尽可能多的自由时间，在教师的指导下相对自由地支配学习时间，选择学习科目，选择适合自己的学习节奏。学习进度要从尊重学生的个体差异出发，学习计划由学生与教师协商决定，鼓励学生自己研究、阅读、参考、解答，不能解决的，则由小组共同讨论，再不能解决，才询问教师，寻求教师的帮助。只有这样，学生学到的东西才会融会贯通，才能更好地培养社会适应能力和与他人共处的能力。

海军兵学校在引入道尔顿制之前，普遍采用的是赫尔巴特的"五段教学法"，将"教师""课堂"和"学科"作为中心，对学生进行强制灌输型的教科书注入式的教学，完全忽视了学生的天性和个性的发展，非常不利于学生自主精神和自立能力的培养，导致学习氛围呆板僵化、学生学习效率低下。永野修身引入道尔顿制后，并没有照搬其原有模式，而是结合学校的实际情况，对道尔顿制进行了转型应用，经过摸索后，将学生的自学自习和教师的集中讲授结合起来，将学生从课堂的束缚中解放出来，给予了他们相对自由的时间去充分发挥个性、增强自己的长处。这种教学方法虽然在实施初期，让学生产生了迷茫，但是从长远看对学生将来的发展是有利的。因此，在学生逐渐适应这种教学方法后，整个学校呈现出了一副充满青春活力、人人向学的新气象。永野修身在海军兵学校实施道尔顿制的时期，被认为是该校历史上"最有生气的时代"。

海军兵学校以道尔顿制为基础实施的教学方法的改革，为日本教育界的教学方法改革起到了示范性作用，为很多学校，尤其是兵部省所属的院校积极效仿，极大地推动了当时教学方法的改革。这种教师集中讲授和学生自主学习的教学模式即便是在日本战后的教育改革中，还经常被人提起，被融入日本当代的教育教学方法改革当中。所以，海军兵学校道尔顿制的实施经验对日本教育

---

[1] 吉良侠. 大正自由教育とドルトンプラン［M］. 東京：福村出版，1985：272.

界的影响是十分深远的。

2. 为当代"终身教育"理念的产生埋下了伏笔

日本历来重视终身教育在提升国民素质方面的作用，早在20世纪60年代就已经提出了相关概念。1988年设立了终身学习局，提出"向终身教育体系过度"的建议，发展社会教育团体，建立学习信息网，建立家庭教育、社会教育和学校教育一体化的终身教育体系，将图书馆、博物馆、社区活动中心等各种文化设施都纳入教育的范畴。1990年还颁布实施了《终身学习振兴整备法》，以立法的形式将终身教育理念融入全体国民的生活当中，其确立的最终目标就是"人人都能既自觉又自然地进行学习活动，不断提升全体国民的基本素质"。

日本终身教育理念所提出的最终目标应该是与永野修身在海军兵学校实施道尔顿制时提出的自启自发论和自发活动论如出一辙的。他曾在这两个教育主张中提出"在坚持陶冶学生的意志品行、加强道德教育的基础上，培养学生善于独立发现问题和通过自己的努力解决问题的能力，并将这种能力的养成作为一种良好习惯保持下去，走出学校大门之后，在不同的环境当中，依然能够发现新问题和寻求解决问题的新方法，能够自主自觉地提升自己"。虽然在日本的教育史学界尚没有专家学者提出当代的终身教育理念来源于20世纪20年代末海军兵学校永野修身的教育主张，但从两者最终目标的相似之处来看，还是能够在终身教育理念当中寻找到"永野方针"的身影的。

3. 延续了新教育运动的在日本的影响力

日本新教育运动是在19世纪末20世纪初欧美教育革新运动的影响下，由泽柳政太郎等人发起倡导的、通过创建新学校来提倡和实践以儿童为中心、尊重其个性发展的教育改革运动。道尔顿制是当时美国进步主义教育革新运动中一种主要的教育改革理念，深受日本新教育学者的重视和推崇，被引入日本后，迅速成为日本新教育运动改革的主要形式之一，道尔顿制的教育实践者都成了日本新教育运动的传播者。据统计，当时日本全国包括全校推行道尔顿制和个别年级、学科推行道尔顿制的公立、私立中小学在内，共计390余所学校实施过道尔顿制，为当时日本教育领域注入了全新的活力，极大地推动了日本新教育运动的发展。但是到了20世纪20年代末期，日本爆发经济危机导致国内社会矛盾不断激化，政府为了化解矛盾，对外采取侵略扩张政策，在教育上开始压制推崇"自由"的新教育运动，巩固以天皇制为中心的国家主义教育体系，这使日本新教育运动逐渐走向消亡。而恰在此时，海军兵学校引入了道尔顿制，并对其进行转型改革实践，创造了"永野方针"，既丰富了日本新教育运动的内涵，也使新教育运动的改革涉及了高等教育领域，延续了新教育运动在日本的影响。

4. 被军国主义所利用，为其日后发动侵略战争埋下了隐患

永野修身基于道尔顿制提出的永野方针，虽然在实施初期受到了海军兵学校部分教师的反对，但是从长远看，对学生的未来发展是有好处的。这也是永野修身离开海军兵学校之后，他的部分教育理念依然能够得以保留并延续发展的原因所在。永野方针的提出，单纯从教育学的角度来看是一种科学先进的教育方针，它也为海军省和兵部省所属的其他学校的教学改革提供了模板。但是，当时无论是海军省还是兵部省，都是受日本军国主义势力控制的，这些军队院校相继引入这种教育方针，并指导其教育教学改革，培养了大批具有军国主义思想的"优秀"军人，这些人大多成为了日本日后发动侵略战争的急先锋，给包括中国在内的亚洲各国人民带来了深重的灾难。

第四章

日本新教育运动的历史评价

日本新教育运动虽然最终推出了历史舞台,但在其三十余年的历程中,却产生了巨大的历史贡献,对当时日本社会的变革、教育理论宝库的丰富、传统教育教学方法的改革、优秀师资的培养方面都产生了极大的推动作用,甚至对当时中国教育的发展和战后日本教育改革都产生了辐射。但由于日本新教育运动所处的特殊历史时期,它也难免受时代和阶级的局限而产生各种不足。

第一节 日本新教育运动的历史贡献

一、日本新教育运动对当时日本教育与社会发展的推动

(一) 丰富了近代日本教育理论宝库,造就了一批教育家

明治维新后,日本打开了国门,开始向西方学习,不仅向西方欧美国家派遣了大量留学人员,还聘请了来自欧美国家的教授来日本担任教师,对明治维新初期教育发展起到了非常重要的促进作用。但是到了大正时期,欧美各种教育流派、教育思想纷纷传入日本,出现了流派丛立、精彩纷呈的新局面,如公民教育思想、自由教育思想、实用主义教育思想。这些来自欧美的教育思想对日本教育制度的建立,起到了重要作用,却不能使日本人,特别是日本的教育学者们高兴起来,反而他们在这些外来的教育思潮面前表现出了一种极大的无奈和耻辱感。因为他们是"舶来品",这对于那些期盼日本教育早日步入独立发

展道路的日本人来说是一种极大的缺憾。①

其实，日本的教育一直是伴随着外来教育思想的影响而成长的，从无到有，经历了一个艰难的历程。从拿来主义、"和魂洋才"到本土化，代表了日本人在吸收外来教育思想时的认识和策略，也是日本人在外来教育思想面前的一种理性思考。长期的教育实践使日本教育学者认识到，拿来主义行不通，"和魂洋才"也不是目的，只有建立本民族的教育学说才是最好的选择。所以，一些有责任心和使命感的教育学者开始认真思考这个问题，他们开始关注和研究日本的教育，不再照搬照抄、囫囵吞枣、鹦鹉学舌地学习欧美的教育思想，而是在在消化吸收外来教育思想的同时，以日本教育现状为基础，纷纷提出"日本化"的教育主张和本国独创的教育观点；也不再将外国的教育制度像"拼图版"一样植入日本的教育制度，而是在日本独特的教育制度之上，吸收和改造外国的有益教育制度，使之发生变化、转型，更能为我所用。② 日本新教育运动高潮时期产生的"八大教育主张"就是在这种背景下应运而生的。小原国芳、手塚岸卫、千叶命吉、及川平治、河野清丸、樋口长市、片上伸、稻毛诅风等人在汲取欧美新教育思想精髓的基础上，结合当时日本教育发展现状和自己多年的教育实践经验，提出了具有日本本土化特色的8种新教育主张，极大地丰富了近代日本教育理论的宝库，也引导着日本的教育思想真正开始朝着本土化的方向发展。

随着日本本土化新教育思想的不断丰富，越来越多的日本教育学者投入到新教育思想的研究与实践当中，开始用实际的办学经验去诠释日本本土化新教育思想的真谛。因此，造就了野口援太郎、野村芳兵卫、赤井米吉、入泽宗寿、北泽种一等一大批日本新教育实践家，他们虽然没有提出成型的新教育理论，却通过创办新教育学校去践行了日本新教育的主张，推动日本新教育运动不断向纵深方向发展。

（二）优化了一批教师队伍，培养了一批优秀学生

无论是在吸收欧美新教育经验，结合自己教育经验提出日本本土化教育理

---

① 关松林．交流与融合——杜威与日本教育［M］．北京：教育科学出版社，2008：89 - 90．
② 李文英．模仿、自立与创新——近代日本学习欧美教育研究［M］．石家庄：河北教育出版社，2001：216．

念的教育理论家，还是沿袭新教育理念创办或者改革新式学校的教育实践家，他们在整个日本新教育运动的历程中，都仅仅是发挥了引领的作用，而在日本新教育思想的传播和新式学校的实践过程中起到"中流砥柱"作用的还要是广大的一线教师队伍。无论是日本新教育运动的起步期，还是发展的高潮期，亦或是逐渐走向没落的衰亡期，真正将教育学者们的新教育思想付诸实践的正是这些日常与学生们直接接触的一线教师。在整个新教育运动中，一线教师们接受新教育思想的洗礼，参与新教育学校的筹建，编纂新教育的教材，出版新教育的著作，在不断的实践当中开阔了自己的视野，升华了自己的思想，提升了自己的能力，在与军国主义的抗争中，艰难地推动着日本新教育运动前行。

首先，日本新教育学者们非常重视对广大教师们进行新教育思想的宣传和解读，注重用集中培训或者举办讲习会、公开课的形式将新教育思想武装到一线教师的头脑当中。当谷本富从欧美留学归来，决定摒弃赫尔巴特教育理论投入到新教育理论当中的时候，他就开始采用全国各地巡回讲演的方式，向各地的教师宣传新教育思想。到后来泽柳政太郎的成城小学引进了道尔顿制，依然是通过讲演会、讲习会和研究会的形式将道尔顿制介绍给了广大教师，包括帕克赫斯特女士访问日本，解决道尔顿制实施过程中遇到的实际问题的时候，也是通过组织集中讲演和集中解决问答的形式进行的，因为这是最节约时间成本又是能够最大限度增加受益面的模式。再到"八大教育主张"讲演会上，8位新教育学者集中向2000多位教育一线教师宣讲自己的新教育主张，可以说新教育学者们这种集中式的新教育思想宣讲比小众的新教育思想介绍在新教育思想的推广方面起到了更加明显的效果。广大一线教师也勇于摆脱传统观念，积极接受新事物，善于学习先进的思想和理念，为自身理论素养的提升和推动日本新教育运动的发展奠定了基础。

其次，日本新教育学者们在新教育实践过程中，非常注意通过创办教育类杂志的方式为广大一线教师提供交流学习实践经验和心得体会的平台。从新教育运动发展初期，成城小学创办的《教育问题研究》到新教育运动后期，日本新教育协会创办的《新教育杂志》（后更名为《新教育研究》），亦或是新教育运动学校办学过程中创办的校刊，都吸引了广大一线教师投稿。从文章的内容看，大至日本初等教育改革，小至各门课程的教学方法，只要涉及日本新教育改革的内容就无所不包；从文章的质量看，皆是教师们依据自身的实际教学经验，基于求真立场提出的有利于实现初等教育根本性改革的成果，得出的数据均具有代表性和可操作性。这些文章是当时工作在教育教学第一线的广大教育工作者苦心钻研的结晶，为其他教师开展教学调查研究工作起到了示范作用，推动了各个学校教育教学改革的发展。由于这些文章内容具体，实践性强，易于操作，具有强烈的指导意义，容易将教师的研究视野从空旷的理论转向具体的实践，扩大了教师的研究视野，调动了广大一线教师从事新教育研究的积极性，增强了广大教师从事教育研究的意识，为广大一线教师从事教育科研工作增添了动力。除此之外，还有部分专职教育学者会定期在杂志上发表自己的最新研究成果，向本国教师介绍外国教育研究的最新信息，开阔教师们的眼界，让他们融入到世界新教育改革的浪潮当中，去深切体会新教育思潮的洗礼。①

再次，新教育学者们注重通过引导广大一线教师出版新教育著作、编纂新教育教材等方式提升教师的科学研究能力。早在20世纪初，日本教育学者就开始撰写教育学著作，但日本新教育运动的早期引领者泽柳政太郎曾对这些著作进行过严厉的批评："这些教育学专著论述的教育目的不明确；教育现象严重脱离教育实际；教育问题避重就轻；教育体系极不完善"②，并提出"教育应该以教育的实际为研究对象进行研究，教育学应该是记载科学的实际教育学思想"③。所以，泽柳政太郎创办成城小学之初，便带领该校教师投入到教育教学的实验与实践当中，利用3年左右的时间，在1919年5月出版并发行《成城小学研究丛书》，向世人展示了成城小学初创时期取得的研究成果。此丛书共包括7部，分别是由以泽柳政太郎校长为首的成城小学教师撰写的。泽柳政太郎、田中末广与长田新三人共著《儿童词汇研究》，佐藤武著《算数教育革新论》与《算数新教学法的理论及实际》，泽柳政太郎著《寻常小学国语读本的批判》，诸见里朝贤著《基于儿童心理的最新理科教学》，平田巧著《基于玩具的理科教学》，奥野庄太郎著《故事的新研究》。发展时期，成城小学全体教师继续进行教育实验实践研究，又出版了多部著作，主要有成城小学校编的《儿童中心主义的教育》，奥野庄太郎与诸见里朝贤两人共著的《国语教学的革新》，诸见里朝贤著的《低年级理科教育的理想与实际》，山本德行著的《寻常小学一年级教育的实际》，奥野庄太郎著的《国语指导的原理及实际》，藤井利龟雄著的《低

---

① 李伟. 日本新教育运动的一面旗帜——成城小学发展研究[M]. 石家庄：河北教育出版社，2016：199-200.
② 沢柳政太郎. 実際的教育学[M]. 東京：明治図書出版，1962：2.
③ 沢柳政太郎. 実際的教育学[M]. 東京：明治図書出版，1962：68.

年级教育的新研究》，稻森缝之助的《图画手工教育》，奥野庄太郎著的《国语学习的新研究》，丰富了初创时期出版图书。① 以泽柳政太郎为首的成城小学教师教育学著作编纂工作仅是日本新教育运动时期参与新教育运动教师工作的一个缩影，在当时全国各地的小学实行统一的课程设置、教学计划、国定教科书的"国家主义"为中心的近代教育体制下，新教育教师们站在以儿童为中心的立场，冲破重重障碍，实施了全新的课程设置、教学计划与教材；在一边授课一边从事研究实验这一繁重的教育教学工作中，怀抱改造日本初等教育的梦想，克服各种困难，利用业余时间撰写大批文章、教材、教科书与专著。他们献身教育事业的精神，值得后继的教育工作者学习，为我们留下了宝贵的物质财富与精神财富。同时，教师们在将自己的实践成果转化为教育理论，撰写成文章专著出版，然后在用升华了的教育理论指导自己的实践，就是在实践与发表的反复循环中，他们的科研意识不断增强，科研能力也得到了提升。②

　　日本新教育运动发展的过程提升了一线教师的水平，同时日本新教育运动的效果也是毋庸置疑的，它用一种全新的教育理念和教育教学方法培养了一批具有新思想、新思维，勇于实践、敢于探索的学生，为日本经济社会和近代教育的发展提供了人才智力保障。成城学园由当时日本教育界泰斗式人物泽柳政太郎创办，堪称日本新教育运动的一面旗帜，它培养出的学生在日本社会发展的各行各业均有典型代表出现，最能够代表日本新教育运动产生的"智力成果"。例如，1929 年成城七年制高中迎来了第一批 58 名毕业生，其中多人考入东京帝国大学等全国知名的国立大学；成城高级女子中学的曲棍球队是当时日本全国曲棍球大赛最强的参赛队，每年举行的竞赛中均在第一天进行公开表演赛，成为人们瞩目的焦点；成城高级女子中学的戏剧社成为了东京的"城市名片"之一；成城高级女子中学的成城合唱团是日本成立的第一支专业性质的合唱团，为日本音乐的发展发挥了极大的推动作用。成城学园培养出的优秀学生也不乏各行各业的精英，有东京大学校长加藤一郎、厚生劳动大臣小宫山洋子、作家小泽征良、音乐指挥家井上道义、著名歌手森山良子、影视演员木材乃佳、服装设计师黑泽和子、宝塚歌剧团演员爱耀子、广播主持人吉田明世、电影制

---

① 李伟. 日本新教育运动的一面旗帜——成城小学发展研究 [M]. 石家庄：河北教育出版社，2016：198-201.
② 李伟. 日本新教育运动的一面旗帜——成城小学发展研究 [M]. 石家庄：河北教育出版社，2016：201.

179

片人黑泽久雄等人，还有赤井米吉、小原国芳、滨野重郎、小林宗作等日本著名的教育实践家为日本新教育运动的发展或近现代教育的发展做出过重大的贡献。①

（三）推动了近代日本传统教育的改革，开创了新式的学习模式

日本新教育运动以"自由"和"民主"思想为引领，以引入新理念、采用新方法为手段，以改革旧制度、改变旧模式为己任，不断进行新的教学模式和新的教学方法的实验尝试，学习西方的教学方法、在国内进行实验后再进行经验的交流，甚至必要的时候还会邀请西方教育学者进行实地的经验介绍和实际问题的解答，这些在改变日本传统课程设置和改革传统教学方法方面都取得了卓有成效的收获。

在课程设置调整方面，引入新教育理念进行改革前，日本所有的基础教育学校都按照当时《小学校令》的规定进行课程体系的设置，即教学科目分为修身、国语、算术、日本历史、地理、理科、图画、唱歌、体操、裁缝、手工共计11门课程；课程开设与学习时间为修身课一至六年级开设，均是每周2节，国语课一至六年级开设，一年级12节，二至四年级12节，四至五年级9节，算术课一至六年级开设，一至二年级5节，三至四年级6节，五至六年级4节，日本历史与日本地理均是五至六年级开设，每周2节，理科课三至六年级开设，每周2节，图画一至六年级开设，一至四年级1节，五至六年级女生为2节、男生为4节，唱歌一至六年级开设，一至二年级4节，三至四年级1节，五至六年级2节，体操一至六年级开设，一至二年级4节，三至六年级6节，裁缝只面对女生开设，四至六年级开设，四年级为2节，五至六年级2节，手工一至六年级开设，一至三年级1节，四至六年级2节。② 这些课程名称内容不但单一，而且跟不上社会发展需要；课程开设与学习时间也不具有合理性。新教育实验学校经过前期对学生的调研，基于学科的性质和儿童心理的发展等因素，调整了国语课程体系和课程设置，修订了传统课程名称并确定了各门课程的学习时间。此举坚定了各学校教师勇于破旧出新的决心，为因循守旧、循规蹈矩的学校风

---

① 李伟. 日本新教育运动的一面旗帜——成城小学发展研究[M]. 石家庄：河北教育出版社，2016：202-203.
② 李伟. 日本新教育运动的一面旗帜——成城小学发展研究[M]. 石家庄：河北教育出版社，2016：196.

气注入了一股清新的空气,大大推动了日本传统课程的改革。

在教学方法改革方面,日本旧学校普遍采用赫尔巴特的"五段教学法",即以"教师""学科"和"课堂"为中心的传统教学方法。当然根据课程性质的不同也会采用直观教学法和启发式教学法,但这些都是教科书式的墨守陈规的、整齐划一的传统教学模式,忽视了学生的个性及能动性,不利于学生自立、自主精神的培养。新教育学校在对教学方法进行改革尝试时,主要引进西方先进的教学方法,再结合日本的教育实际进行改革创新的模式。比较典型的就是引进了美国进步主义教育运动时期的"道尔顿制",再结合日本当时的实际教学情况,创造出适合日本实际情况的"道尔顿制式自主学习模式",并迅速在新教育学校中推广开来,极大地推动了日本新教育运动的发展。所谓的"道尔顿制式自主学习模式"就是在吸收帕克赫斯特的道尔顿制中的一些方法的基础上,进行一些改革和创新,保留了年级制,并根据低、中、高年级的不同采取"限制性自学""教材单元法""时间单元法"等方式,在自主学习过程中穿插进行教师辅导、共同学习、班级授课等形式,针对儿童个人与个性的差异设置特殊班级,通过在学习计划完成后进行的一次测验,检验儿童自主学习的效果等。① 除了"道尔顿制式自主学习模式"得到普遍性的推广外,新教育学校还大多采用了影像教学的现代化教学手段,提高了教学效果,并经过教师们的实践研究,创造出了分组式学习法、合科式学习法等不同于传统的教学方法,改变了当时各类学校死气沉沉的课堂教学,大大推动了日本传统教学方法的变革。② 实现了教学中教师的"教"向学生的"学",自上而下的"强制"教学向自下而上的"伸展"教学,"外铸型"的教育向"内发型"的教育的转变。

(四)加速了日本教育的发展,促进了与世界教育的融合

日本新教育运动是19世纪末20世纪初世界新教育革新运动的重要组成部分,它的兴起期、发展期乃至于最后的衰落期始终受到同期欧洲新教育运动和美国进步主义教育运动的影响,同时它的运动成果也辐射到了同期的新教育中国化运动。

---

① 李文英,李伟.日本成城小学的道尔顿制及其影响 [J].河北大学学报(哲学社会科学版),2014(4):65.
② 李文英,李伟.日本成城小学的道尔顿制及其影响 [J].河北大学学报(哲学社会科学版),2014(4):65.

从最初的谷本富、西山哲治等人通过赴欧美留学,接触并引进了欧美新教育运动的相关理念,将这种新的教育理念和相关的教育教学方法介绍到了日本,并通过创办日本帝国小学、明石女子师范学校附属丰明小学等初步实践新教育的相关理念,到后来泽柳政太郎、阿部重孝等人"西游取经"引进帕克赫斯特女士创立的道尔顿制,并结合日本教育发展的实际情况提出了"道尔顿制式自主学习模式",再到帕克赫斯特、杜威等美国进步主义教育运动的代表人物"东游布道",切身讲解处理欧美新教育理念在日本出现的不同情况,终于促使日本"八大教育主张"讲演会召开,将日本的新教育运动推向高潮。后来在与日本军国主义势力的斗争中不断处于劣势,日本新教育运动每况愈下之际,野口援太郎、入泽宗寿等人在世界新教育联合会的帮助下成立了日本新教育协会和世界新教育联合会日本分会等新教育联合组织,继续推动日本新教育运动的发展,并举办了"泛太平洋新教育会议",加强了与美国、加拿大、新西兰、墨西哥、菲律宾等太平洋沿岸国家新教育运动的联系。可以说,日本新教育运动发展的每一个阶段,都没有离开过世界新教育革新运动的影响,它自始至终都是世界新教育革新运动的重要组成部分。

应该说日本新教育运动时期与世界各国教育的互动,延续了近代日本自明治维新后"文明开化"的基本方针,除了师从欧美学习先进的教育理念和教育方法外,还秉持"模仿、自立与创新"的模式,将从欧美引进的教育理念和教育方法结合日本教育发展的实际情况,进行创新改革,摸索出适合日本实际情况的新教育理念和教育方法,然后再反哺欧美或者其他国家,极大地促进了日本教育与世界教育的融合。

(五) 宣传了自由与民主思想,推动了日本社会的变革与发展

根据教育与社会发展相关理论,社会生产力的发展水平、经济政治制度和文化传统都会影响到教育规模、教育性质、教育宗旨、教育水平以及教育发展速度等多个方面。教育被社会发展所制约,同时也能动地反作用于社会,教育作为社会的一个系统,它首先承担着育人功能,并通过育人功能实现其社会功能,影响和保障社会的延续与发展。

19世纪末20世纪初是世纪交替期,也是社会转型与教育变革的时期。就世界经济而言,以蒸汽机为标志的第一次工业革命已经完成,以电动机为标志的第二次工业技术革命开始兴起,把人类带入了电气化时代,要求有比蒸汽时代数量更多、质量更高的人才。就世界政治局势而言,欧美资产阶级所谓的民主

政治几经波折终于成型，需要向深层次发展；中国1911年辛亥革命后，推翻了帝制，建立了资产阶级民主共和政体；俄国1917年十月革命后，推翻了沙皇政权，建立了苏维埃政权。虽然法西斯主义和军国主义等暴力独裁逆流潜滋暗长，但是社会自由化和民主化还是这一时期世界的主要潮流。社会转型必然会带来教育的变革，同时也需要教育变革给予社会转型必要的支持，社会自由化和民主化的时代主流必然决定了这一时期世界教育改革的主流是教育自由化和民主化。于是，教育自由化和民主化运动也从西方到东方渐次兴起。美国19世纪末兴起的进步主义教育运动是具有资产阶级改良性质的教育民主化运动；欧洲的新教育改革运动具有鲜明的资产阶级民主性质；中国辛亥革命后进行的教育改革运动具有民主主义教育性质，"五四运动"前进行的教育改革运动具有资产阶级旧民主主义性质，"五四运动"后又开始进行具有无产阶级性质的新民主主义教育改革运动；俄国十月革命前的教育改革具有资产阶级民主性质和无产阶级教育民主化的萌芽，十月革命后的教育改革运动则具有鲜明的无产阶级教育民主化性质。在这场世界性教育民主化的时代潮流中，日本新教育革新运动也具备鲜明的民主化和自由化倾向。日本新教育运动的自由性和民主性主要体现在学校生活的自由化和民主化方面，新教育学者们提倡师生之间的民主关系，建立学生生活民主自由自治制度，反对体罚学生，反对强迫纪律，提倡尊重学生人格，提倡在自由的基础上建立自主的纪律，使学生在学校生活中体会到人的尊严、民主和自由的辩证关系。① 但是民主和专制永远都是水火不相容的。当军国主义势力走上政治舞台并逐渐掌握国家权力的时候，日本新教育学者和进步教师、学生们遭到了普遍性的迫害。

虽然日本新教育运动与当时日本国内官方的国家主义教育体制和军国主义势力相比处于明显的劣势，但它在日本民众中间燃起了民主化和自由化的"星星之火"；与大正时期的"大正自由民权运动"相辅相成，相互促进，推动了日本资本主义的进步和中下级资产阶级、城市平民阶层的发展壮大。虽然最后遭受到军国主义势力的残酷压制，但它也为第二次世界大战以后日本民主化社会改革奠定了坚实的群众基础。

---

① 吴明海. 欧洲新教育运动的历史研究[M]. 北京：教育科学出版社，2008：323-325.

二、日本新教育运动对同期中国教育发展的促进

日本新教育运动是在"自由"与"民主"的时代理念影响下，倡导的"以儿童为中心"的新教育思想和新教育实践，对当时日本整齐划一的近代教育体制和教科书注入式的传统教育模式产生了巨大的冲击，推动了当时日本教育模式、教育体制和教育教学方法的改革，在日本教育历史的发展中留下了光辉的一页。同时，我们也不可否认，日本新教育运动的理论根源来源于国际社会，同时它经过实践检验的新教育思想和新教育理念也在反哺着国际社会，尤其对中国近代教育的发展更是发挥了重大的作用。中国近代新学制的制定和幼儿教育与初等教育的发展都能够看到日本新教育运动相关成果的踪迹，中国近代著名教育家提出的教育思想和教育理念，诸如杨贤江的"全人教育指导"、晏阳初"四大教育"中的文艺教育、梁漱溟的乡村教育理念、陈鹤琴的"活教育"教学论等的形成与实践都应该能够在日本新教育运动的理念和实践中寻到的案例经验。

（一）日本新教育运动对同期新教育中国化运动的推动

19世纪末20世纪初开始的中国教育总体转型虽然远远落后于欧美先进诸国，甚至落后于刚刚崛起的亚洲近邻日本，但是就中国自身而言却也堪称"千古未有之一大变局"。因为它涉及教育观念、教育理论、教育制度、教育内容和教育方法各个层面的深刻变革。① 所以这一时期也被认为是中国教育近代化的关键时期。中国教育的近代化经历了洋务运动时期直接学习欧美到甲午战后转向学习近邻日本，再到新民主主义革命以后再度学习欧美的发展历程。从时间节点上来看，19世纪末20世纪初中国正处于甲午战后学习日本和新教育中国化运动时期，而与此同时，日本也正处于新教育运动的上升时期，所以这一时期中国教育的发展，尤其是新教育中国化运动的发展必然少不了日本新教育运动的踪影，这也就是中国教育史上的"取径日本"。提到日本新教育运动对新教育中国化运动的影响，比较典型的事例当属日本新教育运动早期牧口常三郎提出的"创价教育"、高潮时期及川平治的"分团式教学法"和稻毛诅风的"创造教育论"对中国的影响。

---

① 林家有. 辛亥革命与中国教育的近代化 [J]. 中山大学学报（社会科学版），2001 (6)：72.

第一，日本新教育运动早期的代表人物牧口常三郎早在20世纪初就出版了他的成名作《人生地理学》和《创价教育学体系》。这两本书对当时中国的地理教学和研究产生了非常大的影响。《人生地理学》出版后，很快就得到当时在日本弘文书院的中国留学生的认同，他们积极翻译并在《浙江潮》杂志上向国内进行了介绍。经过他们翻译介绍的《人生地理学》的大量内容很快被当时江浙地区的学校编入地理教科书中。1906年《人生地理学》的日文版在中国出版，1907年《人生地理学》的全文翻译版《最新人生地理学》在中国面世，而且得到了学术界的一致好评，有学者认为该书是"从教育实践中体会出来的经验结晶"，"结构之完整令人佩服"，"内容之完善、叙述之明确、见解之独创，应该受到肯定"等。①

第二，分团式教学法作为新教育中国化运动时期针对差异性儿童的补救措施而受到人们的青睐。分团式教学法最初的导入正是通过翻译和介绍日本新教育运动中杰出人物及川平治的《分团式动的教育》开始的，可以说分团式教学法是来自日本的操作策略和来自欧美的新教育精神的结合。俞子夷是中国近代教育家，长期从事小学教育研究，尤其在小学教学法领域有杰出的贡献，可谓中国近代新教学方法实验与改革的亲历者，他对此有着深刻的体验和认识。他在有关教学方法的回忆录中称："日本有一所特别的学校，不受全国统一规章的约束，独自试行一种新教育法。学校试行着多数效法美国流行之新法。天民著作中的'分组'及'动的'等概念，可能与此有些关系。"俞子夷的上述文字撰写于1964年，距离该教学法引进的年代已近半个世纪。社会变易，人世沧桑，有些记忆模糊在所难免，但其中所提及分团式教学法来自日本的学校，其理论源于美国则是明晰的。这种新教学方法导入近代中国主要是通过教育刊物的传媒输入而引向学校实践的。② 对分团式教学法探究最为详尽的应该是《教育杂志》。1914年起，该杂志编辑朱元善分别以"天民""天心""天玄"为笔名，对日本及川平治所创立的分团式动的教学法加以叙述，重要篇目有《分团教授之实际》（1914年第6卷第11期）、《分团式动的教育法》（1916年第8卷第1期）、《分团式算术练习问题》（1918年第10卷第2期）、《分团式动的教育

---

① 周洪宇，蔡幸福. 牧口常三郎的"创价教育"思想研究 [J]. 比较教育研究，2007 (6)：24 – 25.

② 吴洪成，张媛媛. 分组教学法在近代中国的导入、实践及评价 [J]. 中国人民大学教育学刊，2014 (4)：129 – 130.

法之实际》(1918年第10卷第9期)。其中分别揭示了分团教学、动的教育的理论与方法以及实际操作的技术手段。有的文章将分团教学法视为"学级组织中之个别教育",设计出分团的标准、分团教学的科目选择以及学生座次安排和具体的讲授操作程序。①

第三,对当今中国教育界备受关注的"创造教育"探寻根源,我们会发现我国创造教育观念在"五四"前由日本传入,而后又有许多学者通过翻译和论述等形式对创造教育进行倡导,在"五四"前后和20世纪20年代初形成了一次研究的高潮。1917年发表在《教育杂志》上的《儿童创造力养成法》一文,是我国最早以创造教育为主题的文章,作者署名天民②。日本新教育学者稻毛诅风在20世纪初开始创造教育的研究,他的创造教育思想对我国影响最深。1930年商务印书馆出版的《教育大辞书》所收"创造教育"词条的内容,主要是摘录了稻毛诅风创造教育的基本观点。稻毛诅风的创造教育理论是东方创造教育理念的典型代表。我国于1926年由商务印书馆出版的刘经旺翻译的《创造教育论》是他的重要代表作,书中系统阐述了以人生观变革为核心的创造教育理论。③

(二) 日本新教育运动对满洲国和台湾地区殖民教育的影响

日本新教育运动兴起之时,日本已经将中国的台湾和东北地区完全纳入了自己的殖民地范围,并且已经开始向这些地区派驻大批本国移民。根据文部省的相关规定,要求海外殖民地对本国移民实行与日本本土完全一致的教育政策、采取完全相同的教育理念和教育教学方法。④ 所以当日本新教育运动发展成为一个具有全国影响力的教育革新运动时,新教育的理念和方法也必然会影响到它的海外殖民地地区。在日本新教运动的发展历程中,每次有新的教育理念或者新的教育教学方法传入或者产生,在向全国推广之际,或者是举办全国性的教师研修会、新教育理念培训会的时候,都会有海外殖民地地区的参与。1921年举办的"八大教育主张"讲演会堪称日本新教育运动历程中最重要的一次全

---

① 吴洪成,张媛媛. 分组教学法在近代中国的导入、实践及评价 [J]. 中国人民大学教育学刊, 2014 (4): 130.
② 当时《教育杂志》上署名"天民"的文章基本上都出自主编朱元善对日文材料的译编。
③ 江瑶. 我国创造教育发展的回顾与前瞻 [J]. 黑河学院学报, 2013 (2): 64 - 65.
④ 朱文富,刘双喜. 日本殖民地差别教育的历史考究与现实思考——以关东州殖民教育的实施为例 [J]. 长白学刊, 2017 (1): 105 - 106.

国性的教师研修会，有来自日本全国各地的 2000 余名代表参会，其中来自台湾的代表 12 名，来自伪满洲国的代表 2 名，① 他们通过参加教师研修会的机会接触新教育的理念和新教育的思想，回到自己属地后必然会发挥宣扬和实践的作用，所以日本新教育运动对伪满洲国、台湾地区等殖民地的教育发展是具有影响作用的。

另外，1933 年 8 月，日本新教育协会还利用新教育夏季研究讲习会的机会在伪满洲国举办过一次"日（伪）满新教育会议"。当时有来自日本国内约 150 名代表和伪满洲国约 300 名代表参会，除了野口援太郎、入泽宗寿等新教育学者所做的基调演讲外，与会代表还进行了充分的交流，并且会后还组织与会代表参观了旅顺、抚顺、奉天等地的学校，就伪满洲国新教育运动的开展情况进行了实地考察和相关经验的交流。② 这次讲习会的举办，伪满洲国的教师开拓了视野、提升了能力，也积累了经验，坚定了信心，极大地带动了这一地区新教育运动的开展和殖民教育的发展。

三、日本新教育运动增强了欧美新教育运动的世界影响力

日本新教育运动的教育思想和教育理念均来源于欧洲新教育运动和美国进步主义教育运动的教育思想和教育理念，但日本的新教育学者并没有照搬照抄欧美新教育运动的成果，而是结合日本本国当时教育发展的实际情况，经历了"模仿、自立与创新"的过程之后，凝练出了日本人自己的新教育思想和新教育理念并将日本新教育运动的成果辐射到了中国和太平洋沿岸国家。但日本新教育运动的思想成果和理念成果无论如何创新，我们还是能够透过它的现象看到它根源上的踪影，也就是欧美新教育思想和新教育理念的踪影，所以当日本新教育运动影响力增强时，也间接扩大了欧美新教育运动的影响力。例如，日本新教育运动早期代表人物牧口常三郎和高潮期代表人物稻毛诅风都比较提倡"创造教育"，对人的本性、人生目的等方面看法基本上是一致的，而且两者的教育思想在一定程度上都受到了康德哲学的影响。他们将康德、杜威等西方哲学中的价值论加以改造引入教育学体系之中，把东西方文化和教育理论交融在

---

① 橋本美保. 大正新教育文献資料集成（第一卷）八大教育主張 [M]. 東京：日本図書センター，2016：719 - 840.
② 永江由紀子. 新教育協会（1930—1941 年）の活動内容に関する基礎的考察 [J]. 九州大学学術情報リポジトリ，2008（3）：26 - 27.

一起，创立了自己独具一格的创价教育理论体系，不仅对当时的日本教育产生了一定的影响，而且对第二次世界大战以来日本教育改革和教育的个性化、现代化和国际化发展有着巨大的推动作用。值得一提的是，《创价教育学体系》在20世纪80年代被译成英文，并于1989年在爱荷华州立大学出版社出版，比《人生地理学》英文版的出版要早13年。译者美国学者戴勒·贝瑟认为：《创价教育学体系》是一部划时代的著作，其中闪光的思想、独到而新颖的见解很多，尤其是考虑到20世纪40年代这种背景，其思想的价值就更明显。目前，该书已经被英语世界领域最主要的教育家和教育哲学家普遍认可。该书的葡萄牙文、法文、意大利文、西班牙文和越南文等14种翻译本也相继出版，并逐渐成为这些国家学术界研究的热门课题。特别需要强调的是，牧口常三郎创立的创价教育学会是牧口常三郎创价教育思想得以广泛传播并对教育乃至整个社会产生巨大作用的重要媒介。通过它，牧口常三郎的创价教育思想以及他倡导的人道主义竞争社会的美好愿景为越来越多的人所推崇。随着创价学会的快速发展，他的创价教育思想，不仅在国内得到了大力宣传，而且也被输送到欧洲、美洲、东南亚和中国台湾、香港等地，对维护世界和平和促进共同发展起到了不可代替的作用。①

另外，作为世界新教育联合会日本分会的日本新教育协会还在1935年举办过一次"泛太平洋新教育会议"，将新教育的思想和理念乃至于实践经验推广到了太平洋沿岸地区。这次会议以"加强新教育思想和新教育经验的交流""增进太平洋沿岸国家人民的友谊和理解"为主题，邀请了美国、加拿大、新西兰、墨西哥、菲律宾、印度等国的新教育学者和教师们参加，会议内容涉及"公立新学校的运营""私立新学校的运营""学前教育""家庭教育和女子教育""初等教育""中等教育""艺术教育和音乐教育""手工教育和劳动教育""师范教育""新教育哲学""儿童和宗教""变化的社会和新教育""体育""农村生活和农村教育""电影教育""广播和教育""特殊教育""国际合作中的教育""学校考试和新教育"等22个大的方面，②给太平洋沿岸国家的教育学者和教师们提供了难得的交流机会。这次会议虽然是日本新教育协会承担，但会议主

---

① 周洪宇，蔡幸福. 牧口常三郎的"创价教育"思想研究［J］. 比较教育研究，2007（6）：23-25.
② 永江由紀子. 新教育協会（1930—1941年）の活動内容に関する基礎的考察［J］. 九州大学学術情報リポジトリ，2008（3）：28-29.

办方依然是世界新教育联合会,而世界新教育联合会的主体构成则是欧洲新教育协会和美国进步主义教育协会,因此此次会议的成功举办和影响力的扩散,还主要体现了欧美新教育运动影响力的扩散。可以说,日本新教育运动与当时欧洲的新教育运动、美国的进步主义教育运动、中国的新教育中国化运动共同构成了世界性的新教育革新运动,几个国家的新教育改革经验相互交错,相互影响,共同推动了20世纪前半期世界教育的发展。

四、日本新教育运动对日本后世教育发展的影响

日本新教育运动因面对军国主义的疯狂压制而逐渐衰落,随着日本新教育协会的解体,也逐渐退出了日本教育历史的舞台,但是日本新教育运动产生的精神并没有消失,随着第二次世界大战后教育民主化的发展以及世界范围内对杜威研究的升温,日本新教育运动又得以"复苏",并且对日本第二次世界大战后的教育改革和20世纪后期的第三次教育改革产生了辐射和影响。

第二次世界大战后,日本军国主义被碾压于"历史的车轮"之下,日本当局也开始在美国的指导下进行社会各个领域的改革。战后初期,美国成立教育使节团负责对日本的教育进行恢复和改革,该使节团在日本民间信息机构和日本教育家委员会的协助下,撰写了《美国教育使节团报告书》。该报告书对当时日本教育的发展提出了一些建议,其中在关于教育目的的描述中写道:"要以尊重个人和充分发挥个性为根本目的。"[1] 这一教育目的正是战前日本新教育运动时期新学校的办学理念,可以说是战后日本教育的民主化倾向就是回到了战前日本新教育运动时期的教育自由民主的倾向当中。日本教育界也极力倡导以"完善人格、尊重个性、教育机会均等"为基础的民主、自由、平等的教育理念。

随着战后教育改革的逐渐深入,日本的教育得到了巨大的发展。为了更好地适应日本社会政治、经济发展的需要,日本政府在教育上奉行了与战时不同的政策,比较典型的做法就是在第二次世界大战后,日本社会开始进入社会民主主义时期,教育上执行的是民主主义的"新教育"政策。在这种背景下,日本新教育运动时期的一些教育思想和教育理念重新进入了人们的视野,并得到

---

[1] 李伟. 日本新教育运动的一面旗帜——成城小学发展研究[M]. 石家庄:河北教育出版社,2016:181-182.

了重新的认识和发展,其中以杜威教育思想为基础发展而来的日本新教育实用主义流派的理念发挥了重要作用,它适应了日本"新学校"的需求,起到了规范和导向的作用。所以越来越多的日本学者开始关注杜威的教育思想并意图"复苏"日本新教育运动时期的一些教育思想和教育理念。日本战后著名教育学者宫原诚一在战后初期发表了《实用主义与人的教育》一文,反复强调以儿童为中心,系统地介绍了杜威的教育理论,特别是杜威教育思想中关于教育任务和教育方法等理论观点,还有"从做中学"的教学论观点;1948年,他还发表《今年杜威的发展》一文,全面系统地论述了杜威实用主义教育思想,再次强调日本的教育要以儿童为中心,以促进儿童的个性化发展为目标。这些观点也正是日本新教育运动时期所提倡的教育理念的重要组成部分。①

另外,日本新教育运动在战后日本教育改革中的辐射并不仅仅局限于宏观层面上,也涉及了课程等微观的层面,一些战后成立的"新学校"开始关注并研究学校的课程问题。究其原因,是由于日本在战前吸收了来自西方国家不同的教学论思想,既有美国的教学论,也有德国的教学论,它们不同程度地影响了日本的教育,教育价值体系处在变化动荡之中,这种现象促使日本的教育学者开始反思。实行以个人解放、儿童中心、尊重差异、生活幸福和社会进步为基础的"新教育",是对第二次世界大战前的军国主义教育深刻反思的结果,同时也是对二战前日本新教育运动进行深度再挖掘的结果。经过反思和梳理之后,日本新教育运动时期倡导的经验课程和社会课程成为了战后日本教育的主要课程,特别是那些"儿童中心"的活动课程以及生活色彩浓厚的单元课程,处处体现在了日本"新学校"的课堂之上。②

战后日本的教育改革无论是宏观层面的教育思想和教育理念的转变,还是微观层面的教育政策和教学方法的更新,都极力消除了军国主义教育产生的"后遗症",并且取得了比较显著的成效。但是,由于战争和战败的影响以及经济落后等方面的原因,战后日本教育把主要精力多倾注于数量的扩大和实现教育大众化、平等化、标准化等现实方面,而回避了从正面解决精神和文化上的各种价值问题,因此,儿童的文化精神生活中潜存着大量的问题,"尊重个性、

---

① 关松林.交流与融合——杜威与日本教育[M].北京:教育科学出版社,2008:83-84.
② 关松林.交流与融合——杜威与日本教育[M].北京:教育科学出版社,2008:84.

提倡自由"的教育改革理念并没有得到充分的贯彻。1971年日本中央教育审议会制定《关于今后学校教育的总和扩充与整顿的基本方针》,拉开了第三次教育改革的序幕。针对战后教育改革实践三十余年的历程,这次教育改革始终秉承"尊重个人尊严,创造个性丰富文化"的教育宗旨,并始终将"重视个性的原则"看作是第三次教育改革中最主要的贯穿于其他各项原则之中的原则。因为教育要促进儿童个性的健康发展,就必须调整和改革不利于儿童个性发展的教育体制,特别应该注意克服教育体制中的划一主义和单纯的管理主义,增强灵活性、分散性和民主意识,造成有利于儿童个性健康发展的生动活泼的教育环境。从以上宏观层面的设计来看,日本第三次教育改革的宏观理念应该还是能够在日本新教育运动时期相关教育理念中寻得踪影的。①

除了宏观层面思想和理念受新教育运动的影响,日本第三次教育改革时期的一些微观实践也体现出了新教育运动时期的辐射,新教育运动时期的教育实践活动为第三次教育改革期间的教育活动提供了实践基础或者实践经验。

首先,在日本新教育运动高潮时期,成城小学引进了美国进步主义教育运动的成果"道尔顿制",并结合日本教育发展实际创造出了"道尔顿制式自主学习模式",取得良好效果后在全国推广开来。在成城小学的引领下,千叶师范附属小学、奈良女高师范附属小学、福井县的三国南小学、福井县师范附属小学、富山县师范附属小学、爱媛县师范附属小学等日本全国21个地区进相继开始实施道尔顿制。据统计,当时包括师范附属小学、私立小学在内,全日本实施道尔顿制有代表性的学校共有32所。这些学校成为国立、公立及私立小学的代表,道尔顿制强调儿童自由、注重师生合作、实施个别差异教学的理念迅速传播到了日本的各地。至今日本仍存在一些以"道尔顿制"为名的学校,如1976年在东京创建的"东京道尔顿学校",1982年在名古屋创建的"河合塾道尔顿学校"。这些学校都与纽约的道尔顿学校联合,由日籍美国人普莱奇西克担任校长,开展了以体验学习兴趣和创造乐趣为主的实验性教育活动。②

其次,日本历来重视终身教育在提升国民素质方面的作用,早在20世纪60年代就已经提出了相关概念。1988年设立了终身学习局,提出"向终身教育体

---

① 靖国平."重视个性的原则"与日本第三次教育改革[J]. 外国教育动态, 1990 (1): 37–39.
② 李伟. 日本新教育运动的一面旗帜——成城小学发展研究[M]. 石家庄: 河北教育出版社, 2016: 215.

系过度"的建议，发展社会教育团体，建立学习信息网，建立家庭教育、社会教育和学校教育一体化的终身教育体系，将图书馆、博物馆、社区活动中心等各种文化设施都纳入教育的范畴。1990年还颁布实施了《终身学习振兴整备法》，以立法的形式将终身教育理念融入全体国民的生活当中，其确立的最终目标就是"人人都能既自觉又自然地进行学习活动，不断提升全体国民的基本素质"。这与新教育运动中倡导自启自发论和自发活动论的新教育学者曾经提出"在坚持陶冶学生的意志品行、加强道德教育的基础上，培养学生善于独立发现问题和通过自己的努力解决问题的能力，并将这种能力的养成作为一种良好习惯保持下去，走出学校大门之后，在不同的环境当中，依然能够发现新问题和寻求解决问题的新方法，能够自主自觉地提升自己"的观点是完全一致的。可见，日本终身教育理念所提出的最终目标应该是与新教育运动时期提出的自启自发论和自发活动论如出一辙的。虽然在日本的教育史学界尚没有专家学者提出当代的终身教育理念来源于日本新教育运动时期的教育主张，但从两者最终目标的相似之处来看，我们还是能够在终身教育理念当中寻找新教育运动的身影的。可以说，新教育运动为日本终身教育理念的提出提供了前期实践基础。

还有，在日本新教育运动发展前期，中村春二在创建成蹊实务学园采取学校与企业公司相互合作的方式，由三菱公司为学校提供财政赞助，学生毕业后均进入三菱总公司或其分公司工作。这种校企合作方式，对学校来说，既可以解决学生的学费问题，又可以使学生学有所用；对企业来说，既可以保障员工人员数量的稳定，又可以保障员工人员质量的稳定，可谓"双赢"之举。中村春二的这种办学模式应该可以视为当今教育界"校企合作"办学模式的先河。在当时日本特殊的社会环境和政治形势的压迫下，日本新教育运动暂时告别了历史舞台，但是有形的教育改革与实践活动虽然停止了，日本新教育运动产生的精神力量和理念支撑在日本第二次世界大战后的教育改革和20世纪后期的第三次教育改革中曾经多次被提及。尤其是日本新教育运动时期新教育学者们的那种勇于学习、敢于创新、敢于实践的精神和摒弃"拿来主义"、富有"模仿、自立与创新"的精神更值得当今的教育工作者学习。

第二节 日本新教育运动的局限性

一、时代的局限性

19世纪末20世纪初，正是日本国家主义思想不断膨胀，军国主义势力逐渐走到"前台"的时期，日本新教育运动在与军国主义势力的斗争中，虽然巧妙周旋、苦苦挣扎、执着求索，但是也难免因时代的局限而受到影响。

日本的军国主义势力与国际上的法西斯化主义"遥相呼应"，在政治上得势后，利用国家权力对日本新教育运动进行了残酷的"扫荡"和毁灭性的压制。很多新学校被关闭，不少新教育学者以及有自由主义倾向的教师、学生遭到军国主义的逮捕、拘禁甚至杀害，致使新教育家的思想宣传活动和教育实践活动萎靡或者停滞，日本新教育运动逐渐走向了衰亡。

教育不可能独立发生和发展，它和社会变迁密切相关。20世纪上半叶，日本军国主义势力的猖獗让日本新教育运动历经坎坷，不能顺利地得到发展。很多新教育的理念和新教育学校的实践活动因为军国主义的压制而有始无终，还没有来得及将新教育实践的经验进行更高层次的总结和推广，便被泯没在当时日本社会"变态的疯狂"当中。这是日本新教育运动的局限，更是新教育运动所在时代的局限。[①]

欧美新教育思潮流入日本，受到大批日本教育学者的追捧，他们有的留学欧美而目睹了新教育学校的盛况，有的通过相关资料的研习了解了新教育的理念，为了将自己的教育理念和教育理想得以实现，开始创建私立小学，使得日本的新教育小学的数量"井喷式"发展，私立新教育小学也成为了日本新教育运动的主力军。而无论是原有的私立学校还是新教育的私立小学都具备"私立"的性质，那就是学校的运营经费全部依靠自筹，学费是学校一切经费的主要收入来源，所以在这些学校就读的学生都必须要缴纳一定数额的学费。据相关资料显示，一个东京市内私立小学的学生一年的学费要占去生活费用的1/3以上到1/2以上，这对于一个普通的劳动者来说是一笔不小的支出。虽然私立小学

---

① 吴明海. 欧洲新教育运动的历史研究[M]. 北京：教育科学出版社，2008：328-329.

在招生的时候也会承诺会对低收入家庭的学生减免学费,但是大多数普通收入家庭更愿意选择提供免费义务教育的国立和公立小学。私立小学(包括私立新教育小学)的学生家长大多是大学教师、高级官员、军队军官和实业家等中产阶级或者知识分子阶层,而这些人终究是社会的少数阶层。所以,占据日本新教育思想实践主体的众多的新式私立小学的学生是中产阶级家庭的子女,占社会大多数的普通收入家庭的子女则很少参与,所以说日本新教育运动的实践是缺少广大民众基础的,日本新教育思想的传播也理所当然地缺少民众基础的支撑,缺乏基础支撑的思想理论也将会随着时代的发展逐渐暴露出本身的先天缺陷,进而丧失自身延续的后发动力。

二、先天的妥协性

自明治维新以来,日本教育界同政治思想界的情况相类似,一直就存在着"改革派"和"保守派"的斗争。"改革派"注重对西方文明的吸收和借鉴,不但学习西方的科学技术,而且还引进西方的自由和民主精神,这就引起了"保守派"的不安,于是他们开始打着"尊皇"的旗号,祭出封建伦理道德,对学生进行思想教化,在这种斗争中,无疑"保守派"在更多时期处于上风。与日本新教育思想传播和实践的同时存在的教育思想还有军国主义教育思想,它所宣扬的那种"天皇至上""尽忠报国"的理念应该是继承了原来"保守派"的衣钵。史学家汤重南曾经指出:"日本军国主义思想是一个庞杂的思想体系,主要有三个来源,一是武士道,二是日本神道教、佛教和儒教中的思想糟粕,三是贯穿日本近代化发展过程始终的灵魂'皇权''皇国'观念和史观。发展到近代,再加上西方流入的沙文主义和社会达尔文主义,并奉为思想理论基础。因此,日本军国主义是十足的封建主义、殖民主义和帝国主义的腐朽、反动思想糟粕的大杂烩、大拼盘,混乱不堪。"[①] 军国主义思想是一个毒瘤,它把国家与社会作为本体,强制牺牲个人,实行残暴统治,控制思想舆论,在国外推行疯狂的侵略战争,给人民生活带来了极大的痛苦。教育是人类文明的重要基础,它关系到一个国家和民族的未来。而日本军国主义却把黑手伸向了学生,从小学到中学,再到大学全部实施军国主义教育,向学生灌输"天皇至上"和"尽忠报国"等具有反动性质的军国主义思想和军国主义教育理念,将学校变成了

---

① 汤重南. 日本军国主义思想是庞杂的精神糟粕[J]. 日本学刊, 2005 (4): 7-19.

生产军备物资的"军工厂"和参军参战的"生源地"。在这种大的背景下,一些新教育思想的实践学校出现了对社会时势的妥协性,丧失了创立之初的自主性,失去了当初可以不同于受全国通用的法规政策的牵制的国立、公立学校的"特权",学校课程体系的设置和军国主义教育体系下的国民学校完全相同;教科书统一使用文部省规定的国定教科书;教学方法统一为易于灌输军国主义思想的集体班级授课制。而且学校教育的正常秩序横遭破坏,经常更换教师和教学内容,没有统一的教学计划,一切均以文部省的指示为中心,毫无自主性而言,彻底沦落为了日本军国主义发动对外侵略战争的工具。①

三、"儿童中心主义"的困惑

日本新教育运动的中心理念应该是"儿童中心主义"。儿童是弱势群体,又代表着人类的未来和希望,看到儿童,关心儿童,成人和成人社会一切都要从儿童的根本利益出发,保障其生存和发展的各种权利,"儿童中心主义"在这方面是有积极意义的。"儿童中心主义"实际上是卢梭首先提出来的,但在卢梭时代仅是口号而已,后来才有个别教育家,如裴斯泰洛齐等人进行了实验,但是很有限,到新教育运动时期才有了较大规模的实验,才对社会传统观念产生巨大的冲击。但是,在教学过程中,如果主导者不是教师,而是学生,将学生个体经验作为教育基础,是违背客观教育规律的。因为"儿童中心主义"走向极端,也存在着许多弊端。首先,容易使儿童难以走出以自我为中心的圈子,儿童容易养成自以为是的毛病,无法无天,缺乏意志力和社会责任感,实际限制了儿童的发展。其次,教师和成人对儿童的影响退居边缘,难以发挥主导作用。教师和成人对儿童固然不能以至高无上的权威自居,但是让儿童成为"小皇帝",让教师和成人委曲求全、"俯首称臣",也不是解决"儿童与成人"之间关系的办法。②

四、日本新教育运动的成果被军国主义利用

随着日本国内经济危机的爆发和军国主义势力的扩张,以崇尚自由、解放

---

① 李伟. 日本新教育运动的一面旗帜——成城小学发展研究[M]. 石家庄:河北教育出版社,2016:208.
② 吴明海. 欧洲新教育运动的历史研究[M]. 北京:教育科学出版社,2008:330-332.

天性为核心的新教育运动受到了以天皇制为核心的国家主义教育体制的压制而走向没落，新教育运动过程中产生的"道尔顿制式自主学习模式""分团式动的教学法""合科式教学法"等教育教学方式方面的成果，经过近十年的实践后，也暴露出了对人力、财力、物力依赖过重等缺点，逐渐失去了往日的光芒。而恰在此时，这些新教育运动产生的成果却受到以海军兵学校校长永野修身的推崇，被引入到海军兵学校为代表的军国主义教育机构当中。新教育的教育教学方法在海军兵学校等军国主义教育机构中实施的时间并不长，却在日本近代历史上产生了深远的影响。单纯从教育学的角度看，它的确在推进军队院校教育教学方法改革方面和延续日本新教育运动的影响方面产生了积极作用，但是它也在军国主义势力扩张方面产生了推波助澜的作用，培养了大批具有军国主义思想的"优秀"军人，这些人大多成为了日本日后发动侵略战争的急先锋，给包括中国在内的亚洲各国人民带来了深重的灾难。

附录1

日本新教育运动大事记

1896 年	日本教育会和国家教育社合并成立帝国教育会，开始总结明治维新以来教育的发展经验和教训
1898 年	德国人利茨创办乡村教育之家，其办学理念受到在德留学的今井恒郎的关注（今井学成回国后致力于新教育的宣传和实践）
1899 年	樋口勘次郎受美国学者杜威的《学校与社会》影响，提出"统合主义新教授法"
1900 年	津田梅子受瑞典学者爱伦·凯的《儿童的世纪》影响，创办女子英学塾
1901 年	上野阳一将杜威的《学校与社会》翻译成日语，并出版发行； 日本女子大学校成立，广濑仁藏担任首任校长； 姬路师范学校成立，野口援太郎担任首任校长
1903 年	棚桥源太郎提出"寻常小学校的实科教授法"； 及川平治发表《新教育学》； 第一所面向中产阶级及以下的学校东京万年小学校成立，坂本龙之辅担任首任校长
1904 年	樋口勘次郎发表《国家社会主义新教育学》； 吉田熊次发表《社会教育学讲义》； 东京高等师范附属小学校创刊《教育研究》
1905 年	樋口勘次郎发表《国家社会主义教育学本论》
1906 年	谷本富发表《新教育讲义》
1907 年	今井恒郎在东京杉并创立日本济美学校（又称田园教育舍）； 谷本富发表《系统的新教育学纲要》

续表

1908 年	乙竹岩造提出"实验教育学"
1909 年	泽柳政太郎提出"实际教育学",并开设自由剧场; 谷本富发表《新教育的主张和生命》
1910 年	及川平治提出"分团式教授法"; 石川啄木发表《时代闭塞的现状》
1911 年	西山哲次提出"儿童中心主义新教授法"
1912 年	西山哲次在东京创立帝国小学校; 中村春二创立成蹊实务学校; 及川平治提出"分团式动的教学法"; 牧口常三郎发表《基于教授方法统合的乡土科研究》
1913 年	芦田惠之助提出"缀方教授法"; 自学奖励会成立,并提出"自学主义教育"
1914 年	河野清丸发表《蒙台梭利教育方法及其应用》和《自动主义最新教授方法》
1915 年	及川平治提出"分团式各科动的教育法"; 成蹊实务学校附设成蹊小学校
1916 年	泽柳政太郎就任帝国教育会会长
1917 年	泽柳政太郎创立成城小学校; 首届全国女教员大会召开
1918 年	铃木三重吉创刊《赤鸟》; 武者小路实笃在宫城县儿汤郡木城村建立"新村",招徕村民,提倡"发挥自己的作用、创建自己的生活"
1919 年	手塚岸卫就任千叶师范学校附属小学校校长; 木下竹次开始着手指导奈良女子高等师范学校附属小学进行新教育改革; 山本鼎在长野县举办首届儿童画展览会,发起自由教育运动; 下中弥三郎发起成立"启明会"(后改称为"日本教师工会启明会"),并在大阪、神户、京都等地举办讲演会; 千叶师范学校附属小学校成立学级自治会; 河野清丸发表《自动教育法的原理和实践》; 手塚岸卫发表《自由教育的真谛》

续表

1920 年	新女性协会成立，并提出组建女教员组织的构想； 北野种一在东京女子高等师范学校附属小学校实施合科教育； 下中弥三郎等启明会会员参加日本第一次"劳动节"庆祝活动； 下中弥三郎提出"教育再造"的构想； 鯵坂国芳提出"教育改造论"； 千叶命吉提出"创造教育、培养学生独立创造力"的理念； 奈良女子高等师范学校附属小学校设立"特别学习时间"； 千叶师范学校附属小学校设立"自由学习时间"
1921 年	下中弥三郎、野口援太郎等人倡议组建"教育拥护同盟"，反对政府削减地方教育费； 羽仁达子创设自由学园； 千叶师范学校附属小学校主办"自由教育研究会"； 八大教育主张讲演会召开； 茨城县发生"自由教育禁止"事件； 长野县开办上田自由大学； 千叶命吉提出"一切冲动皆满足论"
1922 年	赤井米吉将帕克赫斯特的著作《儿童大学的实施》翻译成日语； 垣内松三发表《国语的力量》； 奈良女子高等师范学校附属小学校创刊《学习研究》； 长野县下伊那郡成立"自由青年联盟"； 手塚岸卫远赴欧美考察新教育学校； 石井信二发表《修身的自由教育》
1923 年	杂志《教育的世纪》创刊； 成城教育问题研究会引入道尔顿制的主张； 吉田弥三郎发表《自由教育在低年级的实施》； 木下竹次发表《学习原论》； 下中弥三郎发表《万人劳动的教育》； 小原国芳发表《自由教育论》； 赴奈良师范学校附属小学校的参观者超过两万人
1924 年	美国进步主义教育家帕克赫斯特访日； 赤井米吉创设明星学园； 野口援太郎创设池袋儿童村小学校； 赤井米吉发表《道尔顿制和日本教育》； 松本女子师范学校附属小学校发生"川井训导事件"； 奈良女子高等师范学校附属小学校的教育改革受到文部省批评

续表

1925 年	御影儿童村小学校（芦屋儿童村小学校）创立，樱井祐男担任首任校长； 杂志《鑑赏文选》创刊； 清水甚吾发表《学习法实施和各学年学级的实践》； 《泽柳政太郎全集》（全六卷）公开出版发行； 手塚岸卫赴朝鲜旅行演讲 8 个月（1 月—8 月）
1926 年	木崎村农民小学校创立； 云雀之丘儿童村小学校创立，上田庄三郎担任首任校长； 赤井米吉提出"体验教育"的理念； 木下竹次发表《学习各论》（上）； 手塚岸卫转任大多喜中学校校长
1927 年	北泽种一发表《学级实践原论》； 木下竹次发表《学习诸问题的解决》； 手塚岸卫创立自由之丘学园； 美国进步主义教育家克伯屈访日； 劳动小学校创立
1928 年	千叶命吉发表《教育学习真正的变化》； 奈良女子高等师范学校附属小学校提高学生的国体观念； 木下竹次发表《学习各论》（中）
1929 年	小原国芳创立玉川学园； 成田忠久在秋田县创立北方教育社； 杂志《缀方生活》创刊； 北泽种一发表《实践教育》《实践教育序说》； 樱井祐男发表《芦屋儿童村的教育》； 美国进步主义教育家克伯屈再次访日； 木下竹次发表《学习各论》（下）
1930 年	新兴教育研究所创立； 日本新教育协会暨世界新教育联合会日本分会成立，野口援太郎担任会长； 日本教育劳动者工会（教劳）成立； 杂志《北方教育》创刊； 乡土教育联盟成立，会刊《乡土》创刊； 小原国芳发表《日本的新学校》； 牧口常三郎发表《创价教育学大系》
1931 年	日本新教育协会会刊《新教育研究》创刊； 为藤五郎发表《教育的社会性》

续表

1932年	日本新教育协会在大连举办夏季研究发表会； 野村芳兵卫发表《生活训练和道德教育》； 乡土教育联盟提出"乡土学习指导方案"
1933年	长野县发生镇压新兴教育事件（又称为"二·四事件"）； 东京发生"成城学园事件"； 千叶春雄创刊《缀方俱乐部》； 野村芳兵卫发表《生活学校和学习统筹》； 野口援太郎出版译著《劳作教育·活动学校》； 和光学园创立
1934年	目白学园小学校创立，野口援太郎就任校长； 上田庄三郎发表《激动期的教育设计》； 野口援太郎发表《教育者的典型：泷泽菊太郎》
1935年	日本新教育协会主办泛太平洋新教育会议； 池袋儿童村小学校校刊《生活学校》创刊
1936年	池袋儿童村小学校解散
1937年	自由之丘学园关闭，小林宗作利用原有校舍创建巴学园； 阿部重孝发表《教育改革论》； 长田新发表译著《福禄培尔自传》
1938年	野口援太郎辞任成蹊学园理事长，被推举为名誉校长
1939年	长田新发表著作《新知育论》和译著《裴斯泰洛齐传》（全五卷）
1940年	新教育学者村山俊太郎以违反治安维持法的名义在山形县被逮捕
1941年	东京儿童村小学校解散； 日本新教育协会会长野口援太郎逝世； 日本新教育协会解散

注：以上信息根据中野光著、黎明书房出版的《大正自由教育研究》，中野光著、黎明书房出版的《学校改革的史的原像》，宇野美惠子著、国际书院出版的《教育的复权》相关内容整理而成。

附录2

日本新教育学校一览表

学校名称	所在地区	首任（改革）校长	创立（改革）时间	教育方针
明石女子师范学校附属小学校	兵库县明石市	及川平治	1906	动的教育、直接经验
成蹊学园小学校	东京府下吉祥寺	中村春二	1906	英才教育与普及教育并举，面向中产阶级子女
原野幼儿园	大阪府大阪市	桥诘良一	1912	以原野为园舍、培养生活能力、创作手工游戏
别府南小学校	大分县别府市	高田龟一	1914	尊重个性、尊重自由
成城小学校	东京府	泽柳政太郎	1917	尊重个性、独创、自学，田园生活教育
成修学院	京都府绫部町	川合信水	1917	寄宿制、全天候教育
长野师范学校附属小学校	长野县	杉崎暮	1917	自主学习、发展个性
东京府第五中学校	东京府小石川区	伊藤长七	1918	创造教育
樱井小学校	奈良县矶城郡	福塚平七	1918	尊重个性、尊重自由、尊重创造性

续表

学校名称	所在地区	首任（改革）校长	创立（改革）时间	教育方针
大町小学校	爱媛县西条町	川崎利市	1919	打破抽象划一的教育、进行具体现实教育
横川小学校	东京府本川区	田岛音次郎	1919	尊重儿童生活的要求
奈良女子高等师范学校附属小学校	奈良县奈良市	木下竹次	1919	发展、创作、努力、协同，发挥个性
千叶师范学校附属小学校	千叶县千叶市	中岛义一	1919	自治、自修、共同研究
富山师范学校附属小学校	富山县	（未知）	1919	生活学校化、学校社会化
冈崎师范学校附属小学校	爱知县	（未知）	1919	将教育融入到生活中
鹄沼小学校	神奈川县藤泽町	土方义道	1920	尊重个性、自主自学、自治自律
三国小学校	福井县	三好得惠	1920	男女共学、自主学习、自由研究
田原本高等小学校	奈良县	松井万藏	1920	自学自习、自律自治、自味自得
仓敷小学校	冈山县仓敷市	斋藤诸平	1921	自发教育、尊重个性
潮田小学校	横滨市	山田民臣	1921	自己发展、创造活动、自主学习
东京女子高等师范学校附属小学校	东京府	北泽种一	1921	实用主义、个别指导、现场训练 新教育研究、实验学校
成德小学校	鸟取县	矶江真太郎	1921	自治、自律、创造、尊重个性

203

续表

学校名称	所在地区	首任（改革）校长	创立（改革）时间	教育方针
广岛市高等女学校	广岛县广岛市	今堀友市	1922	重视体育，根据体质分班开展教学
神兴小学校	福冈县总像郡	力丸健象	1922	自律自管、爱护自然、尊重劳动
福岛第四小学校	福岛县福岛市	须田赫二	1922	个性教育、实用主义，推行道尔顿制
泷野川小学校	东京府	山崎菊次郎	1922	自主自觉教育
富士小学校	东京府浅草区	上沼久之丞	1923	创造教育、合科教学、相互讨论学习
东京府女子师范学校附属小学校	东京府小石川区	木下一雄	1923	尊重儿童发展，开展游戏式学习教育（幼儿园）、基础学习教育、自己学习教育（寻五）
田岛小学校	神奈川县川崎市	山崎博	1923	体验式教育、个性化教育
加茂小学校	新泻县加茂町	屋代新造	1923	尊重儿童发育规律，培养国际精神
万代小学校	新泻县新泻市	石田信次	1923	根据能力分班，自发主义教育
大原小学校	千叶县表隅郡	元吉亮	1923	尊重体验、操作、行动式教育，培养知行合一的学生
东京女子高等师范学校附属幼儿园	东京府	堀七藏	1923	让儿童快乐自由地发挥天性
儿童村小学校1	东京府下池袋	野口援太郎	1924	尊重个性发展，实行师生自治

续表

学校名称	所在地区	首任（改革）校长	创立（改革）时间	教育方针
深谷小学校	埼玉县大里郡	小林倭子	1924	将学校家庭化、社会化，尊重乡土教育
金津小学校	新泻县中蒲原郡	吉川钦造	1924	自发学习、尊重实际操作
德岛高等小学校	德岛县德岛市	安部清见	1924	领会主义教育、自觉自律
明星学园	东京府	赤井米吉	1924	真实、勤劳、协同、自觉
和田山小学校	佐贺县	川崎秀次郎	1924	实行道尔顿制、设置自由学习时间
今市中学校	栃木县	木桥傅治	1925	体会教育
第一泷户小学校	东京府南葛饰郡	斋藤荣治	1925	自律开展自己的生活、尊重直观获取的知识
自治讲习所	山形县	加藤完治	1925	生活指导、自治学习
友部国民高等学校	茨城县	加藤完治	1925	生活指导、自治学习
儿童村小学校2	兵库县芦屋市	樱井祐男	1925	自主自发学习、个别教育、各年级单独空间
清岛小学校	东京府浅草区	中村恒作	1925	自主自学、体会创造
丸森小学校	宫城县伊具郡	斋藤富	1926	儿童生活排在第一位、体验教育、学校生活社会化
鱼津小学校	富山县下新川郡	高濑政清	1926	自发学习、保健卫生、学校社会化、自治会

续表

学校名称	所在地区	首任（改革）校长	创立（改革）时间	教育方针
日光第一小学校	栃木县	平塚善次郎	1926	自发式学习、体会教育
育英小学校	东京府浅草区	泉田津平	1926	自主学习
浅草小学校	东京府浅草区	大西文太	1926	实现人格价值的创造、尊重个性
新堀小学校	东京府浅草区	坂本鼎三	1927	自觉自律、尊重个性
柳北小学校	东京府浅草区	小林茂	1928	尊重个性、自治自律、陶冶性情、儿童参与学校管理
自由丘小学校	东京府	手塚岸卫	1928	独自、协同、自学、自治、创造
三轮小学校	奈良县	吉田丰二	（未知）	自己活动、个别教育、勤劳作业
鹿儿岛小学校	鹿儿岛县鹿儿岛市	兼子镇雄	（未知）	自学自习、生活化、社会化、乡土化

注：以上信息来自日本图书中心出版的《大正新教育资料集成（第一辑·第三卷）日本的新学校1》；表中所列学校为全校性推行新教育改革的学校。

附录3

1921年教育学术研究大会（八大教育主张讲演会）会员名录

所属地区	姓名	所属地区	姓名
东京府	田渊巌	埼玉县	田口福藏
东京府	渊上圆	静冈县	林清一郎
静冈县	金子金夫	静冈县	西尾清三郎
静冈县	岩本健吉	静冈县	秋山春平
神奈川县	西方贞直	埼玉县	今井守次郎
神奈川县	市川幸太郎	埼玉县	新井诚一郎
神奈川县	金木彦四郎	埼玉县	松尾房雄
东京府	富樫银作	埼玉县	新井近三
三重县	大矢善一郎	兵库县	种间新八
山形县	地主範土	神奈川县	坪田英俊
神奈川县	露木重滕	神奈川县	高岛光太郎
神奈川县	相泽善三	神奈川县	伊藤敏三郎
神奈川县	宫崎元吉	神奈川县	浅叶政五郎
神奈川县	东山善晓	神奈川县	星野增藏
神奈川县	柏木和夫	神奈川县	横山长治
神奈川县	金坂间卫	神奈川县	渡部一郎
神奈川县	梅泽家藏	爱知县	青山新次郎
神奈川县	寺内时二	爱媛县	幸野岩雄
神奈川县	森本正三	秋田县	饭塚兵治
神奈川县	黑川统三	爱知县	森本司马

续表

所属地区	姓名	所属地区	姓名
大阪府	清水祐雄	茨城县	小昭俊治
大阪府	八田繁信	千叶县	石渡仙藏
大阪府	奥田正三	千叶县	山本滕佑
大阪府	河合义门	千叶县	吉田谦三
爱知县	吉见安太郎	三重县	藤井弥平太
京都府	笹川庆助	岩手县	小川口长
神奈川县	山崎博	山梨县	山下昶
大分县	足立权次郎	广岛县	奥元小一
大分县	富来丰彦	广岛县	山井丰
山口县	小野安人	富山县	中田宪政
山口县	绳田正三	千叶县	川村司
山口县	原田光太郎	岐阜县	永屋正男
山口县	佐佐木丈夫	静冈县	冈田喜重
山口县	伊东竹次	静冈县	村松升
山口县	田中美则	静冈县	宫津文治
山口县	尾山傅次	长野县	柿崎诚
山口县	河野启一	长野县	塚本绩
山口县	冈部次郎	京都府	大规正美
大阪府	长谷川真徹	京都府	芦田作二
神奈川县	杉山政治	兵库县	粟井卯太治
神奈川县	小山清亮	兵库县	小森作治
神奈川县	田中银藏	兵库县	藤岛弘
三重县	大川翁	兵库县	新井义和
三重县	村田坚次	兵库县	辰塚信一
山口县	繁富健介	兵库县	小滨正之
宫城县	小梨贤	和歌山县	平野岩吉
滋贺县	伊庭庄三郎	爱知县	浅井健次郎
滋贺县	佐佐木信隆	爱知县	桥本新次

<<< 附录3　1921年教育学术研究大会（八大教育主张讲演会）会员名录

续表

所属地区	姓名	所属地区	姓名
滋贺县	吉武佑信	爱知县	足田滨次
滋贺县	内田忠彦	鸟取县	长尾宽治
宫崎县	河野秀三	鸟取县	水户义太郎
山形县	伊东喜三郎	群马县	宫川敬一郎
山形县	铃木佐伊	群马县	关田四郎
山形县	远藤良	群马县	根岸宾治
山形县	黑田文助	群马县	田村龟三郎
秋田县	后藤光三	群马县	户部保
群马县	小渊孟治	滋贺县	野口卫太郎
群马县	小野冢由之助	滋贺县	中岛重行
新泻县	斋藤仁二	滋贺县	宫川宗八
埼玉县	汤浅富藏	滋贺县	太田源一
爱知县	井村三郎	滋贺县	井口信藏
爱知县	增田陆郎	滋贺县	西村兴市郎
爱知县	穗积淑雄	三重县	垣内兼治郎
爱知县	小川完三	三重县	池田周治郎
爱知县	落合荣吉	三重县	增森彦兵卫
和歌山县	早川敏	三重县	森中善右卫门
和歌山县	寺田真一郎	鸟取县	陶山庆纳
熊本县	古川强男	千叶县	星野庆之
新泻县	林滕之助	秋田县	赤坪为藏
福岛县	酒井喜滕	静冈县	武田贤一
宫崎县	千叶正三	神奈川县	须藤市太郎
青森县	广田夫	埼玉县	森泉泰助
青森县	小笠原善次郎	东京府	关友治
千叶县	宫本五郎	东京府	内田集人
爱媛县	牧野井吉	爱知县	金子真五郎
东京府	高村广吉	爱知县	吉田义二

209

续表

所属地区	姓名	所属地区	姓名
石川县	竹内石太郎	爱知县	渡会喜七
三重县	西岛夷治郎	爱知县	手岛精一
滋贺县	上田义则	爱知县	河野彭雄
广岛县	杉广快藏	山梨县	藤原藤次
广岛县	柳坪东一	长野县	野口茂
广岛县	横田彦夫	岩手县	山村松之助
新泻县	野村卓雨	新泻县	大仓正平
新泻县	佐藤良治	爱知县	神谷国岛
新泻县	斋藤成己	福冈县	香月为忠
福井县	林正	山梨县	中岛岩晴
兵库县	小岩章雄	神奈川县	清水美雅
岐阜县	福井庄一	神奈川县	山口荣一
爱知县	大矢楠太郎	福井县	高桥清滕
新泻县	山崎竹次郎	福井县	木村政澄
新泻县	大桥敏	新泻县	山岸秀夫
新泻县	坚田正吾	滋贺县	小川勇
福井县	黑田岩	滋贺县	浅名正男
香川县	大久保正雄	滋贺县	建部健吉
香川县	松原正市	滋贺县	田村孙右卫门
香川县	岩部衡	神奈川县	赤田正一
香川县	高桥彦五郎	神奈川县	斋藤元近
香川县	安藤达	神奈川县	栗原义助
香川县	真锅浅吉	神奈川县	高桥明三
鹿儿岛县	中西操	神奈川县	志村俊雄
静冈县	近江义成	神奈川县	金子松平
静冈县	永田一郎	神奈川县	渡濑角右卫门
静冈县	增田广一	神奈川县	石棉至
兵库县	正司立三郎	神奈川县	林田智源

<<< 附录3 1921年教育学术研究大会（八大教育主张讲演会）会员名录

续表

所属地区	姓名	所属地区	姓名
兵库县	菅野宗一郎	神奈川县	上杉定础
佐贺县	铃田清	神奈川县	市川得成
长野县	武田真由美	神奈川县	大矢初治
宫城县	佐佐木信平	神奈川县	中岛健司
宫城县	阿部健男	神奈川县	铃木宗治
神奈川县	小野富三郎	青森县	斋藤敏之
群马县	野村良雄	青森县	大井一则
群马县	松井梅司	山梨县	古屋真清
北海道厅	平原直嘉	山梨县	广濑源信
山梨县	广濑久寿	千叶县	野口茂一
宫城县	佐佐木杰	爱知县	林广一郎
宫城县	菅原泰显	鹿儿岛县	桦山丰次
宫城县	千叶宗助	三重县	原文一
京都府	中川谦次	三重县	冈木喜七
福岛县	阿部聪	三重县	藤田史郎
富山县	狄生纹三郎	大分县	藤本久治
山口县	中川健一	大分县	北村兴六
山口县	弘中贤一	大分县	鹿岛正树
山口县	佐川源一	大分县	江原源
山口县	安野广松	爱媛县	弓立成人
和歌山县	濑越勇太郎	爱知县	早川定八
爱知县	中野锭助	爱知县	铃木德成
爱知县	加藤英一	爱知县	山下直藏
爱知县	佐藤国治	爱知县	久保鹤清
石川县	升田公治郎	爱知县	梅田岩次郎
石川县	小西政一	北海道厅	小田鸠英雄
兵库县	须田敬义	北海道厅	千叶徹
福冈县	十时浒	广岛县	奥村雄夫

续表

所属地区	姓名	所属地区	姓名
爱媛县	片冈一雄	广岛县	西田利夫
爱媛县	松良光南	广岛县	渡边政治
东京府	中岛义平	长崎县	代田义政
东京府	下条清作	兵库县	谷口真一
东京府	岩崎保	兵库县	片山章
东京府	规木仓基	兵库县	高坂源二
埼玉县	石川米藏	山形县	手塚三郎
埼玉县	岩崎隆	长野县	伊藤嘉根吉
千叶县	川名真次郎	宫城县	高桥秀平
千叶县	松崎节	宫城县	笠间良一
神奈川县	小鸠牧治	神奈川县	小鸠牧治
神奈川县	井上幸八	岐阜县	松野义隆
神奈川县	坂仓哲太郎	岐阜县	栗田库三郎
神奈川县	野村一	岐阜县	安部三知
神奈川县	上志太亲治	岐阜县	金森顺二
神奈川县	黑濑藤太郎	岐阜县	伊藤友治
神奈川县	守屋佑广	岐阜县	木村东三郎
神奈川县	云井麟敬	岐阜县	三轮岩雄
神奈川县	小山义治	岐阜县	若山万吉
神奈川县	菊池鬼松	大阪府	抱正一
神奈川县	樱井念	大阪府	泽源太郎
神奈川县	井上良造	大阪府	阿增寿一
神奈川县	比企光雄	群马县	高坂仲重郎
神奈川县	朝仓敬一	埼玉县	田部井理介
神奈川县	武井幸治	三重县	东善二
神奈川县	守屋宣英	三重县	藤本胜
神奈川县	猪俣竹次郎	三重县	桃井隆康
神奈川县	森孝太郎	东京府	吉本俊二

<<< 附录3　1921年教育学术研究大会（八大教育主张讲演会）会员名录

续表

所属地区	姓名	所属地区	姓名
神奈川县	高梨干雄	北海道厅	越前兴三郎
神奈川县	鸠尾仓造	北海道厅	松本千家罗
京都府	冈田长兵卫	岛根县	小泽吉次郎
岐阜县	小里赖二	冈山县	金田基
岩手县	龟山慈贤	冈山县	美甘官二
岩手县	但木秀夫	熊本县	宫本瑞穗
福冈县	荒川秀雄	熊本县	永村吾
千叶县	大竹茂	秋田县	小泽长次郎
山形县	铃木孝次郎	爱知县	山下傅之助
静冈县	樱井宽一	爱知县	下乡喜作
静冈县	须部福市	大分县	指原质
静冈县	高林薰	爱媛县	秋森猛男
爱媛县	藤田光乡	栃木县	秋原重造
宫城县	菅原恒助	富山县	上井兴四
宫城县	山本敏郎	富山县	八田长三
宫城县	青木利器男	富山县	岛宪二
兵库县	大村智哉	福井县	加藤兴治郎
兵库县	土桥保	福井县	大泽翠
兵库县	杉上又治	福井县	广濑均
神奈川县	石井敬太郎	埼玉县	雉冈谦
神奈川县	龙崎喜一藏	埼玉县	坂本秀
群马县	长谷川卓郎	冈山县	犬饲柏太郎
群马县	木暮市太郎	冈山县	山上香
群马县	茂木东四郎	冈山县	土井嘉藏
群马县	坂井宗一	冈山县	名越照夫
群马县	菅沼宽	三重县	稻垣久吉
群马县	鬼井幸男	三重县	松井定吉
群马县	高木昌	三重县	福森定佶

续表

所属地区	姓名	所属地区	姓名
群马县	岛山彪	鹿儿岛县	筑地健吉
群马县	五十岚留吉	大分县	江原亮太郎
广岛县	平川信男	青森县	高松小一
广岛县	坂本丰太	和歌山县	寺中光义
京都府	桐山德重	和歌山县	高冈胜之进
京都府	村山朗	千叶县	军塚信雄
京都府	森口喜平治	千叶县	栗原治平
新泻县	林贤遵	千叶县	广濑金八
岐阜县	山田丰作	千叶县	田中松次郎
岐阜县	田内忠夫	千叶县	金亲久三郎
岐阜县	花村恒二	鸟取县	岸本惣吉
岐阜县	花村孝三	岩手县	乡家永三郎
岐阜县	后藤源之丞	岩手县	铃木军太
福井县	领岩雄	秋田县	铃木松江
福井县	在藤升一	秋田县	下间织之助
山梨县	山本健作	秋田县	馆冈里藏
山梨县	手塚利明	秋田县	工藤敏也
京都府	关口正助	秋田县	小松久太郎
京都府	小泉辉三郎	宫城县	礼岛松治
京都府	北川次郎	岐阜县	小仓贤
神奈川县	小泉健作	爱知县	久米增一
神奈川县	渡边市五郎	大阪府	安川多味藏
神奈川县	会田庆司	京都府	监见久三郎
神奈川县	波多野肇	奈良县	川本新太郎
神奈川县	蛎子恭一	山口县	秋贞时弄
长野县	大森利求治	静冈县	田中英一
爱知县	武林圆二	静冈县	山下英一
爱知县	恒川仓吉	静冈县	中野务

<<< 附录3 1921年教育学术研究大会（八大教育主张讲演会）会员名录

续表

所属地区	姓名	所属地区	姓名
静冈县	增田重平	静冈县	池田佑一
静冈县	松田宇助	静冈县	金原英一郎
东京府	渡边国三郎	神奈川县	二见喜三郎
东京府	高木重之	神奈川县	内田藤次郎
东京府	斋藤坤平	滋贺县	辻一郎
爱媛县	阿部贤	滋贺县	川村傅三郎
爱媛县	近藤魁	茨城县	三谷三卫
爱媛县	香川严二	茨城县	川澄正之助
爱媛县	赤松贤吉	千叶县	林雅雄
爱媛县	渡部章	千叶县	古川哲三
岩手县	松德三郎	千叶县	奈良敬一
岩手县	千叶周右卫门	群马县	大田秋治
兵库县	芦骨俊次	群马县	小池原重郎
兵库县	三宅正雄	群马县	上原治郎
长崎县	小野田增市	岐阜县	竹内佳又
长崎县	丸田信三	岐阜县	浅井高信
福井县	下鸠虔雄	岐阜县	西村正己
和歌山县	鸟居胜彦	岐阜县	渡边今次郎
福冈县	安仲仪六	鸟取县	田渊虎藏
福冈县	入江觉	鸟取县	田边文三郎
高知县	千头小次郎	长崎县	尾崎胜吉
高知县	竹村直治	长崎县	森山英
静冈县	增田猪平	长崎县	鹤羽美一
静冈县	河合信	爱知县	不破弘
静冈县	铃木荣一郎	千叶县	长谷川菊次郎
山口县	京梨并枝	新泻县	平田政吾
山口县	白石正助	三重县	松山辻五郎
山口县	水富三治	兵库县	樋泽金三郎

215

续表

所属地区	姓名	所属地区	姓名
宫城县	岩崎真谦	神奈川县	斋藤隆之助
宫城县	高岛文之助	神奈川县	大谷茂
大分县	小野丰彦	神奈川县	渡边千万太郎
大分县	三浦山麓	神奈川县	和天磨典
京都府	汤浅政次郎	兵库县	井上胜则
京都府	竹原鹤吉	宫城县	青木作藏
京都府	宫崎暮一郎	宫城县	加藤大三郎
京都府	井上弘	宫城县	加藏义雄
京都府	鹳藤几太	滋贺县	井上觉一
冈山县	神元动	滋贺县	小川常太郎
冈山县	津田龟吉	滋贺县	井垣周一
广岛县	丸谷义一	滋贺县	安井真治郎
广岛县	大藤史	滋贺县	藤田吉治郎
广岛县	三好茂夫	滋贺县	美浓部基
秋田县	大村利男	福井县	仓桥己代治
秋田县	小林佐之助	群马县	布川英二
广岛县	北村金藏	爱媛县	松浦保雄
广岛县	多尾义太	爱媛县	前田穗积
广岛县	三上达治	冈山县	名越丸
福冈县	市吉加夫	冈山县	坪井岩一
熊本县	荒木乔	山口县	五十部良亮
熊本县	尾越实济	山口县	三隅信次郎
熊本县	松本理一郎	山口县	大谷实敏
北海道厅	西山升一	福岛县	佐佐木藤作
福冈县	尾原颖二	广岛县	河内繁郎
爱知县	下乡五郎	滋贺县	前川仲三郎
秋田县	伊藤三郎	滋贺县	美浓部尚守
秋田县	铃木教藏	福井县	宫川末

<<< 附录3 1921年教育学术研究大会（八大教育主张讲演会）会员名录

续表

所属地区	姓名	所属地区	姓名
神奈川县	福井德太郎	岩手县	山田正助
神奈川县	山室英治	岩手县	菊池荣太郎
神奈川县	阿部访仁吉	岩手县	藤野滨
山梨县	中田正义	岩手县	菅野勇
山梨县	有泉二朔	三重县	中井小十郎
山梨县	保坂市郎	岐阜县	吉村正一
静冈县	山本哲次郎	岐阜县	小见山博彦
奈良县	池田九市郎	岐阜县	花村信一
奈良县	仓田菊太郎	福冈县	市木浒雄
奈良县	西宫秀一	新泻县	皆川清藏
京都府	河村麻次郎	新泻县	薄田多七
京都府	木濑一雄	新泻县	屋代武雄
京都府	谷本三郎	新泻县	佐佐木宪雄
京都府	上田藤吉	兵库县	中川谨逸
奈良县	藤冈光藏	兵库县	渊上政吉
千叶县	鹈泽武夫	兵库县	臼井敏夫
兵库县	冈田用之助	福井县	小林仪三郎
神奈川县	原彦次郎	福井县	高森藤太郎
神奈川县	原政吉	福井县	山崎兴三郎
神奈川县	坪本善国	福井县	伊藤斋
神奈川县	池田福太郎	福井县	辻本九郎
神奈川县	松泽由贞	福井县	清水孙四郎
神奈川县	高野喜助	福井县	前田良一
神奈川县	亚丽清八	福井县	吉田元
神奈川县	栗原惠吉	福井县	竹野敬秀
神奈川县	铃木重一	福井县	伊吹伊太郎
神奈川县	古谷正三	福井县	岩井武太郎
神奈川县	小鸠条治	福井县	小泉常次郎

续表

所属地区	姓名	所属地区	姓名
秋田县	下田郁夫	福井县	小泽哲翁
宫城县	大召良雄	北海道厅	今野兼次
宫城县	作间达儿	熊本县	笹原英三郎
山梨县	五味文藏	熊本县	栗今知学
爱知县	土屋喜重	福冈县	福间义雄
静冈县	弓家田良平	福冈县	关市次郎
鹿儿岛县	爱甲静彦	福冈县	大贺一海
宫崎县	小城素	爱媛县	野中高吉
熊本县	福田富士藏	爱媛县	西冈敏夫
熊本县	寺田佐平	爱媛县	石村俊一郎
熊本县	滨田宾	爱媛县	德山音三郎
熊本县	黑原义男	爱媛县	宫石一
熊本县	井关学	爱媛县	井上卓美
福井县	寺田三鹳	爱媛县	秋山夏雄
福井县	高田治三郎	香川县	石川和夫
福井县	小林庄三郎	东京府	福居留吉
福井县	安田庄吉	广岛县	竹本庆造
广岛县	冈村民二	群马县	崛口舍次郎
岛根县	大西甲子次	群马县	三田吉次郎
岛根县	门协兴七	群马县	饭鸟庄吉
和歌山县	广田庄太郎	埼玉县	吉田隆喜
和歌山县	赤井基太郎	埼玉县	香取真一
和歌山县	高塚友成	埼玉县	川崎吉藏
兵库县	福原尚武	神奈川县	森六郎
兵库县	稻冈文雄	千叶县	佐久间晃
兵库县	田义一郎	大分县	安部忠治
岐阜县	野田亮	大分县	首藤茂
静冈县	大久保京重	北海道厅	酒井修二郎

<<< 附录3 1921年教育学术研究大会（八大教育主张讲演会）会员名录

续表

所属地区	姓名	所属地区	姓名
静冈县	牧泽克二	北海道厅	增山杰
青森县	川村健吉	北海道厅	隅田正义
青森县	穴泽敏夫	北海道厅	大沼广
宫城县	猪又清志	北海道厅	高梨织广
宫城县	三塚正	北海道厅	日高观
富山县	寺尾武一	北海道厅	横尾靖男
山梨县	藤本一夫	鹿儿岛县	水间喜也
山梨县	本庄彦五郎	鹿儿岛县	玉利源雄
群马县	高濑泰作	鹿儿岛县	田中义三
群马县	森田保三	熊本县	中鸠孝友
群马县	越泽仁十郎	熊本县	岩永卓
群马县	井上伊势次郎	福冈县	田中仪三郎
群马县	寺鸠练二	福冈县	立屋敷冈吉
群马县	川田千右卫门	福冈县	藤好定禧
群马县	森武一郎	广岛县	林山太郎
群马县	近藤长作	广岛县	森协辨市
群马县	市沼友藏	山口县	山本信雄
群马县	坂本八十八	山口县	田中雪雄
山口县	小泽信吉	冈山县	石津昌
山口县	师井各江	冈山县	松本间兄
山口县	隅田勇	香川县	高桥义应
山口县	上野和夫	香川县	植村政一
山口县	山根正人	香川县	井原仲次
山口县	市川保	和歌山县	室家正之助
冈山县	相田定	和歌山县	岩桥政右卫门
兵库县	藤森久吉	和歌山县	古谷金喜
兵库县	松本义隆	和歌山县	井藤政六
兵库县	岸本伊知次	三重县	杉野仙三

续表

所属地区	姓名	所属地区	姓名
兵库县	松山俊次	滋贺县	林纯二
三重县	藤井今次狼	京都府	坪林治常
福井县	山田安	京都府	小谷敏朗
山形县	坂垣季治	京都府	坪松好朗
山形县	加藤景介	大阪府	山本义光
群马县	细川伊豫太	大阪府	夏本德治
鹿儿岛县	胜常三	大阪府	道古仁兵卫
鹿儿岛县	福田宾义	大阪府	饭室六雄
鹿儿岛县	今村成光	大阪府	佐纳秀雄
熊本县	笹原末吉	大阪府	桑山大亮
福冈县	森高岩夫	爱知县	野田清
福冈县	石川经成	爱知县	木村金德
岛根县	周木贤宽	爱知县	加藤幸之助
岛根县	福间亮介	福井县	长谷川恒三
岛根县	坂本木立	山形县	铃木武一
岛根县	中原茂保	岩手县	菊池武毅
岛根县	加藤茂	岩手县	菊池藤吉
山口县	多根昌太郎	秋田县	大野吉之助
冈山县	片冈定四郎	秋田县	佐野正名
秋田县	小川千代治	福冈县	古贺代木
秋田县	市崎寻部	福冈县	森高卯八郎
宫城县	高桥良男	福冈县	田中耕介
宫城县	黑泽参男	福冈县	调汤辅
福岛县	昂宿论	山口县	山野井九一
新泻县	中村宽秀	山口县	重富贞二
茨城县	张替芳之助	山口县	石原英
千叶县	切替敏雄	山口县	龟井静一
神奈川县	佐野诚一	山口县	中村宾一

<<< 附录3 1921年教育学术研究大会（八大教育主张讲演会）会员名录

续表

所属地区	姓名	所属地区	姓名
神奈川县	赤地岩太郎	山口县	内野真一
神奈川县	小岛八五郎	广岛县	藤井志六
神奈川县	足利嘉一	冈山县	河村富一
神奈川县	宫本银一	冈山县	桂章二
神奈川县	谷间勇	爱媛县	野村政美
神奈川县	藤间睦治	爱媛县	添田治郎
神奈川县	小西良	爱媛县	大西坚九郎
神奈川县	朝仓恭二	高知县	池泽幸治
神奈川县	滨田久吉	香川县	平木勘次郎
神奈川县	鸟海幸助	香川县	田内藤三郎
神奈川县	柳泽竞雄	香川县	今泽新藏
神奈川县	高桥高治郎	香川县	石川胜彦
神奈川县	保田林三	和歌山县	岸卫德雄
神奈川县	佐野董司	和歌山县	森庆三
神奈川县	饭塚桥三郎	兵库县	菅内梅一
神奈川县	山本盛太郎	兵库县	岛本文雄
神奈川县	北井宾	兵库县	宫本馨
神奈川县	榛泽秀雄	兵库县	小县哲夫
东京府	松谷诚作	大阪府	斋藤岛太郎
大阪府	竹村雄二郎	北海道厅	村云季夫
京都府	由利松治	北海道厅	富间武夫
三重县	中川林助	北海道厅	高口久次郎
三重县	中西了教	长崎县	山口源治
三重县	新堂勘治郎	熊本县	佐川长八
滋贺县	日向清藏	熊本县	北野弘树
爱知县	山本登	熊本县	水本清
静冈县	松下富彦	熊本县	黑田隆治
静冈县	山下五三郎	福冈县	中野武男

续表

所属地区	姓名	所属地区	姓名
北海道厅	月馆正史	爱媛县	金子久吾
秋田县	工藤宇之助	爱媛县	高山一三
岩手县	小濑川富太	香川县	福井庄三郎
岩手县	菊池敏	德岛县	冲义卫
福岛县	森最	鸟取县	石塚重治
茨城县	黑泽哲二	鸟取县	秀本真一
新泻县	山崎昌治	广岛县	河原义雄
新泻县	渡边八十一	广岛县	尾原寅一
埼玉县	浅野庄次郎	冈山县	三上泰
埼玉县	金子喜一郎	秋田县	秦政治
千叶县	加茂信亲	秋田县	大贯理喜之助
神奈川县	金子米次郎	山形县	铃木贤五郎
东京府	会美尚之助	岩手县	八重坚忠郎
东京府	沼田秋次郎	新泻县	高井九八
奈良县	藤田清二郎	新泻县	关原芳名
岩手县	昆忠太郎	新泻县	白银贤瑞
山梨县	五味笃	和歌山县	上手惣平
北海道厅	小鸠勇治郎	和歌山县	滨新藏
北海道厅	坂本象平	三重县	后吕庄三郎
北海道厅	菅野谷信次	三重县	山门伦
三重县	增子利晴	三重县	福田太郎
三重县	猿木兴平	北海道厅	斋藤品陀万吕
三重县	横山德三	北海道厅	政井三郎
三重县	神崎正之	鹿儿岛县	稻森杨村
三重县	渡濑畿	鹿儿岛县	山元正义
三重县	铃木盛重	熊本县	牧政
三重县	田中义一	长崎县	山口合吉
三重县	安井直康	福冈县	志波启一

<<< 附录3 1921年教育学术研究大会（八大教育主张讲演会）会员名录

续表

所属地区	姓名	所属地区	姓名
三重县	川村敬重	福冈县	中野德市
三重县	秋原荣三郎	福冈县	岩本忠
三重县	福浦弥太郎	福冈县	横田半兵卫
三重县	东守一	福冈县	矢野久
三重县	西甚之丞	福冈县	川波幸太郎
岐阜县	坚野德右卫门	福冈县	入江浩
岐阜县	原重治	大分县	木边重幸
千叶县	别所滋一	佐贺县	中鸠觉次
千叶县	佐佐木弘会	佐贺县	田中五郎
千叶县	加茂泰亲	佐贺县	名护屋隆昌
东京府	樋渡广	佐贺县	古贺广市
山形县	伊藤信光	青森县	长峰清督
岛根县	井口保次郎	岩手县	铃木兼三
北海道厅	今野醇	高知县	和田二郎
神奈川县	涉谷祝造	高知县	田村义彦
长崎县	山口武	高知县	今村重孝
群马县	大鸠久太郎	高知县	永野常久万
宫崎县	中田秋太郎	高知县	山本宾
福井县	石桥安太郎	德岛县	助田盛逸
北海道厅	樋口泰	香川县	末泽市之进
北海道厅	小村进	香川县	汤浅勘五郎
北海道厅	山田俊夫	三重县	崛家兴一
香川县	高桥九市	佐贺县	大原元吉
广岛县	中泽容	佐贺县	种村吉三
广岛县	桑田茂雄	佐贺县	雨村富藏
广岛县	芦田胜一	佐贺县	西谷恒照
广岛县	藤田正人	岐阜县	田口诚三
广岛县	增川唯一	静冈县	栗天彦八

续表

所属地区	姓名	所属地区	姓名
广岛县	先城十三郎	静冈县	太田宙平
广岛县	藤井勉三	静冈县	小泽龟一
广岛县	本田信市	静冈县	田边卯作
广岛县	坚村辨市	静冈县	小坚敬助
广岛县	西尾德男	静冈县	米山敬雄
岛根县	奈古屋家谦	静冈县	小田信次郎
岛根县	石桥通	静冈县	和久田仪市
岛根县	石川岩市	静冈县	泽井兼吉
岛根县	村尾仲利	静冈县	山田光男
岛根县	能美重治	宫城县	富山仁
岛根县	福井真	宫城县	佐佐木匡
和歌山县	川久保得三	宫城县	斋藤傅兵卫
兵库县	八幡盛海	宫城县	斋藤善三郎
兵库县	川西正雄	宫城县	伊东真雄
兵库县	大谷保雄	宫城县	片平六弥
爱知县	久野武之	新泻县	名田长次郎
爱知县	竹内顺一	新泻县	松井敬
三重县	森口芳一	新泻县	岩野启次郎
三重县	吉冈芳郎	茨城县	富田繁
三重县	大西吉右卫门	茨城县	古川庄太郎
三重县	中村德太郎	神奈川县	村上菊丸
三重县	和田藤八	神奈川县	轻部雅太郎
神奈川县	村内淳一	神奈川县	伊藤兴八
埼玉县	武田司郎	兵库县	井上繁次
埼玉县	水越春吉	兵库县	樱井三二
埼玉县	古川直吉	兵库县	三田好良
千叶县	森孝	兵库县	吉田谅三
千叶县	石田升	兵库县	仓谷金三

<<< 附录3 1921年教育学术研究大会（八大教育主张讲演会）会员名录

续表

所属地区	姓名	所属地区	姓名
北海道厅	氏家丑治郎	京都府	小林德市
北海道厅	稻垣信幸	京都府	和田信玄
鹿儿岛县	川原园生吉	滋贺县	藤井秀太郎
鹿儿岛县	龟田国治	滋贺县	加藤尚节
宫崎县	冈留新广	滋贺县	清谷增渊
长崎县	须崎英王	和歌山县	松田金重
长崎县	寺崎嘉之	新泻县	新井宽助
熊本县	平井丰登	三重县	佐协桥次郎
熊本县	矢下义辉	三重县	樋回重五郎
熊本县	中鸠敬之	三重县	井口二郎
熊本县	大馆信广	三重县	中川重夫
熊本县	江藤勇喜	三重县	伊藤清内
熊本县	田中义治	三重县	早川濑平
大分县	辛鸠名	三重县	藤本浅郎
高知县	岛本健太郎	三重县	藤原丰昭
香川县	竹内宇三郎	静冈县	高良伊平
爱知县	福濑川雄司	静冈县	池端仪一郎
山口县	江本谦介	静冈县	川出五一
山口县	畿部清一	静冈县	斋藤丰
山口县	安村呈介	静冈县	星野织弥
山口县	福田重郎	静冈县	冈野德右卫门
山口县	小田正助	青森县	今井孝
冈山县	小田伊右卫门	宫城县	氏家弘造
冈山县	中村信康	茨城县	野上有造
茨城县	大川兴三郎	奈良县	中山胜之助
群马县	森百次郎	奈良县	片冈藤太郎
群马县	岩井武治	奈良县	殿村一雄
埼玉县	原精一	奈良县	土屋孙一郎

续表

所属地区	姓名	所属地区	姓名
埼玉县	出井金治	三重县	马场光男
神奈川县	永井福治	兵库县	汤原平吉
千叶县	德山盛智	兵库县	尾川增一
千叶县	牧野甚一郎	滋贺县	北村庆二
千叶县	石川胜三郎	滋贺县	蜷川四郎
千叶县	崛切友雄	爱知县	石川正一
千叶县	黑川奈加司	爱知县	山本荣吉
东京府	坂口丰藏	静冈县	市川国一郎
东京府	小鸠清宾	静冈县	井浪末男
东京府	铃木恒治	静冈县	太田喜一
北海道厅	川村千代治	静冈县	坚泽嘉久男
北海道厅	富永荣藏	静冈县	冈本丰
鹿儿岛县	角仁藏	静冈县	内山勇
鹿儿岛县	森下兴吉	静冈县	铃木龄策
熊本县	鹿尾末雄	福井县	平岛学
佐贺县	宫崎廉	石川县	桥本荣三郎
宫崎县	关屋袈裟次郎	新泻县	渡边新吉
宫崎县	月高匡	宫城县	长谷川安一
爱媛县	野鸠秀义	长野县	朝比奈正
岛根县	三上云海	秋田县	今野忠藏
鸟取县	关盛太郎	宫城县	富泽寅夫
鸟取县	宫代好介	群马县	浦部辉
鸟取县	足羽文介	群马县	井上宾平
广岛县	石冈直太郎	千叶县	中村卓雨
广岛县	长升三	千叶县	秋元满藏
千叶县	桥本正	香川县	大浦久雄
神奈川县	山崎佐	大阪府	石田末吉
东京府	高桥卯之助	大阪府	西村武雄

<<< 附录3 1921年教育学术研究大会（八大教育主张讲演会）会员名录

续表

所属地区	姓名	所属地区	姓名
东京府	安藤太三郎	大阪府	佐井万次郎
东京府	松谷丰秀	滋贺县	北岸喜三郎
东京府	本桥清	三重县	山出善次郎
德岛县	手束逸树	三重县	福永哲造
北海道厅	竹内觉成	三重县	城喜一郎
北海道厅	釜泽寿一	三重县	隐岐丰三
鹿儿岛县	川田政嘉	岐阜县	尾川浅次郎
熊本县	南尚治	爱知县	佐藤白重郎
宫崎县	工藤秋三郎	山形县	铃木精一
宫崎县	黑木重邦	岩手县	松森平吉
佐贺县	中鸠喜九郎	枥木县	增田保太郎
大分县	东楠湖	新泻县	高稿隆吉
大分县	横光武义	新泻县	新井德次郎
大分县	野田浦	新泻县	新井喜助
山口县	水井藤一	福井县	坪川横三
山口县	小川正寿	长野县	吉谷郁三
兵库县	熊本健太郎	静冈县	伊藤仪一
兵库县	服部三郎	群马县	斋藤竹次郎
奈良县	鸣濑义信	神奈川县	木村茂利
奈良县	寺下平一	神奈川县	加藤颖治
奈良县	福鸠独二	神奈川县	河野高三郎
高知县	冈林繁吉	神奈川县	岩崎幸太郎
香川县	久保计一	千叶县	土屋俊次郎
香川县	西川健雄	福岛县	廉田寺弥
香川县	柴田小四郎	北海道厅	尾久才吉
香川县	久保一二	神奈川县	竹内良治
神奈川县	志村吉藏	枥木县	龙田谦治
神奈川县	石棉庆辅	岐阜县	西村时二

续表

所属地区	姓名	所属地区	姓名
广岛县	中川宪造	神奈川县	吉田义富
鹿儿岛县	小国仙次郎	爱知县	广濑冈太郎
北海道厅	泉野正吉	爱知县	八重垣辉吉
熊本县	涉谷金元	奈良县	冈本新七郎
广岛县	奥河惣之助	茨城县	金子为之辅
广岛县	丙田稔	神奈川县	米本秀吉
鹿儿岛县	武直隆	神奈川县	龟田薰
福冈县	高森胜	京都府	夜久光三郎
神奈川县	都筑良吉	京都府	丰田义夫
东京府	近野启	山梨县	小松理吉
神奈川县	大原三藏	兵库县	内藤雄太郎
神奈川县	石川平八	宫城县	小山松郎
神奈川县	细野鹤代	冈山县	小富幸吉
神奈川县	三村信吉	东京府	重田千藏
静冈县	广住硕次郎	山形县	远藤英吉
神奈川县	小岛省三	山形县	森仪三郎
神奈川县	鹈养织卫	奈良县	大场银五郎
神奈川县	森兼太郎	奈良县	桥本源之进
神奈川县	高桥健次郎	奈良县	伊川龙藏
神奈川县	西城运作	东京府	子吉武次
三重县	松本敬介	长野县	曾根川千治郎
三重县	山川良雄	奈良县	福塚平七
三重县	杉野茂平	奈良县	奥田恒三
三重县	西垣弘介	滋贺县	后藤荣之进
三重县	吉田芳雄	滋贺县	竹村达夫
三重县	田口长兵卫	冈山县	须田一郎
爱知县	松井鹰之助	香川县	河地岩太郎
爱知县	中神准一	香川县	森觉治郎

<<< 附录3　1921年教育学术研究大会（八大教育主张讲演会）会员名录

续表

所属地区	姓名	所属地区	姓名
爱知县	丸山彦	岛根县	勇木雄吉
栃木县	船生一郎	爱知县	中北武助
栃木县	吉田可行	爱知县	佐藤英雄
香川县	大西伊太郎	爱知县	菊田顺治郎
香川县	横井新太郎	爱知县	吉川重男
秋田县	根本肇	宫城县	胜崎猪之助
千叶县	高桥新太郎	新泻县	各务省吾
石川县	中川富士郎	山形县	原田银作
冈山县	神崎松次	三重县	铃木德一郎
山形县	斋藤肇	三重县	斋藤惠吉
岛根县	胜部从道	三重县	菅沼良三
岛根县	滨田靖彦	三重县	小林美雄
兵库县	有方敬次	三重县	尾野五郎
兵库县	高桥薰	滋贺县	须藤光治郎
兵库县	高桥势多	神奈川县	武田治三郎
兵库县	奥平丰治	大阪府	斋藤清一
兵库县	柏原米治	大阪府	奥田繁延
兵库县	藤永庚子郎	长野县	白鸟绫太郎
兵库县	藤本岩	静冈县	增田义男
兵库县	山内万次郎	爱媛县	曾我部显一
东京府	原田森吉	京都府	吉良忠
东京府	佐久间佐治右卫门	京都府	池边为治
东京府	来岛多藏	广岛县	远藤敬一
三重县	能势十郎	山形县	近藤小一郎
京都府	水原满兄	兵库县	北川定治
香川县	小林周吉	兵库县	山本善平
兵库县	佐藤庆雄	岩手县	田野崎久雄
兵库县	田中雄次	广岛县	奥田赘市

续表

所属地区	姓名	所属地区	姓名
香川县	平尾常吉	青森县	大泽新吾
香川县	大塚政市	山口县	村正久郎
香川县	栗田菊次	富山县	番匠秀次
香川县	加纳正则	冈山县	中村孝平
爱知县	松川峰三郎	冈山县	北村寿吉
爱知县	野村信之	广岛县	藤田繁夫
神奈川县	长岛金藏	岐阜县	伊藤静夫
宫城县	横泽佑孝	爱媛县	佐伯惟杨
宫城县	斋藤瑞男	和歌山县	松裹律夫
福井县	荒川涉	岛根县	田村稔夫
兵库县	福田刚	岛根县	斋藤久喜
兵库县	小林圆治	岛根县	真野教义
兵库县	前田源治	山口县	长广宇作
兵库县	西协音八	爱知县	星野庆三郎
爱媛县	谷若差贺美	冈山县	立间义隆
静冈县	森月英策	兵库县	栗生贞三
兵库县	小林古溪	千叶县	早川无雄
神奈川县	曾根清作	鸟取县	山下克治
大阪府	条原又太郎	鸟取县	桥本金清
千叶县	佐藤诚	鸟取县	太田义治
群马县	增尾福三郎	北海道厅	根上义雄
群马县	大野俊男	北海道厅	今村戀
群马县	野本兴市	山口县	林重治
群马县	小川林太郎	冈山县	信定建一
群马县	上武勇之进	冈山县	木山淳一
新泻县	坂口七藏	福冈县	小川长孝
兵库县	多田正一	兵库县	坂田一郎
埼玉县	饭野五市	群马县	落合吉哉

<<< 附录3 1921年教育学术研究大会（八大教育主张讲演会）会员名录

续表

所属地区	姓名	所属地区	姓名
兵库县	西村爱次	埼玉县	三上重德
兵库县	井上初太郎	鸟取县	水纱晴二
兵库县	中井光次	岩手县	阿部元治
兵库县	福永谏一	山口县	杉原六助
兵库县	内匠吉治	山口县	吉安秀雄
大阪府	山下惣十郎	兵库县	水上周治
千叶县	惟名岩	山口县	中野数磨
栃木县	山口信辅	和歌山县	新谷敏雄
山形县	佐藤多治见	和歌山县	东学甫
东京府	中村信郎	岩手县	工藤爱吉
爱知县	杉浦周松	岩手县	镰田耕一
石川县	立野兴市	佐贺县	满武友次
滋贺县	南部静洲	佐贺县	浦乡谦吾
鹿儿岛县	二见原吾	宫城县	小野寺宪树
鹿儿岛县	平濑荣男	神奈川县	池泽哲二
鹿儿岛县	大尾町五郎	广岛县	美浓清人
鹿儿岛县	白尾彦助	福冈县	坂田辰次郎
鹿儿岛县	田口鹰二	福冈县	伊东良夫
鹿儿岛县	税所清治	东京府	桥本真佐夫
鹿儿岛县	下津佐正治	东京府	柿沼由次郎
鹿儿岛县	池田小八	东京府	小林藤男
鹿儿岛县	加藤市助	爱知县	三户胜亮
鸟取县	中原肇	广岛县	品川八郎
熊本县	冈本安二郎	福冈县	古间薰
埼玉县	鑑田宽助	福冈县	田村真示
三重县	国府秀一	福冈县	伊藤正
福冈县	青柳千足	福冈县	柴田次吉
滋贺县	中江源一	福冈县	三宅隆助

续表

所属地区	姓名	所属地区	姓名
大分县	池边贯一	福冈县	林田健助
佐贺县	鸟谷恒二	山口县	山本才重
静冈县	小泉亮一郎	群马县	川端门太郎
山梨县	丸茂敏	山口县	神足菅
千叶县	平野益太郎	福冈县	尾原常太郎
爱知县	尾崎正	秋田县	富永达三
山口县	山本熊彦	枥木县	君岛肇
山口县	冈村敏彦	山形县	大渊勇
福冈县	兵藤秀光	佐贺县	久原忠太
福冈县	下谷仙松	茨城县	仓持丰三郎
福岛县	菊池正雄	福冈县	大村明治
宫崎县	矢野孝之进	群马县	伊藤信
山口县	富田环	福冈县	西园卓
山口县	重本哲三郎	佐贺县	丰增勇喜
大分县	仲村勇	佐贺县	广重喜代三郎
秋田县	工藤茂治	佐贺县	广重三男
岐阜县	和田义夫	熊本县	千岩濑母
福冈县	今村重藏	鹿儿岛县	有川庄一郎
福冈县	伊福竹太	青森县	市泽安惠
福冈县	后藤隆彦	青森县	久保利义
福冈县	佐藤悌吉	静冈县	伊藤治业
山口县	鸟越亮	静冈县	仓桥小作
山口县	田村正己	香川县	真田义光
山口县	田坂澄雄	香川县	富冈要
山口县	阿部福太郎	宫城县	远藤良七
山口县	桥本幸作	福冈县	和田利雄
山口县	藤井文平	福冈县	长木末吉
山口县	泽吾市	大分县	坂本精吾

<<< 附录3 1921年教育学术研究大会（八大教育主张讲演会）会员名录

续表

所属地区	姓名	所属地区	姓名
山口县	津田徹郎	群马县	涉泽好雄
山口县	藤村金道	长野县	户鸠无之助
北海道厅	田中米次郎	福井县	石黑登
富山县	大野顺一	千叶县	宇田川和十郎
大分县	田边鹿十二	大分县	宫崎无夫
福冈县	小鹤光盛	茨城县	竹村福寿
山形县	山内作二郎	茨城县	山崎力之助
广岛县	广本文聪	宫城县	小岛重左卫门
福冈县	上龙顺太郎	北海道厅	小关岩
福冈县	本山义雄	北海道厅	佐藤畿驹郎
福冈县	松尾正统	北海道厅	深濑广治
冈山县	大桥银太	北海道厅	渡部喜藏
鸟取县	石黑武显	北海道厅	名取好广
茨城县	中山省三郎	静冈县	石原三郎
茨城县	栗野柳太郎	静冈县	金子勇太郎
新泻县	小林正义	静冈县	二桥太藏
群马县	梅津锦一	爱知县	伊藤五男
熊本县	友田政辉	爱知县	坪松爱次
熊本县	福岛正行	爱知县	织田诚意
三重县	福森专太郎	兵库县	伊藤富三郎
岐阜县	坪井真一	冈山县	宫协薰
福冈县	古贺增吉	岛根县	矢野贯一
冈山县	横山宽一	岛根县	加藤英一
冈山县	吉田明雄	岛根县	三成松太郎
大分县	渡边健藏	熊本县	福山巷
大分县	大神晃宪	熊本县	黑原次男
岐阜县	宇佐美真吉	熊本县	福山昌义
兵库县	河本实男	爱媛县	底田信

续表

所属地区	姓名	所属地区	姓名
静冈县	金泽雪松	爱媛县	高桥吉松
群马县	远藤宗作	爱媛县	条原茂男
广岛县	田坂宽吾	爱媛县	松本熊吉
神奈川县	志村光嗣	奈良县	今田善雄
大分县	益水政彦	岐阜县	田中金一
千叶县	山仲喜夫	岐阜县	芝清七
茨城县	立川千代吉	岐阜县	大塚照武
和歌山县	水崎己之助	奈良县	森本延吉
奈良县	吉冈广治	奈良县	吉田法欢
香川县	尾形正造	奈良县	藤田直次郎
福冈县	村上义雄	香川县	谷本亮太郎
宫崎县	久保田才二	岐阜县	大森清二
北海道厅	萱野毅	山口县	山根美治
大分县	加藤良太	岐阜县	石田清平
山形县	青木金藏	熊本县	成富辰二
福井县	高木忠三	熊本县	石井真澄
秋田县	菊池纯三	熊本县	右田安喜
大分县	饭仓润平	熊本县	黑田砂
大分县	山崎节造	长崎县	米仓保良
大分县	佐藤常喜	大分县	田畑种司
大分县	工藤贯一	福冈县	植田新
大分县	广濑清	福冈县	石井惠市郎
香川县	田中周一	福冈县	有吉利纲
东京府	石岐兵马	福冈县	尾原喜久治
鹿儿岛县	富永末吉	爱知县	水木梢
熊本县	上村城一	千叶县	石出隆
熊本县	岩津利一	千叶县	高桥无雄
鹿儿岛县	田鸠秀夫	静冈县	小川常太郎

<<< 附录3 1921年教育学术研究大会（八大教育主张讲演会）会员名录

续表

所属地区	姓名	所属地区	姓名
鹿儿岛县	高桥勘助	富山县	山本仪一
鹿儿岛县	平山岩城	富山县	多胡龙作
北海道厅	直江直治	千叶县	镰龙准一郎
北海道厅	佐藤恩	兵库县	枥尾治太郎
秋田县	佐佐木重藏	北海道厅	泽田未八
秋田县	武田米太郎	岛根县	福原作一
高知县	公文健吉	香川县	宫本直太郎
熊本县	斋藤太门	北海道厅	田尾一市
岐阜县	田中利秋	香川县	田冈新
福冈县	宇都宫政治	神奈川县	佐藤善治郎
香川县	上田千一	神奈川县	岸田兴一
冈山县	新谷淑	海外殖民地、域外地区会员	
福冈县	山崎久太郎	中国台湾	加茂井增太郎
北海道厅	城尾义三	中国台湾	山崎安市
山口县	藤中饶	朝鲜	工藤清太
大分县	木村善司	伪满洲国	鸠田道隆
三重县	仓田修	朝鲜	立花惣五郎
福冈县	野见山朝雄	中国台湾	河濑半四郎
福冈县	宫本常司	中国台湾	长泽二郎
福冈县	山本国雄	朝鲜	中原仓造
福冈县	宫本克己	朝鲜	山本宇吉郎
福冈县	长井盛利	朝鲜	岛崎久座
德岛县	横山素平	朝鲜	武藤治夫
高知县	弘田福男	中国台湾	三好照藏
高知县	森田明治	中国台湾	山川二郎
香川县	久保信一	中国台湾	守谷久太郎
冈山县	书田辰一郎	中国	圆谷弥
宫崎县	中原春芳	朝鲜	饭田胜正

续表

所属地区	姓名	所属地区	姓名
长崎县	大久保良治	朝鲜	大塚忠卫
兵库县	来女木和男	上海	小林长五郎
青森县	丸山董	辽阳	岸川森作
岩手县	谷泽繁雄	朝鲜	小田鸠孝藏
爱媛县	小野元之助	中国台湾	那须杜子美
北海道厅	中川助三郎	中国台湾	坂梨健孙
桦太	板仓恒雄	朝鲜	中神义雄
桦太	佐藤八重	朝鲜	川井八九十
朝鲜	三门宪太郎	朝鲜	稻垣光晴
中国台湾	笠冈博章	中国台湾	柳川兵藏
朝鲜	河野彦	中国台湾	永越信治
朝鲜	儿玉繁	中国台湾	金子杰
朝鲜	岛江寅夫	桦太	小野寺仪平
朝鲜	柚木贞清	中国	彦坂恒次郎
朝鲜	武田知星	浦盐斯德	山本胜大
台湾	加纳卓式	伪满洲国	古市孝二
朝鲜	儿岛正广	朝鲜	井上正彦
朝鲜	原广仲	朝鲜	安田保则

注：以上信息来自日本图书中心出版的《大正新教育资料集成（第一辑·第一卷）八大教育主张》；大正时期的东京府即为现在的东京都，桦太即为现在的库页岛，浦盐斯德即为现在的符拉迪沃斯托克。

参考文献

一、中文文献

（一）专著类

[1] 顾明远，梁忠义. 世界教育大系·日本教育 [M]. 长春：吉林教育出版社，2000.

[2] 关松林. 交流与融合——杜威与日本教育 [M]. 北京：教育科学出版社，2008.

[3] 李文英. 模仿自立与创新——近代日本学习欧美教育研究 [M]. 石家庄：河北教育出版社，2001.

[4] 李海云. 新教育中国化运动 [M]. 北京：社会科学文献出版社，2009.

[5] 李伟. 日本新教育运动的一面旗帜——成城小学发展研究 [M]. 石家庄：河北教育出版社，2016.

[6] 梁忠义，罗正华. 日本教育 [M]. 长春：吉林教育出版社，2012.

[7] 刘传德. 外国教育家评传精选 [M]. 北京：北京师范大学出版社，2006.

[8] 吕万和. 简明日本近代史 [M]. 天津：天津人民出版社，1984.

[9] 牧口常三郎. 创价教育学体系：第一卷 [M]. 刘焜辉，译. 台北：正因文化事业有限公司，2004.

[10] 牧口常三郎. 人生地理学 [M]. 陈莉，译. 上海：复旦大学出版社，2004.

[11] 冉毅，曾建平. 关爱人性善待生命——池田大作思想研究 [M]. 长沙：湖南师范大学出版社，2003.

[12] 滕大春. 外国教育通史 [M]. 济南: 山东教育出版社, 2005.

[13] 王桂. 日本教育史 [M]. 长春: 吉林教育出版社, 1987.

[14] 王智新, 潘立. 日本基础教育 [M]. 广州: 广东教育出版社, 2003.

[15] 吴明海. 欧洲新教育运动的历史研究 [M]. 北京: 教育科学出版社, 2008.

[16] 吴式颖. 外国现代教育史 [M]. 北京: 人民教育出版社, 1997.

[17] 吴式颖, 李明德. 外国教育史教程 (第3版) [M]. 北京: 人民教育出版社, 2015.

[18] 吴延璆. 日本史 [M]. 天津: 南开大学出版社, 1994.

[19] 吴延璆. 日本近代化研究 [M]. 北京: 商务印书馆, 1997.

[20] 杨孔炽. 日本教育现代化的历史基础 [M]. 福州: 福建教育出版社, 1998.

[21] 于洪波. 日本教育的文化透视 [M]. 保定: 河北大学出版社, 2003.

[22] 臧佩红. 日本近现代教育史 [M]. 北京: 世界知识出版社, 2010.

[23] 赵建民, 刘予苇. 日本通史 [M]. 上海: 复旦大学出版社, 1989.

[24] 张斌贤. 社会转型与教育变革: 美国进步主义教育运动研究 [M]. 长沙: 湖南教育出版社, 1997.

[25] 张斌贤. 西方教育思想史 [M]. 北京: 人民教育出版社, 2011.

[26] 张斌贤. 教育与社会变革 [M]. 北京: 中国社会科学出版社, 2012.

[27] 张斌贤. 外国教育史教程 [M]. 2版. 北京: 教育科学出版社, 2008.

[28] 张如意. 日本私立大学与临时教育会议研究 [M]. 石家庄: 河北教育出版社, 2016.

[29] 中国日本史研究会. 日本史论文集 [M]. 北京: 生活·读书·新知三联书店, 1982.

[30] 朱文富. 日本近代职业教育发展研究 [M]. 保定: 河北大学出版社, 1999.

(二) 期刊论文类

[1] 卞崇道. 20世纪日本文化述评 [J]. 日本学刊, 1999 (3).

[2] 陈朝辉. 片上伸在中国 [J]. 鲁迅研究月刊, 2013 (7).

[3] 陈秀武. 论大正时代的知识分子 [J]. 史学集刊, 2002 (4).

[4] 陈秀武. 论大正时代的中产阶层 [J]. 日本问题研究, 2000 (2).

[5] 关松林. 应用与影响：杜威教育思想在日本 [J]. 教育研究, 2010 (6).

[6] 关松林. 杜威的教育思想在日本的发展 [J]. 教育研究, 2011 (1).

[7] 江瑶. 我国创造教育发展的回顾与前瞻 [J]. 黑河学院学报, 2013 (2).

[8] 金含芬. 20世纪教育改革评述 [J]. 外国教育资料, 1991 (1).

[9] 靖国平. "重视个性的原则"与日本第三次教育改革 [J]. 外国教育动态, 1990 (1).

[10] 刘力. 中日两国道尔顿制实施之比较分析 [J]. 外国教育资料, 1998 (1).

[11] 李文英. 赫尔巴特教育理论在日本的影响 [J]. 河北师范大学学报, 2001 (3).

[12] 李文英, 李伟. 日本成城小学的道尔顿制及其影响 [J]. 河北大学学报（哲学社会科学版）, 2014 (4).

[13] 李谊, 周婷. 小原国芳全人教育思想的理论架构及其渊源 [J]. 湖南行政学院学报, 2006 (3).

[14] 李玉. 试论日本的大正民主运动 [J]. 北京大学学报, 1986 (2).

[15] 林家有. 辛亥革命与中国教育的近代化 [J]. 中山大学学报（社会科学版）, 2001 (6).

[16] 单中惠. 二十世纪前半期欧美教育革新运动述评 [J]. 教育评论, 1986 (5).

[17] 单中惠. 杜威教育思想在日本 [J]. 外国教育研究, 2002 (8).

[18] 汤重南. 日本军国主义思想是庞杂的精神糟粕 [J]. 日本学刊, 2005 (4).

[19] 童晓薇. 创造社的诞生与日本大正时期文化界 [J]. 郭沫若学刊, 2005 (1).

[20] 童晓薇. 日本大正时期文化界与创造社新浪漫主义思想的建构 [J]. 深圳大学学报, 2005 (5).

[21] 王智新. 日本当代教育学者大田尧的教育思想与实践 [J]. 教育评论, 1992 (2).

[22] 武安隆. 大正至昭和初年日本大众文化的形成与生活方式的演变[J]. 日本研究论集, 1999 (3).

[23] 吴德为. 关于日本大正时期新教育运动的研究[J]. 长春大学学报, 2003 (4).

[24] 吴洪成, 张媛媛. 分组教学法在近代中国的导入、实践及评价[J]. 中国人民大学教育学刊, 2014 (4).

[25] 吴善群. "大正民主运动"与日本政治的现代化[J]. 龙岩师专学报, 2003 (2).

[26] 吴熙敬. 日本大正至第二次世界大战时期的技术发展——日本近现代技术发展史的第二阶段[J]. 自然辩证法通讯, 1984 (6).

[27] 夏敏. 日本大正时代的文化氛围与郭沫若的文学选择[J]. 郭沫若学刊, 2011 (4).

[28] 谢国利. 浅议日本新教育课程的特点[J]. 日本问题研究, 2004 (3).

[29] 徐征, 王冬艳. 日本战前的新教育运动与新学校[J]. 黑龙江高教研究, 2006 (4).

[30] 袁灿兴. 对日本大正民主的思考[J]. 书屋, 2008 (1).

[31] 张斌贤. 进步主义教育运动：概念及历史发展[J]. 教育研究, 1995 (7).

[32] 张斌贤. 社会改造主义的兴起及其与进步主义教育的关系[J]. 外国教育研究, 1996 (1).

[33] 张斌贤. 进步主义教育运动与现代教育发展[J]. 教育科学, 1996 (2).

[34] 张斌贤. 进步主义教育运动与美国中等教育改革——1919—1929年间的进步主义学校实验[J]. 教育科学, 1998 (4).

[35] 赵德宇. 日本大正时代政治思想述论[J]. 南昌航空大学学报, 2010 (3).

[36] 赵德宇. 历史解读：日本大正时代的人文思潮[J]. 日本研究, 2011 (3).

[37] 钟启泉. 日本合科教学的源与流[J]. 外国教育资料, 1995 (3).

[38] 钟启泉. "合科学习"与"分团式动态教育法"[J]. 基础教育课

程，2016（12）．

[39] 中野光．日本的生活教育历史及其现状［J］．教育研究，1997（1）．

[40] 周红安，郑颖．德可乐利的"生活学校"儿童教育实验述评——兼析德可乐利教学法的特点［J］．沙洋师范高等专科学校学报，2005（2）．

[41] 周洪宇，蔡幸福．牧口常三郎的"创价教育"思想研究［J］．比较教育研究，2007．

[42] 周鸿志．小原国芳的全人教育论及其别具特色的教学原则［J］．北京师范学院学报（社会科学版），1991（2）．

[43] 朱永新，王智新．日本著名教育家论中国教育［J］．教育评论，1991（6）．

[44] 朱文富，刘双喜．日本殖民地差别教育的历史考究与现实思考——以关东州殖民教育的实施为例［J］．长白学刊，2017（1）．

[45] 仓贯势津子．日本现代教育家牧口常三郎的教育思想述评［D］．西安：陕西师范大学，2006：1．

[46] 李伟．大正政变的缘起及其影响［D］．长春：东北师范大学，2008．

[47] 李海云．新教育中国化运动研究［D］．上海：华东师范大学，2006．

[48] 刘山．日本近代普及义务教育研究［D］．保定：河北大学，2011．

[49] 王妍．近代日本学校军国主义教育历程研究［D］．曲阜：曲阜师范大学，2011．

[50] 汪楚雄．中国新教育运动研究（1912—1930）［D］．武汉：华中师范大学，2009．

二、日文文献

（一）专著类

[1] 坂野潤治．日本近代史［M］．東京：筑摩書房，2012．

[2] 成田龍一．大正デモクラシー［M］．東京：岩波書店，2007．

[3] 大西健夫．国立の小学校［M］．東京：校倉書房，2007．

[4] 富田博之，中野光．大正自由教育の光芒［M］．東京：久山社，1993．

[5] 宮原誠一．資料日本現代教育史［M］．東京：三省堂，1974．

[6] 海後宗臣. 臨時教育会議の研究 [M]. 東京: 東京大学出版会, 1960.

[7] 花井信. 近代日本の教育実践 [M]. 東京: 川島書店, 2001.

[8] 吉良侯. 大正自由教育とドルトン・プラン [M]. 東京: 福村出版, 1985.

[9] 加藤理. 大正自由教育時代の子供の生活と文化 [M]. 神奈川: 港の人, 2015.

[10] 教育史編纂会. 明治以降教育制度発達史: 第三巻 [M]. 東京: 龍吟社, 1938.

[11] 江島顕一. 日本道徳教育の歴史 [M]. 京都: ミネルヴァ書房, 2016.

[12] 久保義三. 現代教育史事典 [M]. 東京: 東京書籍, 2001.

[13] 鈴木明哲. 大正自由教育における体育に関する歴史的研究 [M]. 東京: 風間書房, 2007.

[14] 梅根悟. 世界教育史大系1——日本教育史Ⅰ [M]. 東京: 講談社, 1976.

[15] 梅根悟. 世界教育史大系2——日本教育史Ⅱ [M]. 東京: 講談社, 1976.

[16] みやぞえ郁雄. 大正自由教育の旗手中村春二 [M]. 東京: 小学館, 2006.

[17] 橋本美保. 大正新教育の思想 [M]. 東京: 東信堂, 2015.

[18] 橋本美保. 大正新教育文献資料集成Ⅰ——八大教育主張 [M]. 東京: 日本図書センター, 2016.

[19] 橋本美保. 大正新教育文献資料集成Ⅰ——八大教育主張とその後 [M]. 東京: 日本図書センター, 2016.

[20] 橋本美保. 大正新教育文献資料集成Ⅰ——日本の新学校1 [M]. 東京: 日本図書センター, 2016.

[21] 橋本美保. 大正新教育文献資料集成Ⅰ——日本の新学校2 [M]. 東京: 日本図書センター, 2016.

[22] 橋本美保. 大正新教育文献資料集成Ⅰ——田島小学校・富士小学校 [M]. 東京: 日本図書センター, 2016.

[23] 橋本美保. 大正新教育文献資料集成Ⅰ——三国小学校・倉敷小学校[M]. 東京: 日本図書センター, 2016.

[24] 橋本美保. 大正新教育文献資料集成Ⅱ——奈良女子高等師範学校附属小学校1[M]. 東京: 日本図書センター, 2016.

[25] 橋本美保. 大正新教育文献資料集成Ⅱ——奈良女子高等師範学校附属小学校2[M]. 東京: 日本図書センター, 2016.

[26] 橋本美保. 大正新教育文献資料集成Ⅱ——千葉県師範学校附属小学校1[M]. 東京: 日本図書センター, 2016.

[27] 橋本美保. 大正新教育文献資料集成Ⅱ——千葉県師範学校附属小学校2[M]. 東京: 日本図書センター, 2016.

[28] 橋本美保. 大正新教育文献資料集成Ⅱ——東京高等師範学校附属小学校・東京女子高等師範学校附属小学校[M]. 東京: 日本図書センター, 2016.

[29] 橋本美保. 大正新教育文献資料集成Ⅱ——広島高等師範学校附属小学校[M]. 東京: 日本図書センター, 2016.

[30] 橋本美保. 大正新教育文献資料集成Ⅱ——長野県高等師範学校附属小学校・兵庫県明石女子師範学校附属小学校[M]. 東京: 日本図書センター, 2016.

[31] 橋本美保. 大正新教育文献資料集成Ⅲ——日本済美学校・帝国小学校[M]. 東京: 日本図書センター, 2017.

[32] 橋本美保. 大正新教育文献資料集成Ⅲ——日本女子大学附属豊明小学校・成蹊学園[M]. 東京: 日本図書センター, 2017.

[33] 橋本美保. 大正新教育文献資料集成Ⅲ——文化学院[M]. 東京: 日本図書センター, 2017.

[34] 橋本美保. 大正新教育文献資料集成Ⅲ——成城学園[M]. 東京: 日本図書センター, 2017.

[35] 橋本美保. 大正新教育文献資料集成Ⅲ——明星学園[M]. 東京: 日本図書センター, 2017.

[36] 橋本美保. 大正新教育文献資料集成Ⅲ——児童の村1[M]. 東京: 日本図書センター, 2017.

[37] 橋本美保. 大正新教育文献資料集成Ⅲ——児童の村2[M]. 東京:

日本図書センター，2017.

[38] 三好信浩．日本教育史［M］．東京：福村出版，1993.

[39] 森川輝紀．大正自由教育と経済恐慌［M］．東京：三元社，1997.

[40] 山本正身．日本教育史［M］．東京：慶應義塾大学出版会，2014.

[41] 上田祥士，田畑文明．大正新教育の旗手［M］．東京：小学館，2014.

[42] 寺崎昌男，海後宗臣．近代日本の教育［M］．東京：東京書籍，1999.

[43] 太田雅夫．大正デモクラシー研究［M］．東京：新泉社，1990.

[44] 尾形裕康．日本教育通史［M］．東京：早稲田大学出版部，1978.

[45] 文部省．学制八十年史・資料編［M］．東京：大蔵省印刷局，1954.

[46] 小川一樹．澤柳政太郎の生涯と成城小学校［M］．東京：上智大学出版会，2017.

[47] 小原国芳．自由教育論［M］．東京：東京イデア書院，1923.

[48] 小原国芳．日本新教育百年史：第二巻［M］．東京：玉川大学出版部．1970.

[49] 小原国芳．八大教育主張［M］．東京：玉川大学出版部，1976.

[50] 伊崎小生，松島栄一．日本教育史の年表［M］．東京：三省堂，1990.

[51] 永田忠道．大正自由教育期における社会系教科授業改革の研究［M］．東京：風間書房，2006.

[52] 宇野美恵子．教育の復権［M］．東京：国際書院，1990.

[53] 沢柳政太郎．実際的教育学［M］．東京：明治図書出版，1962.

[54] 沢柳政太郎．沢柳全集：第一巻［M］．東京：沢柳全集刊行会，1925.

[55] 沢柳政太郎．沢柳全集：第二巻［M］．東京：沢柳全集刊行会，1925.

[56] 沢柳政太郎．沢柳全集：第三巻［M］．東京：沢柳全集刊行会，1925.

[57] 沢柳政太郎．沢柳全集：第四巻［M］．東京：沢柳全集刊行会，1925.

[58] 増田実. 石下の自由教育 [M]. 千葉: 崙書房, 1978.

[59] 中野光. 大正自由教育の研究 [M]. 名古屋: 黎明書房, 1998.

[60] 中野光. 学校改革の史的原像 [M]. 名古屋: 黎明書房, 2008.

[61] 中野光. 教育空間としての学校 [M]. 東京: EXP, 2000.

[62] 中村隆英. 明治大正史（上）[M]. 東京: 東京大学出版会, 2015.

[63] 中村隆英. 明治大正史（下）[M]. 東京: 東京大学出版会, 2015.

[64] 仲新. 近代教科書の成立 [M]. 東京: 日本図書株式会社, 1949.

[65] 佐藤環. 日本の教育史 [M]. 京都: あいり出版, 2013.

[66] 佐藤英一郎. 日本の近代化と教育改革 [M]. 東京: 金子書房, 1987.

（二）期刊论文类

[1] 北村和夫. 大正新教育と成城小学校 - 1 - 国語科の教科改造と「児童文化としての教科書」[J]. 聖心女子大学論叢, 1986 (68).

[2] 渡邊雄一. 仏教者の図書館観について——沢柳政太郎と成城小学校における図書館教育を中心に [J]. 日本仏教教育学研究, 2007 (15).

[3] 谷口雅子. 戦前日本における教育実践史研究 4の1 社会認識教育を中心として（私立成城小学校における実践）[J]. 福岡教育大学紀要, 1999 (48).

[4] 古澤常雄. 新教育運動の現代意義 [J]. 教育学研究, 2002 (2).

[5] 米澤正雄. 永野芳夫のデューイ研究と澤柳政太郎の成城小学校教育実践との関連性（上）「経験哲学」にもとづく「新しい教育の諸事実」の「基礎づけ」に焦点をあてて [J]. アジア文化研究所研究年報, 2007 (42).

[6] 米澤正雄. 永野芳夫のデューイ研究と澤柳政太郎の成城小学校教育実践との関連性（下）「経験哲学」にもとづく「新しい教育の諸事実」の「基礎づけ」に焦点をあてて [J]. アジア文化研究所研究年報, 2008 (42).

[7] 三村真弓. 大正期から昭和初期の成城小学校における音楽教育実践 [J]. 児童教育研究, 2000 (9).

[8] 山村俊夫. 大正期の私立小学校に於ける歴史教育の実際——成蹊小学校と成城小学校を中心として [J]. 関東教育学会紀要, 1979 (6).

[9] 山田泰司, 渡辺雄一. 沢柳政太郎と図書館教育 [C]. 京都: 仏教大学教育学部, 2007.

[10] 市村尚久. 未完の進歩主義教育の現代的意義 [J]. 教育学研究第67巻, 2000（2）.

[11] 石橋哲成. 北原白秋と小原國芳：成城事件における関わりを中心に [C]. 東京：玉川大学教育学部全人教育研究センター年報, 2014.

[12] 小山昌宏. 1920（大正9）年から1930（昭和5）年の大衆社会状況——昭和初期の都市大衆と農村民衆の生活水準について [C]. 東京：東京外国語大学留学生日本語教育センター, 2008.

[13] 熊木哲. 成城小学校『児童文集 むさし野』第四輯について——背景としての戦時下 [J]. 大妻国文, 2011（42）.

[14] 永江由紀子. 新教育協会（1930-41年）の活動内容に関する基礎的考察 [J]. 九州大学学術情報リポジトリ, 2008（3）.

[15] 宇佐見香代. 学習権思想の源流とその実践的展開：大正期新教育運動における教育の自律性の探求 [D]. 奈良：奈良女子大学, 2003.

[16] 斎藤修啓. 棚橋源太郎の手工科教育論の変容—東京教育博物館での学校教育への支援活動に注目して [J]. 愛知江南短期大学紀要, 2010（39）.

[17] 重松鷹泰. 木下竹次先生—日本新教育運動の先駆者 [J]. 日本生活教育連盟, 1951（8）.

[18] 中野光. 日本の新学校と新教育運動 [J]. 教育学研究, 2000（1）.

致　谢

　　论文写作终于到了"致谢"这一环节，看着电脑屏幕下方显示的字数和前期打印出来的论文文稿，我"激动"了。回想我这几年的博士求学之路，可谓思绪万千，想用几行文字加以言表，但看着屏幕上闪烁的光标却又觉得不知从何说起。我想到了报名时的曲折、落榜时的无奈、录取时的激动和军训时的快乐，想到了在主楼609、613和恬园公寓422学习生活的每一天……

　　三十几岁的年龄，重新走上求学之路，没有了年少求学时的单纯和无畏，生活的重担、工作的职责和学习的压力交织到一起，有时会让自己喘不过气来。但很幸运，在老师和同学、朋友的帮助下，在家人的理解和支持下，我即将走到"胜利的彼岸"。在这里，我要感谢在我读博路上出现的每一个人。

　　感谢我的导师朱文富老师。老师集敦厚幽默的性格和扎实深厚的学问于一身，能够运用巧妙恰当的"比喻"将枯燥晦涩的难题进行透彻的讲解，让处于迷茫和焦灼中的我，产生一种豁然开朗的感觉。老师平日里幽默风趣，但在学问上向来严谨。我一直保存着老师帮助指导修改的第一份课题申报书和第一篇文章的底稿。大到课题、文章的整体结构思路，小到文中的汉字标点，老师都做了认真的批注和修改。每次看到里面通篇的标红批注，都让我深深感到自己的不足，也折服于老师治学的严谨。这份课题申报书和文章底稿俨然成了求学路上的"警钟"，时刻警醒自己"做学问要认真、做工作要踏实、做人要诚实"。很荣幸能够在老师门下攻读博士学位，也很庆幸能够成为老师的学生，我为自己能够成为一名"富家子弟"（同门师兄弟的自称）感到深深的自豪。

　　感谢李文英老师。初见李老师之时，我的内心是紧张和不安的，但随着求学之路的前行和与李老师接触的增多，我深深体会到了李老师对学生的关爱和理解、对学问的执着与严谨。在学校办公教学用房紧张的情况下，李老师主动腾出自己的办公室，作为博士生的学习室，为我们的研究和学习提供了舒适的空间。博士一年级的时候，由于个人原因缺席了李老师的一个讲座课程，但第二年的时候李老师还不忘让下一届的同学通知我去补上这次课程，更让我深深体会到了李老师的严谨和认真以及对学生的理解与关爱。

感谢何振海老师。何老师作为一位老师，给予了我应有的指导与督促；作为一位兄长，给予了我应有的帮助和关爱；作为一位朋友，给予了我应有的热情与真挚。很荣幸能够在紧张的读博期间，结识这位"良师仁兄挚友"。

感谢吴洪成老师、傅松涛老师、王喜旺老师、田山俊老师、荣艳红老师。诸位老师在我论文的选题、开题、写作过程中给予了很多的建议和指导，让我的论文能够顺利完成。

感谢教育学院宋耀武院长、张立红书记、田宝军副院长、王占华老师、田宏海老师。感谢他们在我读博期间提供的诸多帮助和支持。

感谢张如意老师、高向杰老师、顾岩峰老师。他们是我大学时期结交的良师和挚友，让我大学毕业十年后，再次回到河北大学重启求学之路时，有一种"回家"的感觉。

感谢教育学院与我年龄相仿的青年教师段爱峰、范宁、张宛、朱鹏举、张怡真。感谢他们在我读博期间对我学习上经验和方法的指导以及生活上提供的帮助。

感谢王树义、刘云、唐钰滢、葆乐心、姜雪、王薇、宋立会、李冠男、李晓丽、余咏梅、郭伟、崔佳、王冉、赵鸿瑜、赵秦、杨搏、张荻、许敬辉、成福伟、高文彬、宰波、邹超、辛睿龙、许金哲、连正……有了这些同学的出现，我的求学之路不再孤独。

感谢我的妻子郑越。我离家三年在外求学，缺席了对老人三年的关照，也缺席了儿子从小学一年级到三年级的全部学习生活。她既要忙于工作，又要照顾家庭，独自一人承担了照顾老人、教育孩子的重担，而且在我迷茫和压抑时，还要对我进行开导和点拨，给予了我极大的理解与支持。三年里，她瘦了、老了，我希望能在今后的三十年、六十年里给予她十倍、百倍、千倍的回报……

感谢唐山学院的领导、外语系的刘卫东主任、刘秀辉书记、李颖副主任以及日语教研室的全体同仁对我读博期间在工作上给予的关照与帮助。

有感于保定河大
毓秀园旁